So können Sie Feste feiern

Das richtige Wort zur rechten Zeit

Andere Länder, andere Tische

Service

Der große Ess- und Tischknigge

ELISABETH BONNEAU

Inhalt

Nach einem guten Essen kann man jedem verzeihen, sogar seiner Verwandtschaft.

Oscar Wilde,
irischer Schriftsteller
(1854–1900)

Von Festmahl bis Fingerfood: willkommen bei Tisch

»Hauptsache, schnell satt«: Das kann man
natürlich – rein biologisch – als Ziel und
Zweck von Nahrungsaufnahme bezeichnen.
Doch Genuss und Freude bei Tisch stellen
sich nur ein, wenn wir das passende
»Werkzeug« zur Hand haben und dieses
sachgemäß gebrauchen. So geht es in
diesem ersten Kapitel um das prinzipiell
und im Detail angemessene Verhalten bei
Tisch – an welchem Ort in unseren Landen
er auch stehen mag.

Gebrauchsanleitung bei Tisch

Wie angenehm ist es, in guter Gesellschaft entspannt einen feinen Tropfen und delikate Speisen zu genießen! Dabei hilft der gekonnte Umgang mit den zur Verfügung stehenden Utensilien, den Genuss zu steigern.

Machen Sie sich und anderen Lust auf Manieren

Miteinander ein Opfermahl feiern und dabei die Gemeinschaft stärken – das tun die Menschen seit Jahrtausenden in aller Welt. Im antiken Kleinasien und Griechenland wurde es üblich, dies an einem Tisch zu tun und dabei bestimmte Regeln zu beachten. So manches Ritual aus alter Zeit lebt heute an unseren Tischen weiter, ohne dass wir uns seines Ursprungs – und seines Sinns – bewusst sind. Umgekehrt denken wir beim Abendmahl in der Kirche eher nicht ans Essen und Trinken zum Genuss.

Das Brot brechen, nicht »Mahlzeit« sagen, die Kartoffeln nicht schneiden, nicht mit dem Besteck herumfuchteln: Kinder lernen meist früh, was sie bei Tisch tun und lassen sollen. Der Grund eines Gebots oder eines Verbots wird dabei selten genannt – vielleicht zum Glück. Denn das Kind wäre manchmal über die Antwort gar nicht glücklich. Was nutzt es ihm beispielsweise zu wissen, dass der Ursprung unserer Tischkultur im rituellen Opfermahl des alten Judentums liegt? Auch die Erklärung, dass im Lauf der Jahrtausende Gesellschaftsschichten wie der Adel und später das Bürgertum verfeinerte Rituale nutzten, um sich von anderen sozialen Gruppen zu unterscheiden, würde die Diskussion über den Sinn einer elterlichen Anweisung eher verschärfen. »Was hat das denn mit mir zu tun?«, fragt da der Nachwuchs.

Die soziale Seite der Tischsitten …

Man müsste dem Kind erklären, dass Manieren im Allgemeinen und Tischmanieren im Besonderen uns helfen, unsere natürlichen Bedürfnisse wie Hunger, Durst und Gier zu kontrollieren. Man müsste hinzufügen, dass dies das Miteinander bei Tisch und anderswo erheblich erleichtert. Man müsste ihm erläutern, dass Tischsitten auch heute noch die Gemeinschaft derer, die sie beherrschen, erhalten und von anderen Gruppen abgrenzen: »Zeig mir, wie du isst, und ich sage dir, wer du bist«, und dass daraus folgt, dass Kenntnis und Beherrschung möglichst vieler Sitten und Gebräuche die Chance erhöhen, in möglichst vielen Gruppen gut anzukommen und dort sogar aufgenommen zu werden.

… und der praktische Aspekt

In praktischer Hinsicht könnte man noch ergänzen, dass Tischmanieren drei weiteren Zwecken dienen:

1. Sie verhindern Missgeschicke sowie Verletzungen beim Essen: Man braucht sich nur vorzustellen, was passiert, wenn Sie einen Fisch quer durchsäbeln und Ihnen die Gräten im Hals stecken bleiben.
2. Sie verhindern, dass den Tischnachbarn der Appetit vergeht. Es ist höchst unangenehm, wenn Sie einem Esser, der mit vollem Mund spricht, zuhören müssen und dabei den Speisebrei in seinem Mund sehen.
3. Sie bieten die Chance, seinen gesellschaftlichen Status zu erkennen zu geben: »Ich kenne eure Spielregeln, ich kann mithalten.« Stressfrei, mit Leichtigkeit und Vergnügen verzehren Sie somit an jedem Tisch Ihr Essen.

Zur sauberen Aufnahme von Speisen: Geschirr und Besteck

Im Schlaraffenland fließt der Wein direkt in den Mund, das Obst fällt, die Vögel fliegen, die Fische springen – gekocht, gebraten oder gesotten – einfach so hinein. Da braucht der Mensch keine Tischmanieren, keinen Teller, kein Besteck. Doch hier auf Erden ist das anders; da machen sich die Menschen seit Jahrtausenden Gedanken darüber, wie sich der Esser die Speisen am elegantesten zu Gemüte führt. Im europäischen Kulturkreis ist es selbstverständlich, dazu bei Tisch Geschirr und in der Regel Besteck zu verwenden.

Dekorative Unterlagen für Speisen: die Teller-Arten

Auf alten Gemälden sehen Sie, dass bis ins 16. Jahrhundert hinein nicht von Tellern gegessen wurde. Beim Adel waren Brettchen aus hochwertigem Holz üblich. Der größte Teil der Bevölkerung aß entweder direkt aus dem Suppentopf oder legte seine eigene Portion Fleisch auf ein Stück Brot vor sich auf den Tisch.

Mit fortschreitender Zivilisierung kam der Teller zum Einsatz. Heute unterscheiden wir im Tafelservice verschiedene durch ihre Verwendung bestimmte Formen bzw. Größen:

- **Essteller,** auch Fleischteller, mit geringer Vertiefung in der Mitte (Spiegel) und flachem Rand (Fahne),
- **Suppenteller,** tiefer, also mit höher gezogener Fahne,
- **Dessertteller,** flach wie der Essteller, doch maßstäblich verkleinert, für Desserts, Kuchen sowie fürs Frühstück,
- **Brotteller** in der gleichen Form wie Ess- und Dessertteller, jedoch noch kleiner (Brot ▸ ab Seite 22),
- **Anstellteller,** manchmal sichelförmig, doch meist wie der Dessertteller, zur Ablage z. B. von Resten wie Fischgräten,
- **Unterteller** mit einer Vertiefung als Untersatz für Suppen- und andere Schalen,
- **Platzteller,** der größte von allen, der als Unterlage für den Speiseteller dient; er wird oft vor dem Dessert ausgehoben.

Was Sie mit dem Essteller tun: drei Gebote

Gleichzeitig mit dem feinen Geschirr kamen peu à peu ausgefeilte Bestimmungen zu dessen Verwendung auf, und diese gelten bis zum heutigen Tag.

1. Ihr Teller bleibt an Ihrem Platz. Sie sollten ihn also streng genommen nicht an die Nachbarschaft weiterreichen. Wenn Sie diese Regel brechen, dann diskret (▸ Seite 101)!
2. Ein Teller bleibt so vor Ihnen stehen, wie er hingestellt wurde. Sie sollten ihn also nicht munter drehen. Eine Ausnahme dürfen Sie machen, wenn der Fisch, den Sie filetieren, oder das Fleischstück, das Sie vom Knochen lösen müssen, so liegt, dass Sie mit dem Besteck nicht gut arbeiten können.

3. Ein Teller wird nicht angehoben. Dass Sie ihn nicht ablecken dürfen, ist selbstverständlich – wenn auch oft bedauerlich. Unter strikter Aufsicht verzichten Sie sogar auf den Rest im Suppenteller (Suppentasse ▶ Seite 22). Notfalls erlaubt die strenge Etikette, dass Sie den Teller etwas kippen – aber zur Tischmitte und nicht zu sich hin. Sie entscheiden, wie viel Perfektion Sie zeigen wollen.

Es darf gegessen werden

Alles Essbare auf einem Teller muss genießbar sein. Sie dürfen die dekorativ ausgebreitete Petersilie, das liebevoll geschnitzte Radieschen, die Orchidee und das Gänseblümchen mitessen. Und: Sie müssen den Teller nicht leer essen, dürfen das aber tun.

Kleine Schale mit Stiel: der Löffel

Bis in die Neuzeit war es üblich, seine fünf Finger beim Essen zu verwenden. Das Wort »Besteck« enthält das Verb »stecken«: Wer auf sich hielt, »steckte« das zusätzliche Werkzeug in ein Futteral und nahm es an fremde Tische mit.

Wer dort einen reich verzierten Löffel aus dem Etui zog, trug damit ein Statussymbol zur Schau. Bis ins 20. Jahrhundert hinein blieb der Löffel auf dem Land das einzige Besteckteil, mit dem Bauern und Knechte aus der gemeinsamen Schüssel Suppe und Gemüse aßen. Steckte die ranghöchste Person ihren Löffel wieder ein, war das Essen zu Ende. Von dort ist es nicht weit zu der bekannten Redewendung: Wenn ein Mensch seinen Löffel definitiv nicht mehr brauchte, »gab er ihn ab«, d. h. er segnete das Zeitliche und vererbte den Löffel.

Heute beweisen Sie Status nicht mehr durch den Löffel selbst, doch immer noch durch seinen Gebrauch. Ein Suppen- oder Dessert-Löffel wird nur an die Lippen geführt, und der Inhalt fließt oder gleitet über die Unterlippe in den Mund. Nur im Notfall, z. B. wenn Sie eine festere Creme verzehren, schieben Sie den Löffel ein Stück in den Mund. Ablecken und dabei die

Zunge zur Schau stellen – das würde nicht nur in konservativen Kreisen einen Statusverlust bedeuten. Auch ein Kaffeelöffel gehört nicht in den Mund. Streng genommen verzichten Sie also besser auf den Rest des Milchschaums von Cappuccino und Latte macchiato, als ihn genüsslich aus der Tasse zu löffeln.

Vom Sinn des Silberbestecks

Das klassische Tafelsilber in all seinen Facetten entwickelte sich vom 17. Jahrhundert an. Es war eine beträchtliche Investition und Teil der Aussteuer, wurde über die Generationen vererbt und möglichst zusammengehalten. Dabei ist Silber nicht nur als Wertanlage, sondern auch unter kulinarischem Aspekt von Belang: Da es die Temperatur der Speise schnell annimmt, kommt keine heiße Suppe auf einem kalten Löffel in den Mund. Ferner hat Silber eine leicht desinfizierende Wirkung.

Und außerdem ist es natürlich der Stolz des Gastgebers, wenn das Silber auf der Tafel glänzt, also eine Sache der Selbstdarstellung.

Alternative Verwendungen des Löffels

Die heutigen Tischsitten haben wir nicht nur der abendländischen Antike und der *Grande Révolution* in Frankreich zu verdanken (▶ Seite 74), sondern auch der Globalisierung. Immer mehr Speisen aus aller Welt halten Einzug auf unseren Tischen, und die Kreativität der Köche bei Zubereitung, Kombination und Präsentation der Gerichte scheint keine Grenzen zu kennen. Festen Speisen werden Sie problemlos mit Messer und Gabel Herr. Doch ausgerechnet Gerichte, die mit dem ältesten Besteckteil der Menschheit, dem Löffel, serviert werden, werfen die meisten Fragen auf. Hier die Erläuterungen.

■ **Suppe aus dem Glas:** Löffeln Sie sie wie einen Joghurt oder einen Eisbecher. Ein Reagenzglas ist für einen Löffel zu schmal. Wird die Suppe darin nicht mit einem Strohhalm serviert, trinken Sie einfach aus dem Glas.

- **Suppe im Brotteig:** Sie löffeln die Suppe aus dem Teig. Danach essen Sie das Brotgefäß mit Messer und Gabel.
- **Suppe unter der Teighaube:** Stechen Sie mit der Löffelspitze ein Loch in den Blätterteig, löffeln Sie die Suppe und essen Sie mit der Hand Stücke vom Teig. Ist das nicht möglich, nehmen Sie Messer und Gabel zu Hilfe.
- **Suppe mit Spieß:** Heben Sie den Spieß sicherheitshalber auf den Teller, auf dem Suppentasse oder -teller serviert worden ist, oder auf einen Zusatzteller. Schieben Sie die Stücke mit Messer und Gabel vom Spieß auf den Teller. Ob Sie sie dann mit der Gabel von dem Teller essen oder in die Suppe geben und mit dem Löffel daraus essen, das entscheiden Sie.
- **Salate und Cremes in chinesischen Porzellanlöffeln oder in Suppenlöffeln mit geschwungenem Griff:** Werden die Löffel auf einem Teller gereicht, gelten sie als Geschirr und nicht als Besteck. In diesem Fall heben Sie die Speise mit dem kleinen Extralöffel, der noch dazu gereicht wird, vom großen Löffel direkt in den Mund; am Ende legen Sie den Extralöffel auf den Teller neben den Löffel. Reicht man Ihnen einen solchen Löffel jedoch ohne Teller auf einem Tablett, führen Sie ihn direkt zum Mund. Vermeiden Sie es, anderen Ihre Zunge zu zeigen. Ziehen Sie z. B. eine Creme mit der Oberlippe vom Löffel.

Für kleinere Bissen: das Messer

Die einzige Zweckbestimmung des Messers ist es, Nahrung mit fester Konsistenz mundgerecht zu zerteilen. Da man es theoretisch auch als Waffe benutzen könnte, ist sein Einsatz bei Tisch gut zu dosieren. Verwenden Sie es nicht, um in der Konversation gestisch Ihre Worte zu unterstreichen; Sie könnten sonst Ihre Tischgenossen das Fürchten lehren. Auch um der Verletzungsgefahr vorzubeugen, lecken Sie es nicht ab und führen keine aufgespießten Stücke damit zum Mund.

Das Messer wurde seit seiner ersten Verwendung als Besteckteil an römischen Tischen – kurz nach Christi Geburt – immer weiter stilisiert. Bei wohlhabenden Besitzern pflegte es früher reich verziert zu sein, steckte in einer Scheide und wurde in einem Futteral transportiert oder am Gürtel getragen. In Frankreich zieht noch heute so mancher Gourmet sein Taschenmesser aus dem Etui und zerteilt damit sein Filetsteak oder sein Täubchen.

Warum manche Speisen nicht mit dem Messer geschnitten werden sollten

Das Verbot, Salatblätter zu schneiden, ist Ihnen möglicherweise geläufig, das Gebot, sie zusammenzufalten, vielleicht auch. Das Verbot hat einen praktischen Sinn und historischen Hintergrund, das Gebot hingegen nicht.

Können Sie sich vorstellen, wie mühsam es war, Besteckteile aus nicht rostfreiem Stahl und/oder aus Silber mit Schlämmkreide zu reinigen, nachdem sie mit bestimmten Substanzen in Berührung gekommen und deshalb angelaufen bzw. angerostet waren? Dann können Sie nachvollziehen, warum es galt, möglichst wenig Besteck zu verwenden und somit die Putzarbeit auf das Unumgängliche zu beschränken. Daher wurde vermieden, mit dem Messer Speisen zu berühren, die Säure, Stärke und Eigelb enthielten: Salat (wegen der Sauce), Kartoffeln, Knödel, Nudeln und sämtliche Eierspeisen. Das war vernünftig.

Nicht vernünftig war und wäre es, Salatblätter mit dem Messer zu falten: Dabei käme das Messer viel mehr und länger in Kontakt mit der Salatsauce als bei einem beherzten Schnitt. Das Fazit daraus ist: »Je weniger Messer, desto besser.« Diesen Satz könnten Sie sich ohne Weiteres als Faustregel für gepflegtes Tafeln merken.

Wenn für Sie jedoch im Vordergrund steht, dass wir heutzutage rostfreies und somit pflegeleichtes Edelstahlbesteck benutzen und unser Besteck nicht mehr mit Schlämmkreide polieren, sondern in der Spülmaschine säubern, lassen Sie sich von dem Verbot nicht beeindrucken und köpfen sogar Ihr Frühstücksei mit dem Messer. Nun wissen Sie aber, warum Sie damit vielleicht Stirnrunzeln ernten.

Besteck: Grundformen

Gründen Sie gerade einen Haushalt? Dann reichen zur Auf-
nahme von Speisen für den Anfang wahrscheinlich große
Löffel, Messer und Gabeln aus. Sobald Sie jedoch unter-
schiedliche Speisen fachgerecht genießen wollen, ist eine
Investition in diverse Grundbesteckarten unumgänglich.
Diese sehen Sie hier im Überblick.

Das Mittelbesteck umfasst Messer und
Gabel für Vorspeisen. Für das Amuse-
Gueule und für Gänseleber wird meist
eine Mittelgabel gereicht, für Käse das
Mittelmesser. Mit dem Mittellöffel werden
in der Tasse servierte Suppen gegessen.
Für ein Hauptgericht wäre das Mittel-
besteck zu klein.

Das große Besteck stellt die Standard-
und Mindestausrüstung im Besteckkasten
und auf dem Tisch dar. Es besteht aus
Messer und Gabel für Hauptgerichte und
einem Löffel für Suppen, die Sie im Teller
servieren. Für Pasta brauchen Sie die
große Gabel.

Das Dessertbesteck aus einem kleinen
Löffel und der in der Größe dazu passen-
den Gabel wird für Nachtische sowie
für Speisen verwendet, die in Schalen
serviert werden, z. B. Krabbencocktails.
Zum Zerteilen von Obst ist es ungeeignet.

Das Fischbesteck hat ein Messer mit einer Spitze, mit der Sie Flossen und Gräten leicht vom Filet trennen können. Die stumpfe Schneide verhindert, dass aus Versehen Gräten zerkleinert werden und in die Kehle geraten. Auf der Gabel mit ihren kurzen, breiten Zinken lässt sich feiner Fisch leicht zum Mund führen. Linkshänder benötigen ein symmetrisches Fischmesser. Steht das nicht zur Verfügung, verwenden sie für Fisch am besten zwei Gabeln oder Gabel und Messer des großen Bestecks. Letzteres ist für Filets unproblematisch. Achten Sie beim Fischessen immer genau auf Gräten. Es ist schließlich unschön, beim Essen Gräten aus dem Mund entfernen zu müssen (▶ Seite 59).

Der Gourmetlöffel ist ein Mittelding zwischen Fischmesser und flachem Löffel und dient zur Aufnahme von Saucen aller Art sowie zum Zerteilen von Fischfilets. Er wurde von den Begründern der Nouvelle Cuisine in den 1970er-Jahren erfunden. Der Göffel, ein Löffel mit kurzen Zinken an der Spitze, hat sich im Gegensatz zum Gourmetlöffel nicht durchgesetzt.

Das Obstbesteck ist relativ klein und besteht aus einer spitzen Obstgabel und einem scharfen Obstmesser. Es hilft Ihnen, Früchte leicht zu schälen und/oder zu zerteilen.

Dreizack mit Geschichte: die Gabel

Die Gabel ist historisch betrachtet das jüngste Teil im Besteckkasten. Ursprünglich flach und mit nur zwei Zinken ausgestattet, war sie in Kleinasien längst im Gebrauch, als man sie im christlichen Europa noch im wahrsten Sinn des Wortes verteufelte. Die Forke galt tatsächlich als Teufelszeug. In der Küche als Werkzeug akzeptabel, war sie für den unmittelbaren Gebrauch bei Tisch als Besteck nicht zulässig. Martin Luther (1483–1546) klagte: »Gott behüte mich vor Gäbelchen.«

In Italien sah man jedoch schnell den Vorteil der Gabel, die es ermöglichte, fein zu speisen, ohne sich zu beschmutzen, also *bella figura* zu bewahren. Die florentinische Fürstentochter Katharina von Medici (1519–1589) soll neben anderen Alltagsgegenständen auch die Forke an den französischen Hof gebracht haben. Danach war deren Siegeszug als Utensil der feinen Lebensart nicht mehr aufzuhalten. Später wurden die Zinken gebogen gestaltet, um Speisen noch sicherer darauf halten zu können. Deshalb gilt es als fein, Speisen nicht aufzuspießen, sondern auf der Schaufel zum Mund zu führen und die Gabel dabei wie einen Bleistift zu halten.

Die Gabel heute: als »Solistin« besonders elegant

Dieses Ansehen der schlichten Eleganz haftet der Gabel noch heute an. So gilt es in konservativen Kreisen als stilvoll, mit möglichst wenig Gerät bei Tisch auszukommen. Also wird alles, was nicht unbedingt geschnitten werden muss, mit der Gabel in mundgerechte Portionen zerkleinert. Zu diesen Speisen zählen neben Salat, Kartoffeln und Eierspeisen (▸ ab Seite 12) auch Pasteten, Enten- und Gänseleber, Gemüse, Hackfleisch, Geschnetzeltes, Fischragout und -filet, Reis- und Nudelgerichte sowie Desserts.

Nur wer nicht zurande kommt, behilft sich zusätzlich mit dem Messer oder – beim Dessert – mit dem Löffel. Wenn Sie jedoch Ihre langen Nudeln ohne Löffel – aufrecht sitzend und ohne zu kleckern – bewältigen, demonstrieren Sie eine ausgefeilte Kulturtechnik.

Als naturgegebene Alternative einsetzbar: die Finger

»Hat uns die Natur nicht fünf Finger an jeder Hand geschenkt?«, fragte ein Gegner der Gabel, der Humanist Erasmus von Rotterdam (1465–1536) und forderte: »Was gereicht wird, hat man mit drei Fingern oder mit Brotstücken zu nehmen.« Die Zeiten haben sich geändert – zur Freude der einen und zum Leidwesen der anderen. Doch manche Gerichte sind auch in Europa für den Verzehr ohne Besteck konzipiert.

Sandwich: Dies war wahrscheinlich die erste dieser Erfindungen. Der Legende nach wurde es kreiert für John Montagu, 4. Earl of Sandwich (1718–1792), der Diplomat und Staatsmann war, vor allem aber passionierter Kartenspieler. Um das Spiel nicht zu unterbrechen, aß er einhändig Rindfleisch zwischen zwei Brotscheiben.

Tramezzini, die italienischen Mini-Sandwiches, werden kalt oder heiß auf einem Teller serviert. Sie können sie mit der Serviette fassen und zum Mund führen. Das ist bei Fingerfood, das man Ihnen bei Empfängen vom Tablett reicht, nicht möglich und auch nicht nötig.

Häppchen sind idealerweise so klein, dass Sie sie unzerteilt in den Mund schieben können. Ein klassisches Kanapee hat etwa die Größe eines Zwei-Euro-Stücks, als Unterlage (Fond) weiches Weißbrot und einen gut darauf fixierten Belag. Bei Bruschetta oder mit rohem Schinken belegten Brötchen hilft nur: vermeiden oder über der Serviette beherzt abbeißen und die Reste, die sich während des Abbeißens vom Brot gelöst haben, mit der Serviette entsorgen.

Nach der Berührung der Speisen: die Finger reinigen

Wenn man Ihnen an einem stilvoll gedeckten Tisch gestatten bzw. ermöglichen will, eine Speise mit den Fingern zu zerteilen, wird außer dem Besteck ein Wasserschälchen (*Fingerbowl*) eingedeckt. Sind die Speisen fettig, ist das Wasser warm und mit einem Zitronenschnitz garniert. Alternativ werden heiße feuchte Tücher, Zitronentüchlein oder Tabletten gereicht, die sich in Verbindung mit heißem Wasser zu einem

Papiertuch entwickeln. Bei Obst genügt kaltes Wasser – oft mit einem Blütenblatt dekoriert. Immer sollte eine Serviette bei der Schale sein, an der Sie sich die gereinigten Finger abtrocknen. Selbstbewusste Gäste bitten im Restaurant um derartiges Reinigungsgerät, auch wenn es offensichtlich nicht vorgesehen war.

Essen auf die Schnelle
Am Imbissstand werden solche Utensilien nicht geboten. Pommes frites in der Tüte, Chicken Wings im Karton und Currywurst in der Pappschale bereiten dennoch keine Probleme: Da benutzen Sie das mitgelieferte Plastikgäbelchen und vor allem die Serviette. Denn auch wenn es schnell gehen muss, können Sie eine gute Figur abgeben, am Bratwurststand wie an der Dönerbude oder im Fastfoodtempel. Sie ermöglichen sich selbst ein Mindestmaß an Sauberkeit, Hygiene und Eleganz dadurch, dass Sie
■ nicht im Gehen essen, sondern im Stehen,
■ sich einen Platz an einem Stehtisch suchen,
■ die Speise ablegen, während Sie trinken,
■ sich beim Abbeißen von Döner und Burger über Ihren Teller oder Ihr Tablett beugen,
■ grundsätzlich eine Serviette unter die Speise halten, die Sie gerade zum Mund führen.

Nicht zum Putzen, sondern zum Abtupfen: die Serviette
Der Name der Serviette weist darauf hin, dass sie ursprünglich zum Auftragen von Speisen, also zum Servieren verwendet wurde. Seit der Renaissance dient sie darüber hinaus dem Gast zum Schutz vor Verunreinigungen. Deshalb bleibt sie – ob sie aus Stoff, Vlies oder Papier ist – für die gesamte Dauer eines Essens auf dem Schoß. Achten Sie beim Ablegen darauf, dass die offene Seite der Falte zu Ihrem Oberkörper weist. So können Sie sie, wenn Sie den Tisch verlassen, so falten, dass alle Spuren daran verdeckt sind. Wenn Sie sich mit der Innenseite die Lippen abtupfen, sobald Sie Ihr Besteck

ablegen, um zu sprechen oder zu trinken, besteht keine Gefahr, dass Ihr Gegenüber freien Blick auf Ihre Speisereste hat und Sie aus einem beschmutzten Glas trinken müssen.

Binden Sie sich die Serviette nicht um

Im Kindergarten – und nur dort – werden Servietten um den Hals gebunden. Auch das Einstecken der Serviette in den Kragen gilt als unelegant. Sollte man Ihnen Spaghetti mit Tomatensauce gerade an dem Tag servieren, an dem Sie Ihre neue Krawatte einweihen, beugen Sie sich zum Essen der Nudeln leicht (wirklich nur leicht) vor, um den Weg zum Mund abzukürzen (▶ Seite 68).

Die Tasse: Schale mit Henkel

Als Anfang des 17. Jahrhunderts in Europa die Heißgetränke Kaffee, Tee und heiße Schokolade aufkamen, brauchte man einen Ersatz für die bis dahin üblichen henkellosen Trinkgefäße aus Metall. Denn erstens verfälschten diese den Geschmack, und zweitens bestand die Gefahr, dass man sich aufgrund der Wärmeleitung Mund und Finger verbrannte. Aus China wurden daher Trinkschalen aus Porzellan eingeführt; die hatten allerdings auch keine Henkel, so dass man sich bei ihrem Gebrauch ebenfalls die Finger verbrennen konnte. Die erste deutsche Fabrikationsstätte für Porzellantassen entstand ab 1708 in Meißen.

Die eigentlichen Tassen wurden aber nur als Behälter benutzt. Die Flüssigkeit selbst wurde zum Abkühlen in die Untertasse gegossen und daraus getrunken. Arbeiter- und Bauernfamilien jedoch löffelten ihren Kaffee und Tee bis ins 20. Jahrhundert hinein aus dem Suppenteller.

Eine Tasse wird an ihrem Henkel angefasst. Sitzt ein Gast an einem Esstisch, führt er nur die Espresso-, Kaffee-, Kakao- oder Teetasse zum Mund. Von einem Couchtisch aus hebt er sie hingegen zum Schutz von Kleidung und Mobiliar zusammen mit der Untertasse hoch.

Zeichen setzen und lesen

Stumme Sprache mit Serviette und Besteck

Wahrscheinlich wissen Sie schon, dass Sie mit der Position Ihres Bestecks auf dem Teller bestimmte Aussagen machen können. Aber wahrscheinlich kennen Sie nicht den ursprünglichen Sinn der Sitte. Er ist in den französischen Schlössern zu finden, wo es für die Adligen einen Statusverlust bedeutet hätte, wenn sie öffentlich mit dem Personal gesprochen hätten. So wurde eine Zeichensprache erfunden, die neben dem Besteck auch die Serviette einbezieht.

Die Zeiten des französischen Adels sind seit der Großen Revolution vorbei. Die Sitten der feinen Lebensart wurden aber vom französischen Bürgertum gern übernommen. Mehr dazu lesen Sie auf Seite 74. Von dort gingen sie um die Welt und gelten noch heute. Ohne Adel. Ohne Gesinde. Einfach damit alle Beteiligten bei Tisch stets wissen, woran sie sind.

Die Feinheiten heute

■ Drehen Sie die Schneide des Messer stets zur Tellermitte, damit sich Ihr Tischnachbar nicht bedroht fühlt. Stützen Sie das Griffende eines Bestecks nicht auf der Tischdecke ab.

Das Zeichensystem

Diese Geste ...	... bedeutet das
Serviette auf den Schoß legen	Das Essen kann beginnen
Teller als Zifferblatt: Messer und Gabel liegen in der Position der Uhrzeiger um zwanzig nach vier	Ich bin fertig; der Teller kann abgetragen werden
Teller als Zifferblatt: Messer und Gabel liegen in der Position der Uhrzeiger um zwanzig nach sieben	Ich mache eine Pause; evtl.: Ich nehme gern noch etwas nach
Serviette links neben den Teller legen	Ich verlasse kurzzeitig den Tisch
Serviette rechts neben den Teller legen	Das ganze Essen ist beendet

- Kratzen Sie Reste nicht vom Teller; üben Sie Verzicht.

- Haben Sie mehrere Besteckteile benutzt, legen Sie sie parallel entsprechend der Uhrzeiger-Methode hin.

- Haben Sie ein Besteckteil nicht benutzt, können Sie es auf dem Tisch liegen lassen oder zu den benutzten Teilen auf den Teller legen.

- Nur während Sie schneiden, ruhen die Enden von Messer und Gabel in der Handfläche.

- Gastgeber setzen das Schlusszeichen erst, wenn alle ihre Gäste den jeweiligen Gang beendet haben.

- Als Linkshänder benutzen Sie Ihr Besteck, wie es für Sie praktisch ist. Wahrscheinlich nehmen Sie, wenn Sie nur mit einem Besteckteil essen, eine Gabel oder einen Löffel in die linke – Ihre starke – Hand. Wenn Sie jedoch Gabel und Messer benutzen, halten Sie das Messer in der linken und die Gabel in der rechten Hand. Wie Sie auch gegessen haben – legen Sie möglichst Ihr Besteck am Ende des jeweiligen Ganges so zusammen, dass die Servicekraft beim Ausheben auch Ihres Tellers nach ihrem professionellen System arbeiten kann.

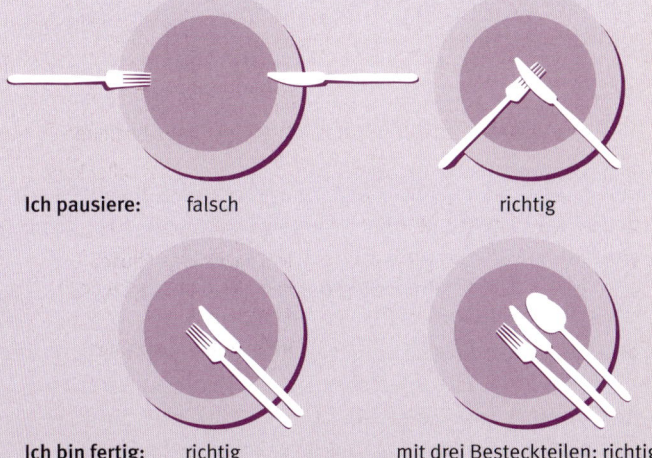

Ich pausiere: falsch   richtig

Ich bin fertig: richtig   mit drei Besteckteilen: richtig

- Ein Tässchen mit einer Consommé, einer reduzierten Brühe von Fisch, Fleisch oder Gemüse, hat nur einen Henkel und steht so auf dem Tisch, dass Sie es mit zwei bis drei Fingern der linken Hand am Henkel festhalten können, während Sie die Einlage mit dem kleinen Löffel in der rechten Hand herausfischen. Die restliche Brühe trinken Sie aus; dabei bleibt der Henkel in der linken Hand.

- Eine zweihenkelige Suppentasse ist um einiges größer als ein Consommé-Tässchen und hat gegenüber dem Suppenteller den Vorteil, dass ihr Inhalt länger heiß bleibt. Legierte (gebundene) Suppen werden ausgelöffelt; es ist nicht verpönt, die Tasse nach vorn oder hinten anzuwinkeln, um sie restlos zu leeren. Den Löffel legen Sie auch beim Pausieren rechts auf dem Unterteller ab. Klare Brühe können Sie wie eine Consommé genießen: Auslöffeln, die Suppentasse am linken Henkel zum Mund heben und den letzten Schluck trinken. Suppe aber aus der Tasse auf den Suppenlöffel zu gießen, um sie dann zu essen – das zählt nicht zur feinen Ess-Art.

Informationen zur Zeichensprache finden Sie auf Seite 20/21, zu Gläsern auf Seite 50/51, zum Gedeck ab Seite 109.

Ein Thema für sich: das Brot

Das Brot brechen heißt ursprünglich: ein gemeinsames Mahl beginnen. Schon vor Jahrtausenden hatte der Ranghöchste diese Aufgabe. Die vom Judentum überlieferte Sitte lebt im Christentum als Geste weiter, die eine Tischrunde verbindet. Mehr noch: Wer mit dem symbolisch als Leib Christi verstandenen Brot (lat. *pan*) den Segen empfängt, ist Teil der christlichen Gemeinschaft. Die Com-*pagn*-ons oder Kum-*pane* essen seither in- und außerhalb dieser Gemeinschaft gemeinsam ihr Brot, nicht nur beim Abendmahl.

Wie Sie mit Brot heute umgehen sollten

Auch wenn der religiöse Ursprung nur wenigen bewusst ist, die ein Stück Brot genießen, bleibt es gute Sitte, Brot nicht zu schneiden, sondern zu brechen. Pflücken Sie vom Brötchen oder von der Baguette- oder Ciabatta-Scheibe eine mundgerechte Portion ab, streichen Sie darauf ein Flöckchen der Butter, die Sie auf Ihren Brotteller gelegt haben, streuen Sie eventuell Salz darauf und führen Sie das Ganze mit der rechten Hand zum Mund. Nur von dünnen halbierten und gebutterten Toast- oder Schwarzbrotscheiben beißen Sie ab. Für Brötchen beim Menü gilt das nicht!

Normalerweise gehört das Brot zur Vorspeise. Deshalb sollten Sie, wenn Sie – was in förmlichen Kreisen verpönt ist – schon vorher davon essen, den Brotteller links neben Ihrem Gedeck stehen lassen und nicht mittig vor sich hinstellen. Doch nur selten wird das Brot wirklich nach der Vorspeise abgeräumt. Solange es da steht, dürfen Sie sich bedienen.

Brot mit Sauce: Freiheit des Genießers

Genießer nehmen gern ein Stück Brot, um Sauce vom Teller aufzutupfen, auch wenn das streng genommen ein Fauxpas ist. Doch manchmal muss man Prioritäten setzen. Den Teller mit dem Brot säuberlich auswischen – darauf verzichten Sie aber bitte auf jeden Fall.

Brotbrechen und »guten Appetit«: der Zusammenhang

Da das Brotbrechen die symbolische Aufforderung ist, mit dem Essen zu beginnen, galt und gilt es in traditionellen Kreisen als unnötig und unfein, sich »guten Appetit« zu wünschen. Die Aussage, es sei erst heutzutage nicht mehr üblich, sich »guten Appetit« zu wünschen, ist also falsch. Denn dieser Wunsch war in den maßgeblichen Kreisen noch nie üblich.

Es ist jedoch weiterhin Aufgabe der ranghöchsten Person, das Zeichen zum Beginn eines Essens zu geben. Heute nimmt dazu die – traditionell für die Küche zuständige – Gastgeberin ihr Besteck auf, und ihr Blick in die Runde ist Zeichen genug. In anderen Milieus als dem konservativen ist diese Sitte jedoch nicht jedem geläufig. Da müssen Sie als Gastgeber entscheiden, ob Sie korrekt handeln oder ob Sie nicht doch den Erwartungen Ihrer Gäste entsprechen und den Auftakt mit Worten geben wollen. Auf keinen Fall aber sollte ein geladener Gast die Initiative ergreifen und einen »guten Appetit« wünschen, denn das steht ihm nicht zu.

Haltung bitte! Sitzen bei Tisch

»Mit vollem Munde spricht man nicht. Der Stuhl ist kein Bett, sitz gerade! Führe nicht den Mund zum Essen, sondern das Essen zum Mund! Ellenbogen vom Tisch: Händchen aufs Käntchen! Bist kein Vögelchen, brauchst keine Flügelchen: Arme an den Körper!« Haben auch Sie solche Anweisungen von Ihren Eltern gehört? Dann seien Sie froh: Sie waren und sind heute noch alle richtig. Die Bequemlichkeit ist der Tod der guten Sitten. Nur mit einer entspannten geraden Haltung machen Sie eine gute Figur – auch bei Tisch.

Gute Tischsitten: zur Gewohnheit machen

Bei Tisch nur gerade sitzen, wenn's drauf ankommt? Das ist Kindern gegenüber schwer zu vertreten und für einen Erwachsenen unnötiger Aufwand: Wenn Sie sich immer korrekt – nicht förmlich! – verhalten, können Sie sogar ein Essen stressfrei genießen, bei dem Sie sich vom Chef, von Geschäftspartnern oder von der künftigen Schwiegermutter beobachtet fühlen.

Jedem seinen Raum, jedem seine Grenzen

Dass Sie sich als Gast nicht unaufgefordert an einen Tisch setzen, ist selbstverständlich. Ebenso dass Sie sich – außer als ranghöchste Person – nicht als Erste/r hinsetzen (▶ Seite 117 und ab 120). Da das Essen ein Gemeinschaftserlebnis ist, legen Sie keine Dinge wie Handy oder Brillenetui auf den Tisch. Eine große Handtasche wird auf den Boden gestellt, eine kleine liegt auf dem Schoß unter der Serviette oder hängt an einem Taschenhalter, den Sie an die Tischplatte klemmen. Es gibt immer schönere Exemplare davon.

Ihr Raum ist beschränkt: Ihr Terrain ist Ihr Gedeck. Beugen Sie sich nicht ins Revier Ihrer Nachbarn. Wollen Sie z. B. Ihrer Tischdame Wasser nachschenken, bitten Sie sie, ihr Glas so hinzustellen, dass Sie ihr dabei nicht zu nahe treten. Haben Sie keinen direkten Zugriff zu Wasser, Brot usw., bitten Sie darum. Greifen Sie nicht einmal aus Hilfsbereitschaft auf die andere Tischhälfte hinüber. Stellen Sie z. B. eine Wasserflasche in die Mitte, so dass sich Ihr Gegenüber bequem bedienen kann.

Es muss nicht immer förmlich sein
Wo die Form weniger beachtet wird, entsteht das Problem, dass Gäste »einfach so« den Tisch verlassen. Zumindest sollten sie um Nachsicht bitten, wenn sie gehen: »Sie entschuldigen mich bitte.« Was sie andernorts zu tun haben, ist zügig zu erledigen. Für die Zurückgebliebenen ist es nicht angenehm, sich über einen leeren Stuhl hinweg unterhalten zu müssen. Wie Sie sich verhalten, wenn Sie einen Tisch früher verlassen müssen, lesen Sie auf Seite 138.

Damen: »erhebende Momente« für Herren

In förmlichen Milieus ist es üblich, dass die Herren aufstehen, wenn Damen sich erheben, um beispielsweise den Tisch zu verlassen, oder auch wenn sie an ihn zurückkommen. Dieses Gebot gilt zumindest für den Tischherrn, besser aber für die Herren beiderseits der Dame. Ein Kavalier steht immer und für jede Dame auf, und wenn alle Herren an einem Tisch Kavaliere sind, stehen eben alle auf.

Bei Geschäftsessen und Mahlzeiten im lockeren Kreis und Rahmen wirken diese Sitten auf viele überzogen und altmodisch. Dies hat vor allem den Hintergrund, dass Damen dort weniger die Rolle der Dame spielen, sondern eher als Geschäftspartnerin oder Freundin gesehen werden. Das sehen viele Damen auch selbst so.

Düfte und Gerüche: diskret und dezent

Vermeiden Sie es, bei Tisch eine starke Duftnote zu verbreiten. Lüften Sie als Raucher Ihr Jackett. Und tragen Sie vor einem Genuss-Essen Ihr Parfum nur sehr, sehr dezent auf. Man sollte hier nur das Essen riechen.

Was Sie bitte auf jeden Fall unterlassen

- Bedienen Sie sich nicht selbst mit Wasser, Brot und Butter usw., ohne Ihren Nachbarn davon angeboten zu haben. Ist nur wenig übrig, nehmen Sie den abgestandenen Rest und bestellen Sie frischen Nachschub für die anderen.
- Beginnen Sie nicht zu essen oder zu trinken, wenn andere noch auf ihre Speisen oder Getränke warten – es sei denn, man fordert Sie ausdrücklich auf zu beginnen.
- Irritieren Sie die Tischgemeinschaft nicht durch Geräusche wie Schmatzen, Schlürfen oder Besteckklappern.
- Kommen Sie nicht auf die Idee, Handy oder Taschencomputer angeschaltet zu lassen, SMS zu lesen oder zu versenden oder gar zu telefonieren. Erwarten Sie eine dringende Nachricht, informieren Sie Ihre Tischnachbarn vorher und verlassen Sie zum Telefonieren den Raum.
- Keine »Restaurierungsmaßnahmen« bei Tisch! Finger weg von Zahnstocher und Puderdose. Reinigen Sie Ihre Zähne auf der Toilette, frischen Sie dort Ihr Make-up auf. Selbst das Nachziehen der Lippen ist in einem stilvollen Umfeld tabu. Sich zu kämmen ist überall undenkbar.
- Würzen Sie nicht drauflos. Prüfen Sie, ob Sie wirklich nachsalzen müssen oder ob das Essen nicht doch genug Geschmack hat. Verlangen Sie in einem Gourmetlokal keinen Geschmacksverstärker, ja nicht einmal Pfeffer.
- Reichen Sie Salz nicht von Hand zu Hand. Salz, das weiße Gold, war früher in Europa rar und kostbar. Man »verschenkte« es nicht. Geben Sie entweder die ganze Salz-und-Pfeffer-Menage am Griff weiter oder stellen Sie den erbetenen Salzstreuer bequem für den Nachbarn hin.

Angstgegner auf dem Tisch

*Schwierige Speisen gibt es nicht: Um eine Speise fach-
gerecht zu genießen, nehmen Sie das vorgesehene Werkzeug zur Hand und setzen es der Anatomie des Produkts
entsprechend ein. Das Know-how dazu finden Sie hier.*

Mit Flossen, Flügeln, Panzern ...

So manchen Köstlichkeiten aus der Tierwelt werden Sie mit
den gängigen Besteckteilen Herr, für andere wiederum hat
man ausgeklügelte Sonderbestecke entwickelt (▸ Seite 30/31).
Dennoch geht es oft nicht ganz ohne die Finger.

Austern: am besten roh, immer lautlos

Gegarte Austern führen Sie mit der Gabel zum Mund. Bei einer rohen Auster greifen Sie mit zwei Fingern der linken Hand
die Schale; die Austerngabel nehmen Sie mit rechts. Lösen Sie
mit der Gabel das Austernfleisch vom Rand der Schale. Rea-
giert die Auster jetzt, d. h. sie zuckt leicht, ist sie übrigens wirklich ganz frisch. Sie können nun das Fleisch mit der Gabel zum
Mund führen und das Wasser aus der Schale trinken. Sie können aber auch die Schale zum Mund führen und gleichzeitig
und lautlos (!) das Muskelfleisch und das Wasser aus der Schale in den Mund gleiten lassen. Danach legen Sie die Schale auf
Ihrem Teller ab. Hörbar schlürfen – das geht natürlich nicht.

Bachkrebse: kräftiger Panzer, feiner Geschmack

Trennen Sie mit dem Krebsbesteck oder mit den Fingern den
Kopf vom Schwanz des Bach- oder Flusskrebses. Schneiden
Sie den Panzer mit dem Krebsmesser auf, ohne das Fleisch zu
zerstören. Ziehen Sie mit der Krebsgabel das Fleisch aus dem
Panzer und führen Sie es zum Mund.

Ente, Gans, Taube: wenn Keulen serviert werden

Die Schlegel (Keulen) sind groß genug, um ihr Fleisch mit
dem Besteck zu zerteilen und zum Mund zu führen. Deshalb

sollten Sie das auch tun. Weiße Papierkronen an den Enden
sind nicht zum Anfassen gedacht, sondern als Dekoration.

Hummer: an den Scheren zu erkennen

Hat man Ihnen einen ganzen Hummer serviert, klappen Sie
mit dem Mittelbesteck die beiden – in der Küche voneinander
getrennten – Hälften des Schwanzstücks auseinander. Heben
Sie das Muskelfleisch ganz oder stückweise aus dem Panzer.
Knacken Sie mit der Hummerzange die Scheren in der Mitte
an, notfalls auch an weiteren Stellen. Vorsichtig, aber kräftig
drücken! Ziehen Sie mit den Fingern an den Enden der Sche-
renteile, bis sich das Fleisch aus dem Panzer löst. Ziehen Sie
mit der Hummernadel das restliche Fleisch aus den Scheren.
Drehen Sie die Beine ab, zerbrechen Sie sie mit den Fingern
oder der Zange und saugen Sie das Fleisch geräuschlos heraus.

Kaviar: die feinsten aller Eier

Heben Sie mit der Kaviarschaufel eine Portion Kaviar aus der
Dose auf Ihren Teller. Verteilen Sie – vorsichtig, damit der
zarte Rogen nicht beschädigt wird – mit dem Kaviarmesser
die feinen Eier auf Buchweizenküchlein (Blini) oder sehr
dünnen gerösteten Toastscheiben (Melba-Toast). Fügen Sie
etwas Crème fraîche oder gehacktes Ei hinzu. Verzichten Sie
besser auf Zwiebeln oder Zitronensaft; beides würde den feinen Geschmack überdecken. Nehmen Sie das Küchlein oder
die Toastscheibe in die Hand und beißen Sie ein großes Stück
ab: Kaviar ist in Fülle genossen besonders schmackhaft.

Kotelett: Fleisch am Knochen

Wenn Sie kleine Lammkoteletts essen und eine *Fingerbowl*
(Wasserschale) zur Verfügung steht, spricht nichts dagegen,
zuerst den größten Teil des Fleisches mit Messer und Gabel
zu verzehren und zum Schluss die Knochen abzunagen. Bei
größeren Fleischstücken am Knochen – wie T-Bone-Steak,
Kalbs- oder Schweinekotelett – trennen Sie das Fleisch mit
dem (Steak-)Messer vom Knochen.

Krebstiere aus dem Meer: klein, aber fein

Alle länglichen Krebstiere – Garnelen, Kaisergranat, Langostinos, Scampi – sind ähnlich gebaut. In Deutschland werden die Köpfe nicht verzehrt (sprich: ausgesaugt), in manchen anderen Ländern gelten sie dagegen als Hochgenuss. Mit dem Mittelbesteck oder mit den Fingern trennen Sie den Kopf vom Schwanz. Ziehen Sie die Beine vom Rumpf ab. Drücken Sie bei Garnelen mit den Fingern etwas auf den Panzer, damit er sich leichter löst. Lösen Sie dann den Panzer mit Besteck oder Fingern gliedweise vom Fleisch, trennen Sie die Schwanzspitze ab und legen Sie das Fleisch auf den Teller. Säubern Sie – wenn Sie kein Besteck benutzt haben – Ihre Finger (▶ Seite 17/18). Entfernen Sie mit dem Besteck gegebenenfalls den Darm und den Corail (Krebsrogen). Führen Sie das Muskelfleisch mit der Gabel zum Mund. Bereiten Sie jeweils ein Tier vor und verzehren Sie es gleich. So bleibt das Fleisch länger heiß.

Languste: winzige Scheren, lange Antennen

Bei der Languste gehen Sie vor wie beim Hummer. Ausnahme: Die Scheren einer Languste sind so klein, dass sich der Versuch, sie zu öffnen, auf keinen Fall lohnt.

Muscheln im Sud: Schale als Zange

Picken Sie mit zwei Fingern eine Muschel aus dem Sud, ziehen Sie mit der Gabel das Fleisch heraus und genießen Sie es. Pflücken Sie nun mit der leeren Muschelschale als Zange alle weiteren Muscheln aus den Schalen. Zwischendurch und am Ende die Finger reinigen und den Sud aus dem Teller löffeln.

Stubenküken: mit Messer und Gabel

Diese jungen Hähnchen wiegen noch unter 650 Gramm. Man hielt sie früher zum Schutz vor Kälte in der Stube des Bauernhauses – daher der Name. Fixieren Sie eine Keule mit der Gabel. Mit dem Messer trennen Sie sie vom Rumpf, dann trennen Sie den Unter- vom Oberschenkel ab und ziehen das Fleisch mit dem Besteck von den Knochen. (weiter ▶ Seite 32)

Wozu nimmt man das?

Im Lauf der Jahrhunderte haben sich die Zubereitungsarten entwickelt und die Tischsitten verfeinert. Auch als Beweise eines hohen gesellschaftlichen Status wurden immer differenziertere Besteckarten entwickelt. Die Vielfalt an hochwertigen Utensilien diente aber nicht nur dazu, den Wohlstand der feinen Herrschaften zur Schau zu stellen. Sie war – und ist – einfach praktisch, um kompliziert gewachsenem Getier und Gemüse auf elegante Weise zu Leibe zu rücken.

Austerngabel: Sie hat drei kurze, stabile Zacken und ist robuster als eine Kuchengabel. Sie wird schräg rechts neben Messer und Löffel eingedeckt. Während Sie mit der linken Hand die Austernschale festhalten, holen Sie mit der Gabel das Fleisch heraus.

Fleischbesteck: Es besteht aus großer Gabel und spitzem Messer mit scharfer Sägeklinge. Neben Steaks und Braten kann damit auch großes Geflügel wie Gans und Ente mühelos zerteilt werden.

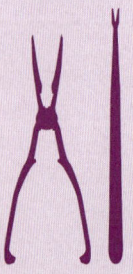

Hummerbesteck: Es umfasst die Hummerzange zum Knacken der Hummerscheren und -beine sowie die Hummernadel. Diese ist lang und schmal und hat zwei kurze, stabile Zacken. Mit ihr ziehen Sie das Fleisch aus den Hummerscheren.

Kaviarbesteck: Es ist im Idealfall aus Horn oder Perlmutt gefertigt, weil Metall den Geschmack der kostbaren Eier des Störs verfälschen würde. Kaviarmesser und -schaufel sind stumpf und kurz.

Krebsbesteck: Die Zacken der Krebsgabel sind kurz und kräftig. Das Krebsmesser hat eine kurze Klinge mit Loch, durch die Sie die Krebsbeine zum leichteren Durchbrechen stecken können.

Schneckenbesteck: Es besteht aus einer kurzen, leicht gerundeten, zweizackigen Gabel und einer Zange. Mit dieser halten Sie das Schneckenhaus fest, während Sie mit der Gabel das Fleisch aus dem Schneckenhaus ziehen.

Spargelzange: Ihre rinnenförmigen Köpfe sind der zylindrischen Form der Spargelstange angepasst. Mit der Zange greifen Sie die Spargelstange und führen sie zum Abbeißen an den Mund.

Ob Sie die Haut des Stubenkükens mitessen oder ebenfalls abtrennen, entscheidet Ihr Geschmack. Gehen Sie mit dem Flügel der ersten Rumpfseite genauso vor. Dann fixieren Sie das Hähnchen mit der Gabel; ziehen Sie das Messer an einer Seite des Brustbeins entlang und heben Sie vorsichtig das Filet von den Knochen ab. Genießen Sie das Filet. Anschließend gehen Sie mit der anderen Seite des Kükens genauso vor.

Taschenkrebs: hoher Aufwand, angemessene Belohnung

Sollte der Koch den Panzer der Scheren – sie sind die besten Stücke – nicht geknackt haben, tun Sie das mit der Hummerzange. Drehen Sie die Laufbeine ab und knacken Sie sie mit der Hummerzange oder den Händen. Öffnen Sie mit dem Messer den Panzer von der Bauchseite her. Führen Sie das Fleisch mit der Mittelgabel zum Mund.

Wachtel: in Deutschland der kleinste verzehrte Vogel

Je kleiner das Geflügel, desto eher ist der Fingereinsatz statthaft. Bei Wachteln haben Sie also freie Hand. Lösen Sie die Beine mit den Fingern vom Rumpf, führen Sie sie mit der rechten Hand zum Mund und nagen Sie sie ab. Mögen Sie das nicht tun, nehmen Sie das Besteck dafür. Immer mit Messer und Gabel zerteilen Sie, von einem Schnitt längs des Rückgrats ausgehend, den Körper und ziehen die Filets vom Knochen ab. Das Fleisch führen Sie mit der Gabel zum Mund.

Weinbergschnecken: aus dem Haus holen

Ihre Finger berühren weder die Schnecke noch ihr Haus. Legen Sie einen Suppenlöffel in den tiefen Teller. Nehmen Sie mit der Schneckenzange in der linken Hand ein Schneckenhaus auf und halten Sie es über den Teller. Ziehen Sie mit der Schneckengabel in der rechten Hand das Schneckenfleisch aus dem Haus und essen Sie es. Drehen Sie das Haus so um, dass die Kräuterbutter daraus auf den Löffel fließt. Die Butter trinken oder mit Weißbrot aus dem Löffel und später aus Teller und Pfännchen aufnehmen.

Wie Fischers Fritze

Forelle blau, Renke Müllerin Art, Dorade im Salzmantel – wie die aus ganzen Fischen bestehenden Gerichte auch heißen mögen: Ein Oberkellner filetiert bei Tisch im Handumdrehen einen ganzen Fisch. Keine Hexerei – das können Sie auch.

Einen ganzen Fisch filetieren: fünf Schritte

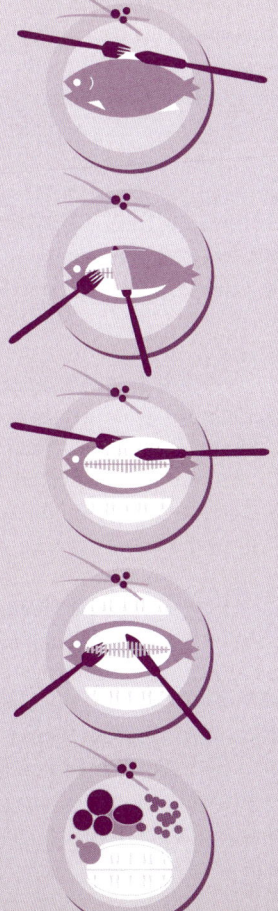

1. Sie ziehen mit dem Fischbesteck die Rücken- und Bauchflossen mitsamt ihren Gräten aus dem Fleisch.

2. Sie entfernen je nach Fischsorte und Zubereitungsart die Haut vom Fisch – oder auch nicht, nämlich wenn Sie sie mitessen wollen.

3. Sie lösen die oben liegenden Filets zuerst von Kopf und Schwanz und dann – beginnend am Kopf – vom zentralen Teil der Hauptgräte ab. Wenn Sie die Filets nicht sofort essen wollen, schieben Sie sie zunächst neben den Fisch.

4. Sie lösen die Hauptgräte von den unteren Filets und legen sie im Ganzen – mitsamt Kopf und Schwanz – auf dem Grätenteller ab. Legen Sie nun – wenn Sie sie nicht bereits gegessen haben – die oberen auf die unteren Filets.

5. Sie genießen Bissen für Bissen Ihren eigenhändig, fachgerecht filetierten Fisch.

Gemüse: wenn es etwas sperrig ist

Ob Sie Karotten, Zucchini oder Brokkoli verzehren, immer gilt: Normalerweise zerteilen Sie Gemüse mit der Gabel und nehmen – nur wenn nötig – das Messer zu Hilfe. Ausnahmen sind selten, haben es aber in sich. Zu Sättigungsbeilagen wie z. B. Kartoffeln ▸ Seite 13.

Artischocken: das gesunde Distelgewächs

Kleine, zarte Artischocken zerteilen Sie mit Messer und Gabel. Im Ganzen servierte große Exemplare halten Sie mit der linken Hand auf dem Teller fest, mit der Rechten zupfen Sie die grünen Blätter einzeln ab. Die fleischige Masse an deren Ende tunken Sie in eine Vinaigrette oder einen Dip und ziehen sie mit den Schneidezähnen vom Blatt ab. Die Blätter legen Sie auf den Resteteller. Zuletzt ziehen Sie die pelzigen Staubgefäße (Stroh) mit einem Ruck vom Boden (Herz) ab. Das zarte Herz zerteilen Sie mit der Gabel (notfalls mit dem Messer) und geben Sauce oder Dip darauf.

Spargel: die Königin der Gemüsesorten

Grüner Spargel ist so fest, dass Sie zum Zerteilen Messer und Gabel benötigen. Weißen Spargel können Sie genauso essen. Die traditionelle Variante geht so: Sie halten mit Daumen, Zeige- und Ringfinger der rechten Hand oder mit einer Spargelzange das Ende der Spargelstange fest. Mit der Gabel in der linken Hand unterstützen Sie Kopf und Vorderteil der biegsamen Stange und heben sie zum Mund. Beißen Sie jeweils ein Stück von der Stange ab und legen Sie gegebenenfalls das Ende auf den Teller zurück.

Frische Früchte: heimisches Obst und Exoten

Auf Desserttellern angerichtetes Obst wie z. B. einzelne Beeren oder Scheiben von Ananas oder der sternförmigen Karambole verzehren Sie mit dem Dessertbesteck. Physalis (Kapstachelbeeren) und Johannisbeeren heben Sie ruhig an ihren Stängeln bzw. Rispen mit den Fingern zum Mund.

Kleine Früchte aus dem Obstkorb

Erdbeeren und Kirschen nehmen Sie mit dem Servierlöffel aus der Schale, tunken sie gegebenenfalls in das bereitgestellte Wasser und führen sie mit der Hand zum Mund. Von Trauben reißen Sie nicht einzelne Beeren ab, sondern trennen zuerst mit den Fingern oder einer Traubenschere ein Zweiglein ab. Dann geht es weiter wie mit Erdbeeren und Kirschen; also waschen und die Früchte mit den Fingern vom Stiel ziehen. Spucken Sie Steine und Kerne in die linke Hand und legen Sie sie wie den Stiel in Ihren Teller.

Gängige heimische und Südfrüchte

Mandarinen und Orangen müssen Sie natürlich schälen; Äpfel, Birnen, Pfirsiche und Nektarinen können Sie ungeschält essen. Teilen Sie sie in Viertel, Achtel oder noch kleinere Stücke und führen Sie diese mit den Fingern zum Mund. Eine Grapefruit wird halbiert, ihr Fruchtfleisch dann segmentweise mit einem Speziallöffel aus der Schale gehoben und zum Mund geführt. Bananen können Sie mit der Hand oder mit dem Besteck schälen. Beißen Sie in eleganter Tischgesellschaft nicht von der Banane ab. Zerteilen Sie die Frucht mit dem Obstbesteck und führen Sie die Stücke mit der Gabel zum Mund.

Exotenfrüchte

- Eine Baby-Ananas kommt halbiert aus der Küche, andere Darreichungsformen wären unpraktikabel. Dort hat man das Fruchtfleisch bereits entnommen und in den Obstsalat gemischt, mit dem die Hälften gefüllt sind. Löffeln Sie sie aus und versuchen Sie nicht, noch Fruchtfleisch aus der Schale zu kratzen.
- Datteln sind sehr klebrig. Man kann sie deshalb nicht, wie z. B. Kirschen, mit den Fingern essen. Führen Sie sie komplett – inklusive Haut – mit der Obstgabel zum Mund; spucken Sie den Kern diskret auf die Gabel oder in die Hand und legen Sie ihn im Teller ab.
- Feigen durchschneiden und die Hälften auslöffeln.

- Eine Honig- oder Cantaloupmelone kommt entkernt und in Schiffchen zerteilt oder halbiert auf den Teller. Von den Schiffchen schneiden Sie mit dem Besteck die Schale ab, das Fruchtfleisch schneiden Sie in Stücke, die Sie mit der Gabel zum Mund führen. Melonenhälften löffeln Sie aus.

- Die Kaki ähnelt einer Tomate, ist aber süß. Entfernen Sie die Blätter. Sie können die Frucht mitsamt Schale vierteln und dann mit dem Obstbesteck essen. Sie können sie auch halbieren und wie eine Kiwi aus der Schale löffeln (▶ Kiwi).

- Die Kaktusfeige hat eine feste, ungenießbare Schale. Sie wird wie eine Kiwi gegessen (▶ Kiwi).

- Die Kiwifrucht schälen Sie mit dem Obstbesteck und essen das Innere scheibenweise. Sie können sie auch mit dem Obstmesser halbieren und die Hälften auslöffeln.

- Die Kumquat ist zwar eine Zwergorange, wird aber mitsamt der Schale und den Kernen verzehrt. Führen Sie die Frucht mit dem Dessertlöffel zum Mund.

- Litschis werden mit den Fingern abgepellt, die haarige Variante Rambutan mit dem Messer. Vorsicht, die Früchte sind sehr saftig. Das Fruchtfleisch löst man im Mund vom Kern. Diesen legt man auf den Teller.

- Die Mango wiegt je nach Sorte bis zu zwei Kilogramm. Nur kleinere Früchte eignen sich für eine Person bei Tisch. Sie können sie mit dem Obstbesteck längs in drei Scheiben schneiden. Das Fruchtfleisch der mittleren Scheibe schneiden Sie zwischen Kern und Haut heraus. Die beiden äußeren Teile aus der Schale löffeln. Sie können aber auch von der gesamten Frucht die Haut abziehen (Vorsicht, sehr saftig!) und das Fleisch in Spalten vom sehr großen und faserigen Kern abschneiden. Mit der Gabel zum Mund führen.

- Die Papaya wird in der Küche vorbereitet. Ungeschälte Spalten als Dessert schälen Sie mit dem Obstbesteck, als Teil einer Vorspeise mit dem Mittelbesteck. Zitronensaft daraufträufeln und das Fruchtfleisch in Stücke schneiden.

- Die Passionsfrucht halbieren Sie mit dem Obstmesser. Dann löffeln Sie die beiden Hälften aus.

Getränke, die die Welt erfreuen

Ohne Nahrung kann ein Mensch ein paar Wochen über-
leben, ohne Flüssigkeit nur ein paar Tage. Kein Wunder,
dass die Menschen zu allen Zeiten ihre Bleibe in der Nähe
von Quellen, Flüssen und Seen suchten, um genügend
Trinkwasser zu haben.

So läuten Sie ein feines Essen ein

Vor circa 10 000 Jahren kamen in Sachen Getränke die ersten
Alternativen zu Wasser auf. Die meisten von ihnen – außer
Milch, Kokosmilch usw. – wurden eigens hergestellt. Und je
aufwendiger die Zubereitung war, als desto wertvoller galten
sie, und das ist auch heute nicht anders.

König der Aperitifs: der Champagner

Als Nonplusultra unter den Getränken gilt vielen der Champagner: Er wird nach streng festgelegten Regeln angebaut und
ausschließlich aus Weinen aus der französischen Champagne
gekeltert, dem Gebiet um Epernay und Reims. Die Weine
werden, um einen stabilen Geschmack zu gewährleisten, zu
einer Cuvée (Verschnitt) gemischt und für mindestens zwölf
Monate einer Flaschengärung unterzogen. Drei Champag-
nerarten sind besonders zu erwähnen: Rosé-Champagner ist
derzeit im Trend; fruchtiger als weißer, eignet er sich aber eher
zum Dessert. Ein Jahrgangschampagner besteht ausschließlich aus Grundweinen des gleichen Jahrgangs und wird mindestens 36 Monate in der Flasche gegoren. Der Blanc de
Blancs (Weißer aus Weißen) wird nur aus der weißen Char-
donnay-Traube gekeltert. Blanc-de-Blancs-Jahrgangscham-
pagner sind die teuersten Champagner überhaupt.
Damit sich der feine Schaum gut aufbaut, hat ein Champag-
nerglas im Unterschied zur Sektflöte eine Tulpenform. Dünnwandig und langstielig sollte jedes Schaumweinglas sein.
In Sektschalen verflüchtigt sich die Kohlensäure zu schnell.
Lassen Sie sie im Schrank.

Für besondere Anlässe besondere Flaschen

Champagner wird in verschiedenen Flaschengrößen angeboten. Standard ist wie beim Wein die 0,75-Liter-Flasche – »1/1« genannt. Für die anderen Flaschengrößen haben sich eigene Bezeichnungen mit vorwiegend biblischen Namen eingebürgert. Vorsicht: Sie sind mit denen für Bordeaux-Flaschen nicht unbedingt identisch.

Die größeren Flaschen im Überblick

Bezug zur Normalgröße 1/1	Inhalt in Litern	Bezeichnung
2-fach	1,5	Magnum
4-fach	3	Jeroboam/Doppelmagnum
6-fach	4,5	Rehoboam
8-fach	6	Methusalem
12-fach	9	Salmanazar
16-fach	12	Balthazar
20-fach	15	Nebukadnezar
24-fach	18	Melchior/Goliath
35-fach	26,25	Souverain/Sovereign
36-fach	27	Primat
40-fach	30	Melchisedech

Schaumweine aus anderen Gegenden

Keine andere Region darf ihre Schaumweine »Champagner« nennen, und seien sie noch so gut. Auch der Begriff *méthode champenoise* (Methode der Champagne) darf laut EU-Richtlinien nicht mehr für außerhalb der Champagne produzierte Schaumweine verwendet werden. Zu Qualitätsschaumweinen anderer Herkunftsländer zählen:

- der spanische Cava mit bis fünf Jahren Flaschengärung,
- der mindestens 1 Jahr in der Flasche vergorene Crémant, der aus jedem Anbaugebiet der EU kommen darf,

- der deutsche Sekt, dessen Kohlensäure ebenfalls aus der zweiten Gärung stammt,
- der italienische Spumante.

Der beliebte Prosecco ist genau genommen kein Schaumwein, sondern eine Rebsorte für leichte, sehr fruchtige Weißweine. Da in Deutschland aber meist italienischer Schaumwein aus dieser Traube getrunken wird, ist der Begriff Prosecco bei uns zum Gattungsnamen aufgestiegen.

Mischgetränke mit Schaumweinen erfreuen sich immer größerer Beliebtheit: Sehr trendy ist derzeit der venezianische Spritz aus Prosecco und Aperol oder Campari.

Schaumwein vorneweg: Geschmacksstufen

Um die Sinne für ein Essen zu öffnen – Aperitif bedeutet wörtlich Öffner – sind halbtrockene und liebliche Sorten ungeeignet. In Frage kommen: 1. Extra brut: besonders herb und trocken; 2. Brut: herb; 3. Extra dry: wörtlich besonders trocken, jedoch tatsächlich feinherb und etwas vollmundiger als die beiden vorher genannten.

Ohne Schaum und doch fein

Zwar regen kohlensäurehaltige Getränke die Sinne am besten an, wer Abwechslung liebt, wählt aber auch hin und wieder einen – aufgegossenen – Longdrink oder einen vom Barkeeper gemixten Cocktail wie z. B. einen Americano, eine Caipirinha oder einen Dry Martini. Auch alkoholfreie Cocktails sind beliebt, sie sollten nur weder süß sein noch satt machen.

Weniger voluminös, doch nicht weniger alkoholhaltig sind gekühlte trockene weiße Portweine aus dem Douro-Tal im Norden Portugals sowie Sherrys. Als Aperitifs eignen sich von diesen Weinen – aus Jerez de la Frontera im südspanischen Andalusien – die Sorten Fino, die gekühlt serviert wird, und Amontillado, der vollmundig ist und deshalb nicht gekühlt getrunken wird. Geöffnete Flaschen halten sich maximal vier Wochen im Kühlschrank.

Ideal zum feinen Essen: Wein

Jeder Wein besteht zu circa 86 Prozent aus Wasser und zu etwa 12 Prozent aus Ethylalkohol. Die restlichen zwei Prozent, bestehend aus Zucker, Säure, Farb- und Gerbstoffen sowie Aromen, machen den Unterschied aus zwischen einem Tafelwein aus dem Tetrapak und einem charakterstarken Tropfen, der auf Dauer in Erinnerung bleibt.

Eine Fülle an Informationen für die Sinne

Schon bei einem einzigen Schluck Wein werden Auge, Geruchs- und Geschmackssinn mit unzähligen Informationen bedient. Denn Weine unterscheiden sich in vielerlei Hinsicht. Geprägt wird ein Wein durch die Traubensorte, den Jahrgang, das Klima, den Boden, die Kunst des Kellermeisters sowie die Dauer und die Art der Lagerung. Um sich im Geschäft für einen Wein zu entscheiden, der Ihnen zu einem Essen wirklich mundet, brauchen Sie also eine gehörige Portion Vorwissen, detaillierte Informationen sowie eine kompetente Beratung, vor allem aber Erfahrung: Man schmeckt nur, was man weiß. Um Weine einzuschätzen, müssen Sie also Wein trinken: nicht viel, doch am besten vielerlei und immer bewusst.

Die deutschen Qualitätsstufen

Prinzipiell teilt man Weine in drei Hauptkategorien ein:
- den einfachen Tafelwein,
- den gehobeneren Landwein
- und den Qualitätswein.

Die letzteren sind in sich gestaffelt, wobei die Kriterien in den Anbauländern und oft sogar, wie z. B. in Frankreich, regional variieren. Beim deutschen Qualitätswein steht auf dem Etikett »Q. b. A.«: Er ist, wie die Abkürzung besagt, »ein Qualitätswein aus einem bestimmten Anbaugebiet« und hat einen für diese Anbauregion typischen Charakter.

Zu den Anforderungen eines noch höherwertigen Weines (Qualitätswein mit Prädikat) zählt neben vielem anderen, dass kein Zucker beigegeben ist. Die Prädikate unterscheiden sich u. a. nach dem in Öchslegrad gemessenen Mostgewicht, das der Ausgangsstoff, also der Traubenmost, haben muss:

- Kabinett: mindestens 73 Grad Öchsle,
- Spätlese: mindestens 85 Grad Öchsle,
- Auslese: mindestens 95 Grad Öchsle,
- Beerenauslese: mindestens 125 Grad Öchsle,
- Trockenbeerenauslese: mindestens 150 Grad Öchsle; erreicht werden sogar über 300 Grad Öchsle,
- Eiswein: mindestens 125 Grad Öchsle; die überreifen Beeren müssen bei unter -7 Grad Celsius gefroren sein.

Gut zu wissen: Mostgewicht in Öchsle-Grad

Das Mostgewicht ist der Anteil der gelösten Stoffe (vor allem Zucker) im Traubenmost (Saft) und somit ein wichtiges Qualitätskriterium. Die Maßeinheit dafür, »Grad Öchsle«, ist nach dem Erfinder der Mostwaage, dem Mechaniker Christian Ferdinand Oechsle, benannt.

Qualitätsweine der großen europäischen Anbauländer
Die Klassifizierungen der Länder variieren stark. Mit Sicherheit handelt es sich um einen passablen Wein, wenn Sie dies auf einem Etikett lesen:

- in Frankreich: *VDQS – Vin Délimité de Qualité Supérieure,* Wein höherer Qualität aus einer abgegrenzten Gegend,
- in Italien: *DOC – Denominazione di Origine Controllata,* Wein aus kontrolliertem (begrenztem) Anbaugebiet,
- in Spanien: *DO – Denominación de Origen,* geschützte und kontrollierte Herkunft.

Eine höhere Qualität versprechen diese Bezeichnungen:

- in Frankreich: *AC* oder *AOC – Appellation d'Origine Contrôlée,* Wein aus der auf dem Etikett genannten Region,
- in Italien *DOCG – Denominazione Controllata e Garantita,* Spitzenwein, mit staatlichem Siegel verschlossen,
- in Spanien *DOCa, Denominación de Origen Calificada,* kontrollierte Herkunftsbezeichnung, Erzeugerabfüllung.

Karaffen: nicht nur schön anzusehen

Mit dem Umfüllen von Wein in Dekantierkaraffen sollen zwei Ziele erreicht werden: Will man ihn lüften, also mit Sauerstoff seine Aromenvielfalt entwickeln lassen, spricht man von Karaffieren. Soll jedoch das Depot, der Bodensatz, in der Flaschenschulter gestoppt werden, ist vom Dekantieren die Rede. Oft werden die Begriffe verwechselt, zumal häufig beide Absichten zugleich vorliegen.

Vorsicht: Könnte der Wein überaltert oder minderer Qualität sein, füllen Sie ihn besser nicht um. In beiden Fällen ist es besser, wenn Sie seine Aromen nicht noch verstärken.

Was ein Weinetikett sonst noch verrät

Begriff	Information
Anbauland	aus diesem Land stammt der Wein, z. B. Portugal
Anbaugebiet	genauere Herkunftsangabe, in Deutschland z. B. Rheingau; in anderen Ländern ist mit einem Anbaugebiet oft schon ein bestimmter Weintyp (z. B. Bordeaux) festgelegt
Lage	die engste Eingrenzung der Herkunft; sie hat entscheidenden Einfluss auf den Charakter; nicht in allen Ländern üblich, z. B. Ihringer Winklerberg
Erzeuger	Weingut, das den Wein produziert hat, z. B. Graf
Abfüller	Betrieb, der den Wein in Flaschen abgefüllt hat; z. B. Firma Hauber; entfällt, wenn Abfüller und Erzeuger identisch sind
Jahrgang	Jahr der Traubenlese und Kelterung
Rebsorte(n)	in Deutschland üblich, z. B. Riesling; in anderen Ländern durch das Anbaugebiet bestimmt (s. o.)
Alkoholgehalt	in Volumenprozent, z. B. 13 %
Süßegrad	z. B. »halbtrocken«, typisch für Deutschland, in den meisten Ländern sind die Weine trocken
Flascheninhalt	Qualitätswein wird meist in 0,75-Liter-Flaschen abgefüllt; diese Größe reicht für sechs Gläser

Wohltemperierter Wein

Der gute Wein ist, wie ein Mathematiker sagen würde, eine notwendige, aber nicht hinreichende Bedingung für den Genuss. Fürs vollendete Weinerlebnis ist eine weitere zu erfüllen. Haben Sie schon einmal einen fast gefrorenen Weißwein getrunken? Dann wissen Sie: Seine Aromen waren nicht zu schmecken. Oder hat man Ihnen einen Rotwein serviert, der neben dem Ofen gestanden hatte, weil man den Begriff chambriert – zimmerwarm – wörtlich nahm? Auch zu viel Wärme erschlägt die Aromen. Unser Weinthermometer gibt Ihnen den Überblick für den Hausgebrauch.

Doch Vorsicht: Angegeben ist hier die Trinktemperatur. Da der Wein zwischen Aufbewahrungsort und Glas der Raumtemperatur ausgesetzt ist, lagern Sie ihn bis zum Ausschenken bitte 2 Grad kühler.

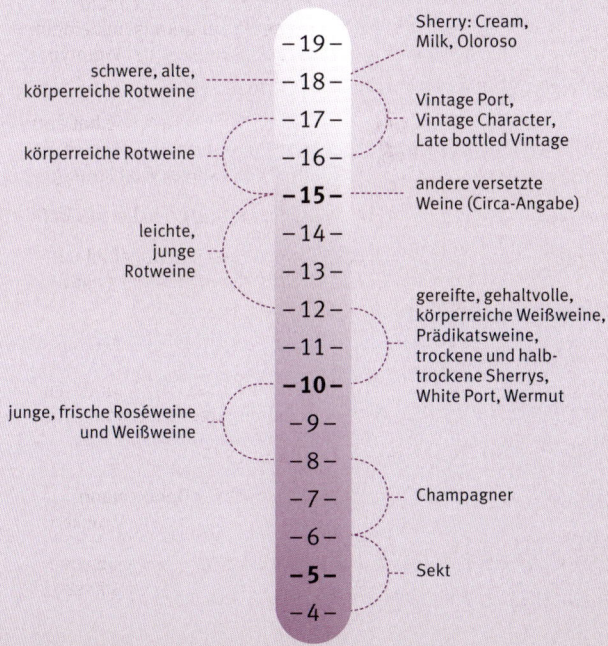

schwere, alte, körperreiche Rotweine — – 18 –

körperreiche Rotweine — – 16 –

leichte, junge Rotweine — – 14 –

junge, frische Roséweine und Weißweine — – 9 –

– 19 – — Sherry: Cream, Milk, Oloroso

– 17 – — Vintage Port, Vintage Character, Late bottled Vintage

– 15 – — andere versetzte Weine (Circa-Angabe)

– 13 –

– 12 – — gereifte, gehaltvolle, körperreiche Weißweine, Prädikatsweine, trockene und halbtrockene Sherrys, White Port, Wermut

– 10 –

– 8 –

– 7 – — Champagner

– 5 – — Sekt

– 4 –

Weine für Ihren Weinkeller: der Grundstock

Nehmen wir einmal an, Sie hätten die Gelegenheit, sich einen Wein-Fundus zuzulegen, wüssten aber nicht recht, worauf Sie achten sollen. Karl-Heinz Schopf, Chef-Sommelier im Park-Restaurant von Brenner's Park-Hotel & Spa in Baden-Baden, empfiehlt, von den individuellen Vorlieben ausgehend generelle Aspekte zu bedenken.

Es sollten im Verhältnis zum generellen Budget »achtbare, doch nicht unbedingt hochpreisige« Weine sein. Werden in Ihrer Herkunfts- oder geliebten Urlaubsregion Weine produziert, bilden diese vernünftigerweise den Grundstock. Bedenken Sie auch, welche Speisen Sie im Alltag vorwiegend essen und bei Einladungen gern servieren. Sicherheitshalber lagern Sie sowohl Weißweine als auch Rotweine ein und lassen sich dabei von Ihren generellen Vorlieben leiten: Schätzen Sie Tannin? Dann müssen kräftige Bordeaux her. Ziehen Sie ein abgerundetes Aroma vor? Dann kaufen Sie Burgunder.

Karl-Heinz Schopf rät einem Einsteiger, ein Weintagebuch zu führen und dort alle Geschmackserlebnisse um den jeweiligen Wein herum festzuhalten. Darüber hinaus empfiehlt er, sich bei Weinproben im Freundeskreis zu orientieren und sich sowohl im Weinfachhandel als auch in Seminaren beim Deutschen Weininstitut und einzelnen Weingütern auf dem Laufenden zu halten. Denn: »Die heutige Zeit ist schnelllebig, auch was den Wein angeht.«

Ausstattungsbedingungen für einen Weinkeller

Ein guter Wein gehört auf Dauer in einen richtigen Keller. Dieser muss dunkel und frei von störenden Gerüchen sein: Das Frostschutzmittel fürs Auto hat dort nichts zu suchen. Eine Temperatur von circa 12 Grad Celsius und eine Luftfeuchtigkeit von 60–70 % sind ideal. Die Weinflaschen immer liegend lagern, damit die Korken nicht austrocknen! Eindringende Luft würde dem Wein schaden. Zur perfekten Verwaltung Ihres Weinbestands notieren Sie Sorten, Mengen und Geschmacksentwicklungen in einem »Kellerbuch«.

Trinkrituale von Anstoßen bis Zuprosten

Beim antiken Opfermahl machte ein Pokal die Runde, beim Abendmahl der Protestanten ist das noch heute der Fall. Wichtig war und ist für das Wir-Gefühl der Blickkontakt, der die Zusammengehörigkeit unterstreicht. Bei den geselligen Trinkfesten der Griechen, den Symposien, waren sogar auf jedem Trinkgefäß die Augen des Weingottes Dionysos abgebildet, die auch hinter dem Gefäß den Blick in die Runde hielten. So schauen wir einander heute noch an, bevor wir trinken und bevor wir das Glas wieder absetzen.

Wer es ganz korrekt machen will, fasst sein Wein- oder Wasserglas mit drei Fingern unter dem Kelch am Stiel an, um weder das Glas mit Fingerspuren noch den Wein mit der Körpertemperatur zu beinträchtigen. In anderen Ländern und bei Deutschen, die weniger auf Korrektheit als auf ein lässiges Auftreten Wert legen, ist das nicht üblich.

Warum sagt der Volksmund, dass nur der sein Glas erhebt, der Alkohol trinkt, und dass ein Bier- und ein Weinglas nicht aneinandergestoßen werden? Weil er sich auf das alte Ritual bezieht, bei dem alle das gleiche Getränk zu sich nahmen und, wenn sie schon nicht aus einem Pokal tranken, wenigstens die Becher zusammenführten.

Zudem diente das kräftige Aneinanderstoßen der Becher als Vertrauensbeweis bzw. Sicherheitsprüfung: Sich gegenseitig einschenken und die Becher so kräftig aneinanderstoßen, dass sich etwas aus beiden Gefäßen mischte – das zeigte, dass keiner der Trinker Böses im Schilde (Gift im Becher) führte. Da das im zivilisierten Umfeld nicht nötig ist und weil der rituelle Ursprung nicht bewusst ist, wird im eleganten Umfeld auf das Anstoßen verzichtet. Wird aber doch angestoßen, wird niemand ausgegrenzt, der ein anderes Getränk gewählt hat.

Mit Heißgetränken stieß man noch nie an, da sie weder beim Opfermahl noch beim Gelage gereicht wurden. Und die feinen Damen in ihren Salons mussten schließlich mit Mokka, Tee oder heißer Schokolade in dünnem Porzellan keinen Sicherheitstest machen.

ABC des Önologen

Der Weinkundler hat das (Stich-)Wort

Fachbegriff	Bedeutung
abfallen	Geschmack setzt sich vom vorderen Gaumen nicht nach hinten fort
Abgang, Schwanz	Nachgeschmack eines guten Weins
aggressiv	die Schleimhäute mit schneidender Säure oder bitteren Tanninen reizend
ausgewogen	mit harmonischem Verhältnis von Säure und Süße, bei Rotwein auch Gerbsäure
Barrique	Eichenfass, in dem man Wein reifen lässt, früher 225 Liter, jetzt auch größer
blumig	mit angenehmen Duftstoffen
Bruch	durch Oxidation entstandene Trübung
Bukett	Gesamtheit der Duftstoffe
Depot	Ablagerung im Wein aus Säure, Tannin und Mineralien, bei älterem Rotwein sehr häufig
dick	farbintensiv, schwer und dicht
floral	mit hohem Gehalt an Duftstoffen
frisch	gesund, jung, mit ansprechendem Säure- und Kohlensäuregehalt
fruchtig	Aroma und Säure erinnern an Früchte
groß	sämtliche Eigenschaften in höchster Vollendung
Kirchenfenster, Träne	Schliere im Glas der Flaschenwandung
Körper	Gehalt an Extrakten und Glyzerin
korrespondieren	geschmacklich zusammenpassen, z. B. Wein mit Speisen
kräftig	hinreichend alkoholhaltig

Fachbegriff	Bedeutung
lieblich	angenehm, doch meist wenig ausdrucksvoll
moussieren	perlen
mundig	ansprechend, zum Trinken einladend
ölig	weich, schmiegt sich an die Mundhöhle an
opak	tiefrot, wenig Licht durchlassend, jedoch kein Hinweis auf mindere Qualität
petrolig	an Petroleum oder Teer erinnernd, vor allem bei manchen älteren Weißweinen; nicht unbedingt negativ
rassig	elegant, mit ansprechender Säure
rund	harmonisch, körperreich
samtig	ausgewogenes Zusammenspiel von Alkohol und Körper bei Rotweinen
sauer	mit einem Essigstich
schal	zu viel Sauerstoff, zu wenig Bukett
sortentypisch	charakteristisch für eine Traubensorte
spritzig	frisch, angenehm kohlensäurereich
Stärke	der Alkoholgehalt
Struktur	Kombination von Alkohol-, Säure- und Tanningehalt
Tannin	Gerbsäure
Textur	Mundgefühl, Zusammensetzung der Aromen
vollmundig	extrakt- und alkoholreich, anhaltender Abgang
weiblich	weich und zart im Geschmack
weich	mit besonderer Leichtigkeit und Zartheit
Weinstein	Ansammlung von Kristallen in Flaschen, nicht qualitätsmindernd

Welcher Wein wozu passt

Harmonische Verbindungen zu Ihrem Wohl

Unsere Welt ist kompliziert und wird mit noch mehr Möglichkeiten immer komplizierter. 2500 Weinsorten sind weltweit im Handel. Hier finden Sie eine Übersicht über die derzeit in Deutschland am meisten getrunkenen Weine und die Speisen, die erfahrungsgemäß am besten dazu munden.

Typische Kombinationen von Weinen und Speisen

Rebsorte und Charakter	Speisen dazu
Chardonnay (weiß): nussig, rassig, duftig, nuancenreich	Krusten- und Schalentiere, Fisch, gekocht oder gebraten, Kalb je nach Zubereitung
Merlot (rot), auch in Cuvées mit u. a. Cabernet Sauvignon: kräftig in der Farbe, säure- und gerbstoffbetont, mit feinem Terroir	Lamm, Taube, Gans, kräftige Stücke vom Rind wie z. B. Entrecôte
Riesling (weiß): betonte Säure, gut ausgewogen, blumig	Salat, Spargel, Fischterrine, gekochter Fisch mit Sauce vom gleichen Wein, Sauerkraut
Shiraz (rot): tanninreich, pfeffrig, purpurrot	Gebratenes von Gans, Lamm, Rind
Spätburgunder, Pinot noir (rot): samtig, kräftig, feines Bukett	Ente, Gans, Puter, Wild, zartes Rind- und Kalbfleisch wie Filetsteak, Wildgeflügel
Weiß-/Grauburgunder, Pinot grigio (weiß): trocken, rassig, elegant	Antipasti, Kaviar, Krusten- und Schalentiere, Fisch, Kalb, Geflügel, Kaninchen, Schinken

Natürlich bieten auch zahllose hier nicht genannten Weine – wie z. B. Barolo, Chianti classico oder Rioja Reserva hervorragende Geschmackserlebnisse, zumal im Verbund mit bestimmten Speisen. Darüber hinaus sind Weine der Mode unterworfen. Rosés etwa wurden lange ignoriert, finden allmählich aber wieder eine Anhängerschaft. Weiße Weine aus dem Barrique finden in Deutschland erst allmählich eine Fangemeinde. Halbtrockene Weine sind wieder im Kommen.

Generell gilt: Je reifer ein Wein ist, desto mehr Charakter
hat er und desto kräftiger kann die Speise sein, zu der Sie
ihn genießen. Deshalb trinken Sie auch zu Gänseleber als
Vorspeise einen edelsüßen Wein und zur Pasta den Wein,
der mit der Sauce harmoniert.

Weiteres Wissen über Wein

Die bis zu 800 in einem Wein messbaren Aromastoffe können
Sie zwar nicht alle bewusst unterscheiden. Doch das Gehirn
merkt sich die Aromen der vorher getrunkenen Weine. Deshalb sollte sich die Geschmacksintensität von Wein zu Wein
steigern. Trinken Sie zarte vor würzigen, leichte vor kräftigen
sowie alkoholarme vor alkoholreichen Weinen. Beim Weinwechsel werden darum traditionell die Gläser der vorigen
Weine ausgehoben. Wer jedoch Freude daran hat, Duftnoten
zu vergleichen, sollte daran nicht gehindert werden. Mehr
zum Umgang mit Wein im Lokal ▶ ab Seite 87.

Käse und Dessert: ein Thema für sich

Je nach Geschmacksintensität einer Käsesorte passt ein
leichterer oder gehaltvollerer Wein dazu. Am besten trinken
Sie einen Wein aus der Region, aus der der Käse kommt.

Mit einem Dessert harmoniert am besten ein Wein, der süßer
ist als das Dessert selbst. Die Ausnahme macht ein Dessert
mit hohem Schokoladengehalt; dazu können Sie bestens den
Rotwein trinken, der schon Ihren Hauptgang begleitet hat.

Der bekannteste Süßwein ist der französische Sauternes.
Er entsteht – genau wie der ungarische Tokayer oder eine
Beeren- oder Trockenbeerenauslese – durch Edelfäule:
Der Pilz *Botrytis cinerea* macht die Schale der Beeren porös,
so dass die Flüssigkeit daraus allmählich verdunstet, was
die Zuckerkonzentration steigert. Es gibt noch weitere
Methoden der Süßweingewinnung: das »Spriten«, bei
dem – z. B. beim Portwein – hochprozentiger Alkohol zu-
gesetzt wird, sowie das Zerquetschen der Trauben nach
dem Trocknen, wie z. B. beim toskanischen Vin Santo.

Immer häufiger ersetzt ein feiner Dessertwein sogar das
Dessert – was die Zuckerbäcker nicht unbedingt begeistert.

Welches Glas wofür?

Ein Glas sollte nicht nur hübsch anzusehen sein; es sollte das Genusserlebnis fördern. Machen Sie einmal eine Glasprobe: Trinken Sie den gleichen Wein aus Gläsern unterschiedlicher Größe und Form. Sie werden verblüfft sein, wie stark das Glas den Geschmack beeinflusst.

So kommen Weine am besten zur Geltung

1 Leichter Weißwein, z. B. ein Riesling, braucht ein schmales Glas, das Duft und Frucht konzentriert und zur Geltung bringt. Üppigere Weißweine – wie etwa im Barrique ausgebaute Chardonnays – bekommen mit etwas mehr Volumen mehr Luft und können ihre Aromen breiter entfalten.

2 Roséweine werden kühl getrunken und darum entweder in einem Weißweinglas oder aber in dem speziellen Roséglas kredenzt, das sich nach oben leicht öffnet.

3 Tanninreicher Rotwein, z. B. ein junger Bordeaux, gewinnt in einem größeren Glas, in dem sich das Bukett entwickeln kann. In der schmalen, hohen Form konzentriert sich das Bukett und stellt die Frucht gegenüber dem Tannin in den Vordergrund.

4 Schwerer Rotwein, wie z. B. ein reifer Barolo, braucht ein dickbauchiges Glas mit großer Öffnung, sodass er seine Fülle präsentieren kann.

5 Dessertwein, wie z. B. eine Trockenbeerenauslese, mundet am besten aus einem kleinen Kelch, der die Restsüße des Weins nicht überbetont.

Edles Glas – besonderer Genuss

Ein Qualitätsglas ist – von der Form abgesehen – dünnwandig und hat einen geschliffenen dünnen Rand – im Gegensatz zu dem dicken sogenannten Rollrand einfacherer Gläser. Der Vorteil: So spitzt man automatisch den Mund und trinkt vorsichtiger; die Aromen des Weines kommen besser zur Geltung. Es gibt gepresste und mundgeblasene Gläser, am Stück geformte und solche, bei denen Kelch *(Cuppa)* und Stiel separat gefertigt und dann zusammengesetzt werden.

Können Sie sich – vom Budget einmal abgesehen – nicht entscheiden, welche Glasserie zu Ihnen passt, machen Sie mit unterschiedlichen Serien eine Glasprobe im Freundeskreis und besprechen Sie Ihre Fragestellung bei Ihren Restaurantbesuchen mit dem jeweiligen Sommelier. Was Sie tun können, wenn Sie sich zu Hause auf wenige Glassorten beschränken wollen, lesen Sie auf Seite 112.

Was auch noch zählt: Flasche und Etikett

Stellen Sie sich einen Wein ohne Flasche und Etikett vor. Nichts gegen den Wein, aber er verliert seine ganze sichtbare Identität und wird zum Unbekannten. Das Auge trinkt also mit. So hat ein Feldversuch ergeben, dass Testpersonen Weine aus Flaschen mit dekorativen Etiketten und Verschlüssen als besser bewerteten als die gleichen Weine in einfacher Aufmachung.

Ursprünglich hatte jede Region ihre eigenen Flaschenformen: Die Bordeauxflasche war immer schlank, die Burgunderflasche bauchig usw. Der Bocksbeutel ist in Deutschland noch heute nur in Franken und drei Gemeinden im Baden-Badener Rebland erlaubt. Prinzipiell ist die Bandbreite aber größer, und die Winzer variieren bei den Formen und sogar bei den Farben. Diese reichen von farblos über Grün bis zu Dunkelbraun. Derzeit sind blaue Flaschen im Trend. Einheitlichkeit herrscht nur bei der Größe: Die Normalflasche enthält 0,75, die »halbe« Flasche 0,35 Liter. Schankweine werden meist in 1-Liter-Flaschen abgefüllt. Sehr dekorativ macht sich die »Magnum« mit 1,5 Litern Inhalt.

Alternativen zum Wein

Für viele Weinnasen ist ein Verzicht auf Wein undenkbar. Doch sollte auch der Weinliebhaber genügend Toleranz aufbringen, um über andere Trinkvorlieben nicht die Nase zu rümpfen. Sie müssen keinen Wein trinken, sollten aber als Gast nicht von sich aus um eine Alternative bitten; wird Ihnen keine angeboten, bleiben Sie beim Wasser. Es ist auch nichts dagegen einzuwenden, bei dem Schaumwein zu bleiben, der Ihnen vor dem Essen Appetit auf das Essen gemacht hat. Ein Champagner-Menü zum Valentinstag – damit setzen Sie schon Maßstäbe.

Zum In-Getränk aufgestiegen: Wasser

Wasser stand als Begleiter zum Essen lange im Schatten anderer Getränke. Das ist vorbei. In der Sprache der 1990er-Jahre ausgedrückt: Wasser ist Kult. In manchen Restaurants sind heute spezielle Wasser-Sommeliers am Werk und empfehlen Wässer aus aller Herren Länder gemäß der Weinwahl und individuellen Vorlieben. Wasser wird in immer ausgefallenere Flaschen abgefüllt und doch, wenn es in der Flasche auf den Tisch kommt, noch in extravagante Hüllen gesteckt. Ob Sie Wasser mit oder ohne Kohlensäure, temperiert oder eisgekühlt trinken, bleibt Geschmacksache. Generell werden unterschieden:

- **Leitungswasser,** in einer Karaffe und im Restaurant meist kostenfrei serviert,
- **Tafelwasser,** eine industrielle Mischung aus Leitungswasser, Mineralsalzen und meist auch Kohlensäure,
- **Quellwasser,** das weniger Mineralstoffe als Mineralwasser enthält, sich laut EU-Richtlinien dennoch Mineralwasser nennen darf,
- **Natürliches Mineralwasser,** dessen Reinheit amtlich geprüft ist und das enteisent (von Eisen und anderen Spurenelementen befreit) und/oder mit Kohlensäure versetzt sein darf,
- **Natürliches Heilwasser** mit amtlicher Zulassung als Heilmittel und noch reiner als Mineralwasser.

Essensbegleiter ohne Alkohol, doch mit Geschmack
Zu einer Nationalküche passt immer das vor Ort übliche Getränk: zur chinesischen Küche Jasmintee, zur türkischen das Joghurtgetränk Ayran und zu scharfen indischen Currys das mit Kreuzkümmel aromatisierte Sauermilchgetränk Lassi. Softdrinks harmonieren nicht mit einem feinen Essen, denn sie sättigen und überdecken den Geschmack der Speisen. Eher können schorlierte Fruchtsäfte wie Apfel- oder Johannisbeersaft ein Essen begleiten. Sie passen – wie säurebetonte Weine – am besten zu frischen, leichten Speisen. Mit Wasser verdünnt, sättigen die Säfte nicht zu sehr, und die Aromen werden passend abgemildert.

»Bitte ein Bier«? Manchmal ja!
Englische Etikette-Ratgeber warnen davor, in Deutschland zu einem Essen Bier zu bestellen; Bier gelte hierzulande als »Unterschichtgetränk«. Das ist natürlich falsch, und doch wird ein guter – mit Sorgfalt hergestellter und aufwendig gelagerter – Wein prinzipiell als eleganter bewertet als jeder Gerstensaft. Das wird einen eingefleischten Biertrinker nicht kümmern. Doch wollen Sie wirklich bei einem ausgeklügelten Dinner aus der Reihe tanzen und sich, wenn sich alle anderen über die Aromen des Weines austauschen, Ihren Pilsschaum von der Oberlippe wischen?
Dabei weiß der Kenner um die Finessen: Jede Biersorte braucht ihre eigene Glasform, Bier trinkt man nie wärmer als 8 Grad Celsius, und eine 0,3-Liter-Flasche wird direkt an die Lippen gesetzt – allerdings nur am Bartresen. Vor allem aber gleicht kein Bier dem anderen. Zwischen einer leichten, erfrischenden Berliner Weißen und einem vollmundigen Bockbier liegen nicht nur in puncto Alkoholgehalt Welten. Ein Kenner sieht sogar – jenseits des Lokalpatriotismus – erhebliche Unterschiede bei den hopfenbetonten Konkurrenten Alt (aus Düsseldorf) und Kölsch (aus Köln), erst recht beim leichten Export, dem Pils mit dem feinsahnigen Schaum und dem stark kohlensäurehaltigen Weißbier, auch Weizenbier genannt.

Zur Abrundung: Kaffee oder Tee

So mancher Gourmet schwört nach einem reichhaltigen Abendessen auf einen Eisenkrauttee, *Verbena* (ital.) oder *Verveine* (franz.). Mild im Aroma, ist er ein idealer Verdauungs- und zugleich Schlummertrunk. Schwarzer und grüner Tee halten eher wach. Die meisten Genießer entscheiden sich nach dem Essen jedoch für einen Kaffee.

Kaffee – eine Sache der Neuzeit

Das anregende Getränk war in Persien und im Osmanischen Reich schon im 15. Jahrhundert en vogue, doch in Europa kam man noch lange nicht auf den Kaffeegeschmack. Die ersten europäischen Kaffeehäuser wurden Mitte des 17. Jahrhunderts in Oxford und London eröffnet und hatten in der puritanischen Zeit einen besseren Ruf als Tavernen, in denen Alkohol ausgeschenkt wurde.

Bremen folgte als erste deutsche Stadt 1673, Wien 1685. Die italienischen Zubereitungsarten sind auch in Deutschland, dem Land der Kaffeetrinker schlechthin, am verbreitetsten. Das gilt auch in deutschen Lokalen.

Kaffee nach dem Essen

So heißt er	Das ist in der Tasse
Caffè; Espresso	konzentrierter Kaffee
Caffè con panna	verlängerter Espresso unter einer Haube aus geschlagener Sahne
Caffè corretto	Espresso, mit Grappa oder Anisschnaps »korrigiert«
Caffè doppio	doppelter Espresso
Caffè lungo	das heiße Wasser läuft länger durch den Filter als beim Espresso
Caffè macchiato	Espresso mit kleinem Fleck Milch
Caffè ristretto	doppelt konzentrierter Espresso
Caffè shakerato	mit Zucker und Eis aufgeschüttelt

Digestif: Finale mit Variationen

Das französische Wort *digestif* heißt wörtlich »Verdauer« – welch eine profane Bezeichnung für die exquisiten alkoholhaltigen Tropfen, die am Ende eines Dinners zum oder nach dem Kaffee gereicht werden.

In Klöstern erfunden: Likör

Bei Wilhelm Busch heißt es: »Wer Sorgen hat, hat auch Likör.« Dieser Zusammenhang ist wohl darauf zurückzuführen, dass Liköre (von lat. *liquor,* Flüssigkeit) ursprünglich von Mönchen und Nonnen auf der Basis von Heilkräutern als Heilmittel hergestellt wurden. Erst der Zusatz von Zucker machte Likör zum Genussmittel und – da Zucker teuer war – zum Luxusgetränk. Heute sind vorwiegend Halbbitterliköre in Mode, wie z. B. Averna, Fernet Branca und Jägermeister. Doch auch Gewürzlikore wie Sambuca und Danziger Goldwasser oder Zitrusliköre wie Cointreau oder Grand Marnier erfreuen sich großer Beliebtheit. Dazu kommen Eier- und Sahneliköre wie der Baileys. Wichtig: Alle Liköre werden bei Zimmertemperatur oder auf Eis getrunken. Angebrochene Flaschen von leicht verderblichen Likören (mit Ei, Creme usw.) sollten Sie nicht in Ihrer Hausbar, sondern gekühlt aufbewahren.

Vorwiegend aus Kleinobst: edle »Wässerchen«

Edelbranntweine werden in erster Linie aus Aprikosen, Birnen, Kirschen, Mirabellen, Pflaumen, Zwetschgen oder Vogelbeeren hergestellt. Die in Deutschland bekanntesten Obstwässer kommen aus den sonnenverwöhnten Regionen Baden, dem Elsass und der Nordschweiz. Den Namen »Wasser« verdanken sie der Tatsache, dass sie – in Glas- oder Steinzeug-Behältern gelagert – farblos wie Wasser bleiben.

Ein Geist hingegen entsteht aus Früchten mit geringem Zuckergehalt wie z. B. Brombeeren, Himbeeren oder Schlehen. Diese werden zuerst mit Alkohol angesetzt. Dann wird die Flüssigkeit destilliert. Wässer und Geiste entfalten ihr Aroma nur, wenn Sie sie bei Zimmertemperatur lagern und trinken.

Aus Äpfeln: Calvados

In Deutschland wird Apfelsaft zu Most vergoren (hessisch *Äppelwoi/Ebbelwei*). Most fördert zwar die Verdauung, ist aber nicht Abschluss, sondern Begleiter eines rustikalen Essens. Apfelschnaps gilt hier nicht als fein. Zum Glück wird in Frankreich der Calvados gebrannt. Wie bei Champagner und Cognac verrät auch hier der Name die Herkunft: das Département Calvados in der Normandie. Dort wird er nicht nur am Ende des Mahls, sondern auch zwischen den Gängen eines umfangreichen Menüs getrunken, um im Magen Platz zu schaffen, das normannische Loch, *le trou normand*. Ein feines, weiches Aroma zeichnet einen guten Calvados aus. Es wäre nicht nur für Franzosen undenkbar, ihn gekühlt zu trinken.

Aus Zuckerrohr: Rum

Rum fand in Deutschland noch bis vor kurzem vor allem im Rumtopf oder in Mixgetränken (Cuba libre, Cola-Rum) Verwendung. Heute bieten die meisten Bars gute Rums aus der Karibik, manchmal sogar aus Australien an. Die besten sind über 25 Jahre in Eichenholzfässern gelagert und haben einen feinen Geschmack – zu schade zum Trinken auf Eis. Die brasilianische Variante des Zuckerrohrbrands ist der Cachaça.

Aus Mais und Gerste: Whisky und Whiskey

Whisky kommt aus Schottland, Whiskey aus Irland oder aus den USA. Ein Blend (Verschnitt) hat den Vorteil, dass er immer gleich schmeckt. Ein Single-Malt-Fan hingegen begeistert sich für die geschmacklichen Besonderheiten der jeweiligen Herkunftsregion seines Lieblings-Scotch. Ein Single Malt wird zimmerwarm aus einem kleinen bauchigen Glas getrunken, ein Blend auch mit Wasser und auf Eis.

Aus Kartoffeln, Kümmel, Weizen usw.: klare Brände

Da ein Brand aus den Früchten des Feldes nicht im Holzfass gelagert wird, bleibt er ein »Klarer« und heißt darum auch so. Eine Ausnahme macht der Linie Aquavit, der, wie der Whisky, in ehemaligen Sherryfässern aus Eichenholz gelagert wird und auf Schiffen reift, die den Äquator (Linie) kreuzen. Derzeit gilt Wodka aus der Schweiz als chic. Aquavit, Korn, Topinambur oder Wodka usw. werden nach deftigen Gerichten aus kleinen Gläsern und – im Unterschied zu allen anderen Digestifs – gekühlt getrunken.

Der »Klare« aus Trauben: Grappa

Ein gewöhnlicher, aus der Maische von Kartoffeln oder Korn gewonnener Tresterschnaps wird nach einem eleganten Essen nicht angeboten. Bei dem aus gegorener Traubenmaische hergestellten Grappa (ital. korrekt *la grappa,* die Traube) ist das anders. Obwohl Grappa aus den festen Bestandteilen der Traube, also dem Rückstand der Weinkelterung, gewonnen wird, haben die stetig verbesserten Destillationsverfahren aus dem »Schnaps« so manchen edlen Brand werden lassen. Grappa wurde ein regelrechtes Kultgetränk. Er wird bei Zimmertemperatur aus nicht zu kleinen Gläsern getrunken.

Der Dunkle aus Trauben: Weinbrand

Ob sie aus Deutschland stammend Weinbrand oder aus anderen Ländern importiert schlicht Brandy heißen: Gute Brände aus Weintrauben sind die Klassiker unter den Digestifs. Cognac und Armagnac tragen die Namen ihrer Herkunftsregionen im Südwesten Frankreichs; die besten unter ihnen reifen jahrzehntelang. Alle Weinbrände sind im Eichenfass gereift, werden im Haushalt bei Zimmertemperatur gelagert und aus bauchigen Gläsern mit Stiel getrunken. Je reicher das Aroma eines Brandes ist, desto größer darf – und sollte! – das Glas sein.

Weniger Hochprozentiges

Kritische Zungen behaupten, dass nicht etwa der Alkohol den Verdauungsvorgang fördert, sondern nur die Stoffe aus den Kräutern, wenn denn solche darin gelöst sind. Außer den Kräuter-Digestifs wären demnach alle alkoholischen Digestifs reine Genussgetränke. Grund genug, sie bewusst zu genießen!

Da also der Alkoholgehalt nicht der Grund für einen Schluck zum Schluss ist, haben Cream Sherrys und schwere dunkle Portweine mit ihrem geringen Alkoholgehalt (15–20 %) immer ihre Berechtigung gehabt. Derzeit werden gern After-Dinner-Cocktails getrunken.

Digestif und Zigarre: eine harmonische Verbindung
Aus Mittel- und Südamerika sowie aus Sumatra kommen die edlen Tabakstängel, die, wie der Alkohol, dem Genuss dienen, ohne dass die Frage nach der Gesundheit gestellt wird. Zigarren sind längst nicht mehr dem Herrn vorbehalten; auch manche Dame genießt zum Abschluss eines Dinners an der Bar oder in der Smoking lounge Zigarillo oder Zigarre. Einsteiger lassen sich vom Kenner – dem Barkeeper oder dem Gastgeber – beraten: Er möge ihnen die Geschmacksrichtungen der im klimatisierten Zigarrenschrank, dem Humidor, präsentierten Sorten erläutern und dazu ein auf ihre Wahl abgestimmtes Getränk empfehlen.
Der Bundesverband der Zigarrenindustrie rät: »Wer noch niemals Zigarren geraucht hat, sollte sich einmal die Lust des Ausprobierens gönnen und … mit milden Sumatra- oder Brasil-Zigarren beginnen. Dunkle Tabake sind nicht unbedingt kräftig, helle nicht unbedingt leicht.« Zigarrenrauch wird nicht inhaliert, denn die Tabakaromen sollen nur auf den Gaumen und die Nase einwirken. Viele Einsteiger machen, so der Verband, den Fehler, zu hastig und damit zu heiß zu rauchen. So ist es richtig: Einmal pro Minute ziehen, sich beim Schmecken Zeit lassen und Glut und Glimmen durch die Erhaltung der Asche schützen.

Zigarre anzünden: immer wieder

Wenn es ganz elegant zugeht, zündet der Barkeeper die Zigarre des Gastes an und serviert sie in einem Aschenbecher. Zum erneuten Anzünden legt er einen Anzünder aus Holz oder Papier, den Fidibus, dazu.

Raus aus dem Fettnäpfchen

Was immer Unvorhergesehenes und Unangenehmes geschieht: Scham, Aufregung und Hektik helfen weder dem Verursacher noch allen anderen. Darum: Ruhig Blut! Suchen Sie strategisch Ihren Weg aus der Klemme.

Missgeschicke stilvoll überstehen

Ein Mensch, dem das Glück zufliegt, wird vielleicht bewundert und oft beneidet. Mit Sympathie kann jedoch eher der rechnen, der sich nicht wichtig nimmt, wenn er Opfer einer kleinen Panne wird.

Sie haben etwas im Mund, das nicht hineingehört

Sie haben eine Gräte, ein Stück Knochen, Knorpel oder Sehne, einen Olivenkern oder Kirschstein im Mund. Wahrscheinlich haben Sie das störende Stück mit Gabel oder Löffel zum Mund geführt. Dann lassen Sie es auf dieses Besteckteil zurückgleiten – »raus wie rein«. Haben Sie jedoch bei einem Stehempfang z. B. eine Olive mit den Fingern in den Mund geschoben, spucken Sie den Kern in eine Papierserviette in Ihrer linken Hand und entsorgen Sie beides. Legen Sie Abfall auch bei Tisch möglichst diskret ab, also nicht auf den Tellerrand, sondern in den Tellerspiegel.

Der Löffel rutscht in die Suppe

Kein Aufhebens! Ist nur eine kleine Partie des Griffs betroffen, trocknen Sie sie einfach mit der Serviette ab. Geht das nicht, bitten Sie um einen neuen Löffel. Umsichtige Gastgeber oder Servicekräfte bringen diesen auf einem Teller, auf dem sie dann den unsauberen wegtragen.

Besteck oder Serviette fällt auf den Boden

»Eine Dame bückt sich nicht.« Auf diese Regel ist die Empfehlung zurückzuführen, dass eine Dame es ignoriert, wenn ihr die Serviette entgleitet. Die Regel ist veraltet. Natürlich verwenden Sie aus Gründen der Hygiene nichts, was auf dem Boden gelegen hat – weder eine Serviette noch ein Besteckteil. Im eleganten Restaurant bekommen Sie wahrscheinlich, noch bevor Sie Ihr Malheur bemerken, von einer aufmerksamen Servicekraft diskret eine neue Serviette. Im Sinne der Hygiene reicht sie sie Ihnen mit einem Baumwollhandschuh oder einer Zange oder hält sie Ihnen auf einem Teller hin. Manchmal breiten Servicekräfte Ihnen die Ersatzserviette eigenhändig auf dem Schoß aus; eine solche Nähe ist für manchen Gast ungewohnt und sogar unangenehm.

Eine Servicekraft hebt eine Serviette nur vom Boden auf, wenn das leicht möglich ist. Niemals krabbelt sie dazu unter den Tisch – Sie natürlich auch nicht. Das heißt aber nicht, dass Sie sich generell nicht bücken sollten. Gibt es nämlich nicht so viele Servicekräfte wie im Gourmetlokal, müssen Sie um eine neue Mundserviette bitten. Es ist eine nette Geste, wenn Sie dann der Gastgeberin oder der Servicekraft die alte zum Abtransport reichen. Im Gasthaus oder im Biergarten geht es zünftiger zu. Da ist Ihnen kein Kellner böse, wenn Sie sich Ihren Ersatz selbst am Tresen holen und die alte Papierserviette im Abfalleimer entsorgen.

Wenn Sie Flecken produziert haben

Kirschtomaten sind delikat, doch mit einem hohen Spritzrisiko behaftet. Kleine Spritzer auf Ihrer eigenen Kleidung – nicht nur von Kirschtomaten – ignorieren Sie. Reiben Sie also nicht an sich herum. Ist der Anblick für die Tischgemeinschaft unangenehm, nehmen Sie die beschmutzte Krawatte ab, legen Sie ein Seidentuch um oder schließen Sie Ihr Jackett. Bei größeren Verunreinigungen verlassen Sie nach dem Ende des Gangs den Tisch. Bitten Sie um warmes Wasser und ein sauberes Tuch, um das Kleidungsstück notdürftig zu reinigen. Kleine Flecken auf der Tischdecke werden übersehen, genau wie Wein- und Saucenflecken oder Brotkrümel. Versuchen Sie nicht, Flecken z. B. mit Salz aus dem Stoff zu reiben oder durch Verschieben Ihres Tellers zu verstecken. Das fiele umso mehr auf.

Sollten Sie jedoch ein gefülltes Glas umwerfen, muss der Schaden begrenzt werden. Wo Sie auch sind: Bleiben Sie ruhig und bitten Sie um Verzeihung. In einem Privathaushalt bieten Sie den Gastgebern Ihre Hilfe an. Haben Sie etwas zerbrochen, beteiligen Sie sich am Aufsammeln der Scherben und schalten – wenn nötig – Ihre Haftpflichtversicherung ein.

Wenn sich der Körper meldet

Bei Ausbruch der Schweinegrippe wurde ausdrücklich daran erinnert, was jeder eigentlich immer schon beachten sollte: Sprühen Sie Körpertröpfchen weder in die Luft noch in Ihre rechte Hand! Und waschen Sie sich oft die Hände.

Niesen, husten, Nase putzen

Prusten, niesen und husten Sie nur in Ihre linke Armbeuge. Das ist wirksam, doch nicht sehr elegant. Eleganter und dabei ebenso wirksam ist es, den Luftstrom mit dem linken Handrücken zu bremsen. Niemals die Serviette dazu benutzen! Das wäre eine Zumutung für die Tischrunde, da Sie das Tuch nach dem Essen auf den Tisch legen, und gegenüber der Servicekraft, die es beim Abräumen anfassen muss. Ist ein Taschentuch zur Hand, können Sie es als Stopper benutzen. Vorsicht jedoch mit dem Schnäuzen: In förmlichen Kreisen ist es in Deutschland verpönt – wie in den meisten Ländern. Wenn es denn sein muss, wenden Sie sich, sollten Sie am Ende eines Tisches sitzen, zur Seite; sonst schnaufen Sie leise vor sich hin. Für größere Aktionen verlassen Sie den Tisch.

Erkältet bei Tisch? Fast eine Gewissensfrage

Bei einer starken Erkältung ist die Frage, ob Sie sich überhaupt mit anderen an einen festlichen Tisch setzen sollten. Wägen Sie ab: Ist es günstiger für alle, wenn Sie zwar krank, aber immerhin anwesend sind? Oder ist es besser, wenn Sie zwar fehlen, aber andere vor einer Ansteckung bewahren?

Wenn Sie sich verschluckt haben
Für den Fall, dass ein Happen in Ihre Luftröhre gelangt ist, rät das Deutsche Rote Kreuz: Versuchen Sie, den Fremdkörper durch Würgen herauszubefördern. Dass Sie das bei Tisch tun sollten, sagt das DRK nicht. Verlassen Sie dafür den Raum und lassen Sie bei Bedarf unter der Telefonnummer 112 den Rettungsdienst rufen.

Malheurs mit weiteren Beteiligten

Sind andere Personen von einem Missgeschick betroffen, das Ihnen unterlaufen ist, können Sie nicht so tun, als wäre nichts geschehen. Was Sie tun können, wenn eine Servicekraft eine Panne verursacht, lesen Sie ab Seite 92.

Wenn Sie andere in Mitleidenschaft gezogen haben
Haben Sie die Kleidung Ihres Tischnachbarn beschmutzt, bitten Sie sofort um Entschuldigung und bieten sowohl Hilfe bei der Beseitigung des Schadens als auch spätere Wiedergutmachung an. Haben Sie Pech, müssen Sie nicht nur die Reinigung, sondern gleich einen neuen Anzug bezahlen. Hoffentlich sind Sie haftpflichtversichert. Darüber hinaus schicken Sie einer Dame zum Trost einen Blumenstrauß und einem Herrn etwas Entsprechendes wie z. B. eine Flasche Wein. Vielleicht kann er darüber lachen, wenn Sie ausgerechnet die Sorte schicken, die Sie ihm über den Anzug gegossen haben.

Einem anderen Gast passiert ein Missgeschick
Sehen Sie bei Ihrem Nachbarn oder Gegenüber Mohn am Zahn, Grünzeug an der Lippe oder ein Stück Pasta am Kinn, weisen Sie mit einer diskreten Geste, die der Betroffene nachmachen soll, darauf hin: »Machen Sie doch kurz mal so.« Sollte Ihnen das peinlich sein, bedenken Sie, wie unangenehm es der Person erst wäre, wenn sie das Malheur später selbst bemerkte. Ihr Dank ist Ihnen sicher. Ansonsten: kein Mitleid, keine Neugier, keine Häme, kein Kommentar! Bieten Sie gegebenenfalls Ihre Hilfe an.

Gefahr im Verzug

Hat sich jemand ernsthaft verschluckt und es besteht Atemnot, ist Eile geboten: Rufen Sie sofort Hilfe. Notfalls können eventuell Schläge zwischen die Schulterblätter den Fremdkörper und/oder den Krampf lösen. Hilft auch das nicht, kann man möglicherweise mit dem »Heimlich-Handgriff« das Stück aus der Luftröhre herauskatapultieren. Dabei besteht aber Verletzungsgefahr. Wenn Sie also nicht darin geübt sind, wenden Sie die Technik nur an, wenn auf andere Weise die Lebensgefahr nicht abgewendet werden kann. Anleitungen finden Sie im Internet (▸ Seite 250).

Sie selbst als Opfer eines Missgeschicks

Hat man versehentlich Ihr Glas umgestoßen und/oder Sie bespritzt, machen Sie wegen des Mini-Dramas keine Szene. Wiegeln Sie aber auch nicht ab mit der Beschönigung, das »mache doch überhaupt nichts aus«. Nehmen Sie eine Entschuldigung an und begrenzen Sie den Schaden. Bleiben Sie sachlich. Bietet der Verursacher Ihnen nicht von sich aus die Kostenübernahme zur Beseitigung eines größeren Schadens an, bitten Sie ihn bei der Verabschiedung darum.

Eltern und Kinder

Solange Sie Ihre eigenen Kinder beschäftigen und beaufsichtigen (lassen), brauchen Sie keine Katastrophen zu befürchten. Fühlen Sie sich von einem Kind anderer Eltern belästigt, versuchen Sie zuerst einmal, das Kind zu Ihrem Verbündeten zu machen. Sagen Sie ihm freundlich, welches Verhalten Sie sich von ihm wünschen: »Du, ich würde gern meinen Nachtisch in Ruhe essen. Kommst du bitte danach mit deinem Malbuch zu mir?« Sie brauchen sich nicht fremdzuschämen, Sie sollten aber auch Diskussionen über Erziehungsfragen bei Tisch vermeiden. Nur wenn das Verhalten des Kindes ungehörig wird, bitten Sie die Eltern – freundlich! –, Ihnen ein störungsfreies Essen zu ermöglichen. Was Sie generell tun können, wenn Sie sich belästigt fühlen, lesen Sie ab Seite 94.

? Fragen & Antworten

Gabel rechts: Meine Freundin deckt die Gabel für Nudeln rechts ein. Ist das nicht falsch?

Ihre Freundin setzt sich über die Konvention hinweg, dass beim Normalbesteck die Gabeln links eingedeckt werden, damit haben Sie Recht. Doch sie meint es gut mit Ihnen! Da Sie zum Verzehr von Pasta als Rechtshänder die Gabel in der rechten Hand halten, ist diese Anordnung eine praktische Hilfe. Auch in manchen Lokalen wird so eingedeckt.

Messerbänkchen: Wozu ist ein Messerbänkchen gut?

Auf das Bänkchen legte man früher bereits benutztes Besteck, da für den Folgegang nur die Teller gewechselt wurden. Heute bekommen Sie zu jedem Gang einen sauberen Teller und frisches Besteck. Die Bänkchen sind nur noch Dekoration. Nützlich sind sie zur Ablage von Essstäbchen.

Design-Geschirr: Die Designer entwerfen Geschirr in immer wieder neuen Formen: gewellte Teller, Schalen in Tropfenform usw. Wie lege ich da mein Besteck ab?

Die klassischen Sitten gelten zwar weiter, Formspielerei verlangt aber Anpassungen. Steht der Teller auf einem Unterteller, legen Sie Ihr Besteck dort ab. Sonst stützen Sie beim Pausieren Ihr Besteck an einem Speisenstück ab. Rutscht das Besteck in den leeren Teller, ignorieren Sie das.

Besteck bei Nachservice: Wohin mit dem Besteck, wenn mir Nachservice auf einem neuen Teller gereicht wird?

Zum Nachservice gehört streng genommen ein neues Besteck. Es sollte eingedeckt sein, bevor der neue Teller kommt. Ist das nicht der Fall, lassen Sie das Besteck auf dem auszuwechselnden Teller liegen. Im Restaurant sollte die Servicekraft spätestens jetzt verstehen, dass Sie neues Besteck erwarten. Im Privathaushalt wird man Ihnen Ihr gebrauchtes Besteck kurzerhand auf den neuen Teller legen: falsch, aber praktisch.

Spargel: Stimmt es, dass ich Spargel falten darf?

Das ist ein Missverständnis: Traditionsgemäß sollen Sie Spargel nicht schneiden; doch das heißt nicht, dass Sie ihn falten sollen, bei einer knackigen Stange ist das ja gar nicht möglich. Wenn Sie Spargel nicht nach den Regeln der alten Kunst essen mögen (▸ Seite 34), schneiden Sie ihn. Die Köpfe der Stangen liegen übrigens normalerweise nach links gerichtet, damit die Enden mit rechts gut anzuheben sind. Sie müssen aber nicht in Leserichtung schneiden. Genießen Sie ruhig die feine Spargelspitze, das Beste einer Stange, zuletzt.

Messer weglegen: Darf ich nur mit der Gabel weiteressen, nachdem ich das Messer benutzt habe?

Gemäß der Konvention verwenden Sie die einmal benutzten Besteckteile weiter. Da es aber als elegant gilt, mit möglichst wenig Besteck auszukommen, und weil manche Gerichte drei Besteckteile erfordern, die Sie ohnehin nicht gleichzeitig handhaben, dürfen Sie das Messer auf dem Teller ablegen, so lange Sie es nicht benutzen. Diese Sitte gilt in den USA als fein (▸ Seite 239) und erobert sich auch in Europa ihren Platz.

Kartoffeln zu Mus: Darf ich Kartoffeln zerdrücken?

So sehr es Sie enttäuschen mag: nein. Eher müssen Sie auf die Sauce verzichten. Sie können aber die Sauce geräuschlos mit einem Löffel essen oder die Kartoffel in kleine Stücke brechen und die Sauce damit aufnehmen.

Brotteller verwechselt: Es passiert mir manchmal, dass mein Nachbar zur Linken meinen Brotteller für seinen hält. Nehme ich dann einfach den rechts von mir?

Lieber nicht, denn so würde das Problem rund um den Tisch wandern. Legen Sie Ihr Brot auf Ihren Tellerrand. Benutzen Sie für die Butter Ihr Vorspeisenmesser. Eine aufmerksame Servicekraft bzw. Gastgeberin sieht Ihr Malheur und bringt Ihnen einen neuen Brotteller. Verwenden Sie keinen Aufstrich, können Sie das Brot auf die Tischdecke legen.

Knödel schneiden: »Wer einen Knödel schneidet, schneidet der Köchin ins Herz.« Was hat es mit diesem Sprichwort auf sich?
Wenn Sie einen Knödel nicht zerschneiden, sondern zerpflücken und »atmen lassen«, kann dieser zum einen sein Aroma besser entwickeln und zum anderen mehr Sauce aufnehmen. Und dieser Genuss des Essers gereicht der Köchin zur Ehre. Für den Genuss von Kartoffeln mit Sauce empfiehlt sich diese Technik ebenso.

Besteck putzen: Mich stört es, wenn meine Tischnachbarn mit der Gabel am Messer entlang- oder auf dem Teller herumschrappen. Bin ich überempfindlich?
Das Messer ist zum Schneiden da – und nicht zum »Spachteln«. Es sollte auch nicht dazu dienen, mit Sauce benetzte Stücke auf die Gabel zu schubsen. So bleibt das Messer verhältnismäßig sauber und muss nicht lautstark an der Gabel abgestreift werden. Auf keinen Fall sollte man bei Tisch mit Besteck das Geschirr reinigen. Das geschieht in der Küche. Sie sind also keineswegs überempfindlich.

Weißwurstritual: Auslutschen oder in Stücke schneiden – wie isst man eine Weißwurst richtig?
Die Bayern machen es so: Die Wurst an einem Ende mit den Fingern greifen und das andere Ende in (süßen!) Senf tunken. Das Ende in den Mund stecken, vorsichtig zwischen den Zähnen wieder herausziehen und so etwas Brät aus der Wursthaut holen (zuzeln). Kauen und schlucken. Einen Bissen Brezel hinterheressen, einen Schluck Weißbier nehmen. Und dann das Ganze von vorn. Das alles aber bei minimaler Geräuschentwicklung! Ist das nicht Ihre Sache? Machen Sie sich nichts draus; sogar im Hofbräuhaus werden Weißwürste heute mit Besteck serviert. Schneiden Sie sie längs auf, aber nicht durch. Das Innere lässt sich nun leicht seitlich von der Haut rollen. Schneiden Sie die Hälften nach und nach in Stücke, die Sie mit der Gabel zum Mund führen. Die Haut wird nie mitgegessen.

Nach der Tradition darf eine Weißwurst das Zwölfuhrläuten nicht mehr erleben; sie muss am Vormittag der Herstellung gegessen werden: immer frisch. Seit der Erfindung des Kühlschranks ist diese Einschränkung hinfällig. Dies jedoch dürfen Sie aus Münchner Sicht auf keinen Fall tun: die Weißwurst braten, sie mit Kartoffeln, Nudeln o. Ä. genießen, sie mit Haut essen, sie mit der Haut in Stücke schneiden, sie mit Sauerkraut verzehren oder sie mit scharfem Senf bestreichen.

Grissini mit Schinken: Wie esse ich korrekt Grissini, die zum Teil mit Schinken umwickelt sind?
Nehmen Sie das trockene Ende zwischen drei Finger der Rechten und beißen Sie das mit Schinken umkleidete Stück gleich komplett ab. Sonst riskieren Sie wie bei mit rohem Schinken belegten Häppchen, dass Sie den Schinken nicht ganz durchtrennen und Ihnen dann ein Teil davon aus dem Mund hängt.

Besteckteile ablecken: Vom Messer weiß ich das, aber darf ich auch einen Löffel nicht ablecken?
Es gilt sowohl als unfein, seine Zunge zu zeigen, als auch ganze Besteckteile in den Mund zu stecken. Besteck soll eine Speise nur vom Teller zu den Lippen führen.

Flammkuchen: Muss ich eine *Tarte flambée* unbedingt mit Besteck essen?
Sie dürfen, aber Sie müssen nicht. Schneiden Sie mit dem Messer Stücke ab und führen Sie sie mit der rechten Hand zum Mund. Die Stücke sollten so klein sein, dass dabei nichts vom Belag abrutscht. Das Gleiche gilt für Pizza.

Besteckposition: Wie kann man mit dem Besteck anzeigen, dass einem das Essen nicht geschmeckt hat?
Eine Position dafür darf es gar nicht geben! Haben Sie als zahlender Gast im Lokal etwas am Essen auszusetzen, reklamieren Sie umgehend. Sind Sie jedoch eingeladener Gast, hat es Ihnen natürlich immer geschmeckt.

Fleckgefahr: Wie schone ich meine guten Krawatten?
Es gibt, so streng es klingt, nur vier Möglichkeiten: 1. Kaufen
Sie sich beschichtete, fleckenabweisende Krawatten. 2. Tragen
Sie zum Essen gemusterte Krawatten älteren Datums. 3. Legen
Sie Ihre Krawatte vor dem Essen ab. 4. Wählen Sie Speisen,
die Sie gefahrlos meistern können. Nur im äußersten Notfall
halten Sie Ihre Serviette kurz vor Ihren Oberkörper. Mit einer
über die Schulter geworfenen oder im Hemd versteckten Krawatte machen Sie auf keinen Fall eine gute Figur.

**Champagner in der Wirtschaftskrise: Ist es angemessen,
in Krisenzeiten Schampus zu servieren?**
Es gibt hervorragende nicht aus der Champagne stammende
Schaumweine. Haben Sie jedoch bisher Ihre Gäste immer mit
Champagner bewirtet und steigen nun auf kostengünstigere
Getränke um, verstehen diese das sicherlich als Signal. Ob sie
es positiv oder negativ auslegen werden, können Sie kaum
beeinflussen. Der gewisse Hauch von Luxus wird – ob positiv
oder negativ bewertet – immer dem Champagner und erst
recht einem Jahrgangschampagner vorbehalten bleiben.

**Cappuccino nach dem Essen: Meine Frau behauptet,
es sei »total daneben«, nach dem Essen einen Cappuccino
zu trinken. Das kann doch nicht wahr sein!**
Bitterstoffe fördern die Verdauung; daher trinkt man nach
dem Essen Kaffee. Milch in größerer Menge hingegen sättigt.
Darum käme kein Franzose darauf, nach einem üppigen Mahl
einen *café au lait* zu bestellen; der Spanier verzichtet auf *café
con leche,* und der Italiener auf *cappuccino* und erst recht auf
latte macchiato. Bäten Sie eine Gastgeberin zum Abschluss des
Essens also um ein heißes Milchgetränk, könnte sie daraus
entnehmen, dass Sie nicht satt geworden sind. Sie können für
sich allein natürlich nach dem Essen Ihren Cappuccino oder
»eine Latte« trinken. Sie können sich sogar an der Tasse die
Hände wärmen, den Löffel abschlecken und mit der Zunge
den Milchschaum von der Oberlippe wischen. Sie müssen

keinen Verweis fürchten. Dass ein Betrachter Ihnen dann wegen Ihrer bestenfalls »eigenwilligen« Tischsitten einen gewissen Stilmangel nachsagt, können Sie jedoch nicht verhindern. Vielleicht hören Sie doch lieber auf Ihre Frau.

Flaschenverschlüsse: Sind Glas-, Plastik- und Schraubverschlüsse noch Zeichen für minderwertige Weine?

Nein. Der Naturkorken ist kein Indiz mehr für einen guten Wein. Viele gute Winzer haben sich wegen des immer öfter auftretenden muffigen Tons (Korkschmecker) vom Naturkorken abgewandt. Doch kristallisiert sich jetzt ein neuer Trend heraus: Zum einen bekommen die Korkproduzenten das Problem Korkgeschmack immer besser in den Griff, zum anderen kommen auch bei anderen Verschlüssen Fehltöne im Wein vor; so können Glas- und Plastikkorken Mufftöne aus ihren Verpackungen mitbringen. Nun ist der Naturkorken dabei, seine Führungsposition zurückzuerobern.

Dekantieren: Ich dachte, nur alte Bordeaux würden in eine Karaffe umgefüllt. Warum werden jetzt auch Weißweine dekantiert?

Das Umfüllen verhindert nicht nur, dass Ablagerungen von alten Weinen, das Depot, im Glas ankommt. Es setzt auch bei kostbaren jüngeren Weinen die Aromen frei. Gerade im Barrique ausgebaute wertvolle Weine bekommen so die verdiente Chance, sich an der Luft zu entfalten (▶ Seite 42).

Schnell kühlen: Wie kann ich einen Weißwein, den ich vergessen habe kaltzustellen, schnell auf die richtige Trinktemperatur bringen?

Sie können ihn unter laufendes kaltes Wasser stellen oder – im Notfall! – frappieren: Sie füllen Eis, Wasser und reichlich Salz in einen Weinkübel und drehen die Flasche darin mit schnellen Bewegungen. Das Salz wird gelöst, und das Eis schmilzt. Beides verbraucht Energie, macht also kalt. Den Schock des Gefrierfachs ersparen Sie dem Wein besser ganz.

Die Choreografie des Restaurant- besuchs

Hatten Sie schon einmal in einem gehobe- nen Lokal das Gefühl, dass die Service- kräfte oder andere Gäste Sie kritisch musterten? Und sich dabei unwohl gefühlt? So etwas darf nicht sein. Sie sollen sich in jedem Restaurant wohlfühlen können. Lernen Sie die Spielregeln kennen, dann können Sie entspannt am gastronomischen Spiel teilnehmen und es genießen.

Service und Gäste: ideal im Team

Die Funktion eines Restaurants ist es, wörtlich genommen, seine Gäste »wiederherzustellen«. Die Servicekräfte sind also angehalten, Dienstleistung auf höchstem Niveau zu bieten. Im Unterschied zu den Bediensteten der Schlossherren, die die feine Esskultur schweigend zelebrierten, steht die Servicekraft von heute im engen Austausch mit den Gästen. Nutzen Sie ihre Fachkompetenz.

Daran erkennen Sie den fachgerechten Service ...

Dass Servicekräfte in einem gehobenen Restaurant gepflegt auftreten, ist selbstverständlich. In Traditionshäusern wird vor jedem Dienstantritt beim Team eine Riechprobe gemacht. Ihre Sinne sollten schließlich weder vom Eigengeruch der Sie betreuenden Personen noch von starkem Parfum beeinträchtigt werden. Genauso selbstverständlich: ein zuvorkommendes, umsichtiges Verhalten, Dienst-Leistung im eigentlichen Sinn des Wortes. Die Mitarbeiter ...

- drängen den Gästen keinen Handschlag auf, sondern warten ab, ob die Gäste diesen überhaupt wünschen,
- stellen sich namentlich vor und sprechen den Gastgeber mit dessen Namen an,
- zünden, sobald die Gäste Platz nehmen, die Kerzen auf ihrem Tisch an und erneuern sie bei Bedarf,
- setzen Brot nach dem Servieren des Aperitifs ein und füllen es nach, ohne zu fragen,
- halten sich bei Fragen an den Gastgeber,
- bieten von sich aus dezent Wasser und weiteren Wein an,
- schenken über die rechte Schulter des Gasts Getränke ein,
- nehmen nur einen Rotweinkelch zum Einschenken zu sich,
- schenken nach, ohne zum Verzehr zu animieren,
- klären mit dem Gastgeber, ob sie beim Weinwechsel die Gläser stehen lassen oder ausheben sollen,
- haben stets ein offenes Ohr und diskutieren nicht, wenn ein Gast klar und sachlich seine Meinung sagt,

- mischen sich niemals ungefragt in eine Unterhaltung ein,
- sind bei Reklamationen kooperativ und sachlich,
- bleiben auch bei geringem Trinkgeld freundlich.

... und daran erkennt man Sie als geschulten Gast

Ein Restaurantbesucher ist einerseits, weil er bzw. sein Gastgeber für eine Dienstleistung bezahlt, Herr des Geschehens und hat sich andererseits an die Spielregeln des Ortes zu halten. Der gute Gast verhält sich also gleichermaßen diskret, höflich und souverän. Er ...

- grüßt freundlich alle Servicemitarbeiter, den Oberkellner gegebenenfalls mit Handschlag,
- grüßt zumindest mit Lächeln und Kopfnicken die Gäste an den direkten Nebentischen,
- grüßt Bekannte an anderen Tischen von ferne,
- drängt schon essenden Menschen keinen Handschlag auf,
- ist interessiert an Informationen und am Kontakt zu den Fachleuten, fragt an fremden Orten »Was ist typisch für Ihr Haus?« oder »Was ist typisch für diese Region?«,
- nutzt die Kompetenz der Fachkräfte,
- formuliert seine Wünsche deutlich, aber leise (z.B. welche Speisen oder Zutaten er keinesfalls zu sich nehmen kann),
- hat als Diätpatient oder Allergiker eine Liste der ge- und verbotenen Speisen zur Weitergabe an die Küche dabei,
- bestellt sein Dessert erst nach dem Hauptgang, es sei denn, der Oberkellner bäte um eine frühere Entscheidung,
- lässt den Service seine Arbeit tun, erledigt also von sich aus keine Hilfsdienste wie Teller stapeln oder anreichen,
- schenkt aus Flaschen nach, die auf dem Tisch stehen, angelt aber keine aus dem Weinkühler auf dem Beistelltisch,
- hält Servicekräfte nicht mit unnötigem Gerede auf,
- weiß, dass das Fehlen des Salzstreuers auf dem Tisch nicht auf nachlässigen Service, sondern auf einen selbstbewussten Koch hindeutet,
- knausert nicht beim Trinkgeld, setzt sich aber auch nicht mit übertriebenem Trinkgeld in Szene.

Das *Who's who* der Servicekräfte

Jeder Mitarbeiter sollte zum Wohl eines Gastes flexibel alle Aufgaben in einem Restaurant erfüllen können. Doch im Regelfall hat jeder sein festes Aufgabengebiet.

Die Rollenverteilung im Service

Funktion	Aufgabengebiet: Er bzw. sie …	Er bzw. sie ist im Notfall …
Maître d'hôtel (Saalchef/in)	… begrüßt und verabschiedet die Gäste, informiert die Mitarbeiter über (Sonder-)Wünsche und hat ein Auge auf das Geschehen an allen Tischen.	… bei gravierenden Reklamationen ohne Aufforderung zur Stelle.
Oberkellner/in	… begleitet die Gäste an den Tisch, hilft beim Platzieren, bietet den Aperitif an, reicht die Speisekarten, nimmt Bestellungen auf; schaut nach dem Rechten, bringt die Rechnung; übernimmt in Vertretung die Aufgabe des Sommeliers.	… bei jeder Reklamation automatisch am Tisch, spätestens bei Aufforderung.
Chef de rang und Demichef de rang (Kellner/in mittleren Ranges)	… arbeitet in einer »Station« (an wenigen Tischen) direkt am Gast und sorgt für einen reibungslosen Ablauf; gibt Anweisungen zum Nach- und Umdecken sowie für Hilfsdienste wie Nachfüllen von Brot.	… für Pannenhilfe zuständig, z. B. wenn Sie einen Fleck gemacht oder Ihre Serviette fallen gelassen haben.
Commis (Gehilfe) und Auszubildende/r	… führt Anweisungen aus, leistet Hilfsdienste wie Geschirrabtragen; arbeitet vorwiegend im Hintergrund.	… Vertreter/in der normalerweise zuständigen Personen.
Sommelier/ Sommelière (Weinkellner/in)	… berät bei der Weinwahl, nimmt die Weinbestellung auf, serviert die Weine.	… bei einer Wein-Reklamation Ihr Ansprechpartner.

Vorbereitung und Auftakt des Restaurantbesuchs

In Kneipen und Gasthöfen konnten sich Gäste, vor allem auf Reisen, schon vor Jahrhunderten »restaurieren«, also auf Vordermann bringen lassen. Doch öffentliche Orte, die das Prinzip »Wiederherstellung« in gepflegtem Ambiente mit edlen Speisen und diskretem Service zelebrieren, kennt Europa erst seit Ende des 18. Jahrhunderts.

Feines Lokal, feine Gäste: Vorüberlegungen

Der erste Schritt zu unserer heutigen Restaurantkultur wurde vollzogen, als in Frankreich die Zunftgrenzen aufgehoben worden waren: Wer kochte, durfte nun auch Brot und feine Pâtisserien backen usw. Kurz darauf, der 14. Juli 1789 war vorbei und die Revolution im Gange, wurde das Personal der französischen Schlösser arbeitslos. Dessen Kompetenz im Verwöhnen anspruchsvoller Gaumen durfte nicht brachliegen! So zog es in die Städte und brachte den Bürgern die hohe Kunst des Genießens nahe. Welch ein Wohlfühl-Gewinn für die Bürger, welch ein Statuszuwachs für das Personal, das ehemals »Gesinde« geheißen hatte!

Wenn Sie also ein Restaurant betreten, in dem es Ihnen vor lauter Vornehmheit mulmig wird, bedenken Sie: Diese Gediegenheit verdanken Sie der *Grande Révolution!*

So suchen Sie das richtige Lokal aus

Wo wird das gewünschte Verwöhnprogramm am besten gelingen? Diese Frage haben Sie sich bisher sicherlich gestellt, wenn Sie die Frau oder den Mann Ihres Herzens zum kulinarischen Tête-à-tête baten. Doch auch wenn Sie »nur« Familie, Freunde oder Geschäftspartner einladen, können ein paar wenige grundlegende Fragen den Restaurantaufenthalt zum Erfolg machen. Überlegen Sie sich im Vorfeld:

- Hochkarätig oder preisgünstig: Welche Zeichen wollen Sie mit dem finanziellen Rahmen setzen?

- Mit PKW oder öffentlichen Verkehrsmitteln: Wie reisen Sie und Ihre Gäste an?
- Königsberger Klopse, Gemüsebratlinge oder Sushi: Welche Küche schätzen Ihre Gäste?
- Gewohntes oder Ungewöhnliches: Sind Ihre Gäste eher konservativ oder risikobereit? Wem können sie später mit einem Bericht von dem Restaurantbesuch imponieren?
- Schlichte Zurückhaltung oder ganz große Prunksitzung: Welcher Stil entspricht am besten Ihrem Ziel?
- Verschwiegen im Verborgenen oder mitten im Trubel: Wie viel Ruhe brauchen Sie für Ihr Gespräch bei Tisch?

Wenn von dem Restaurantbesuch Ihr Image abhängt
Wollen oder müssen Sie bei einem Gast punkten, gehen Sie kein Risiko ein. Wählen Sie ein Lokal, in dem Sie selbst in positivem Sinne bekannt sind. Wenn der Restaurantbesuch für Sie z. B. geschäftlich bedeutend ist, bereiten Sie den Besuch dort vor. Finden Sie sich mindestens zehn Minuten vor Ihren Gästen im Lokal ein. Prüfen Sie den Tisch. Klären Sie Ihren Oberkellner über den Zweck des Essens auf. Erwarten Sie die große kulinarische Oper? Dann ziehen die Servicekräfte alle Register. Kündigen Sie hingegen an: »Diese Gäste sind mir lieb, aber nicht unbedingt teuer«, weiß der Kellner, dass er sich bei Empfehlungen etwas zurückhalten muss.

Einladung ins Restaurant am fremden Ort

Sie besuchen Ihre Tante in deren Kurort. Oder Sie suchen einen Geschäftsfreund an dessen Ihnen bisher unbekanntem Standort auf. Was nun? Verschaffen Sie sich von zu Hause aus einen Überblick. Blättern Sie in Restaurantführern. Holen Sie sich Tipps im Internet. Fragen Sie in dem Hotel, in dem Sie übernachten, oder die Assistenz Ihres Geschäftspartners. Treffen Sie eine Vorauswahl. Schlagen Sie nun Ihrem Gast zwei Lokale zur Auswahl vor, die Ihren eigenen Vorstellungen entsprechen.

Spezielle Lokale

Die Spielregeln für Fachpersonal und Gäste variieren notwendigerweise mit der Art des Lokals. Doch ob Sie sich im Biergarten an der Essensausgabe Ihren Leberkäse holen oder in der Autobahnraststätte an der Café-Bar ein Sandwich – umsichtiges, rücksichtsvolles und wertschätzendes Verhalten kommt überall gut an.

Coffeeshops, Fast-Food-Lokale, Bars

Das Ambiente in den neuen Ketten-Kaffeehäusern ist als »cool« angelegt. Gehen Sie dennoch sorgsam mit den aushängenden Zeitungen, dem oft hochwertigen Mobiliar und Ihren Speisen und Getränken um.

Fast Food heißt nicht Junk Food. Seien Sie respektvoll und halten Sie Ihren Burger so, dass man Ihnen gutes Mutes beim Essen zuschauen kann. Benutzen Sie Ihre Serviette. Bringen Sie Ihr gebrauchtes Geschirr weg, entsorgen Sie Abfälle.

Getoastete Sandwiches können Sie wie Pizzastücke in die Hand nehmen, um davon abzubeißen. Aber Vorsicht, damit Ihnen keine Käsefäden im Schnauzbart kleben!

Im Steakhouse: Steak nach Wunsch

Jedem sein Steak – und jedem der gewünschte Gargrad. Je nach Ursprungsland variieren die Begriffe im Steakhouse oder Restaurant.

Die Garheitsstufen in verschiedenen Sprachen

Gargrad	Deutsch	Englisch	Französisch
fast roh	blau, roh	very rare, raw	bleu
im Kern roh	blutig	rare	saignant
halb durchgebraten	rosa	medium	à point
durchgebraten	durch	well done	bien cuit

Zum Benehmen bei Tisch mehr ▶ ab Seite 6, zum Verhalten am Büfett ▶ Seite 144/145. Zu Gepflogenheiten in ausländischen Lokalen siehe letztes Kapitel ▶ ab Seite 174.

Gastgeber, Gäste, Servicekräfte: Rollen-Spiel

Im Biergarten oder Wirtshaus suchen Sie sich einen Tisch, der Ihnen behagt, und nehmen dort Platz, irgendwie. Tun Sie dies aber in Ihrem eigenen Interesse erst, wenn der Tisch von den Spuren der Vorgänger befreit und für Sie gereinigt ist. Sonst bemerkt der Service möglicherweise nicht, dass Sie neu angekommene Gäste sind.

Vom Eingang bis zum Tisch: der Parcours

In einem edlen Lokal ist der Gang vom Eingang bis zum Tisch geregelt. Keineswegs ist dieses Zeremoniell Selbstzweck, und es wurde auch nicht erfunden, um dem Gast zu imponieren. Im Gegenteil: Es soll dem Besucher Respekt sowie Überblick und Sicherheit geben. Zudem beobachtet die Servicekraft hier die Rollenverteilung der Personen. Führen Sie Regie, wenn Sie einladen! Lassen Sie sich führen, wenn Sie eingeladen sind.

1. **Schritt:** Die Gäste betreten das Lokal. In Deutschland geht der zahlende Gast (Gastgeber) zuerst hinein, quasi um sicherzustellen, dass seine Gäste hier gut aufgehoben sind. Er schließt die Tür hinter seinen Gästen.

2. **Schritt:** Der leitende Oberkellner, der Maître d'hôtel, begrüßt die Besucher und klärt ab, ob ein Tisch reserviert ist und, wenn ja, welcher. Er nimmt zur Kenntnis, welcher der Besucher Regie führt.

3. **Schritt:** Eine Servicekraft nimmt allen Gästen Mäntel, Schirme usw. ab. Sie hilft einer Dame, deren Partner das versäumt, aus dem Mantel, wenn diese sie durch Blickkontakt und Drehen der Schulter dazu auffordert.

4. **Schritt:** Der Oberkellner geleitet die Gäste zum Tisch. Zuerst folgen die geladenen Gäste, der zahlende Gast (Gastgeber) bildet den Schluss. Hat er jedoch mehrere Gäste in seiner Obhut, lässt er nur den Ehrengästen den Vortritt, um schnell mit diesen am Tisch zu sein.

5. **Schritt:** Der Gastgeber weist den Gästen ihre Plätze zu.

6. **Schritt:** Alle Gäste nehmen Platz. Der Tischherr hilft dabei seiner Tischdame, der Kellner den Herren.

Wer sitzt wo im Lokal?

Wenn Sie schon mit einer anspruchsvollen Dame ein Restaurant besucht haben, wissen Sie: Diese Dame wünscht keinen anderen als den besten Platz, und das ist dieser:

- Mit Blick ins Lokal: Der Überblick gibt ihr Sicherheit.
- Mit Blick aus dem Fenster: Der Ausblick gibt ihr die Freiheit, beim Betrachten schöner Dinge gegebenenfalls einmal aus der Konversation auszusteigen.
- Zentral oder an einer Wand, also nicht direkt am Gang oder mit Kontakt zum Nebentisch.
- In der Nachbarschaft von Personen, mit der sie sich gut unterhalten kann.
- An der Seite einer Person, die sie aufmerksam umsorgt.

Herren und weniger anspruchsvolle Restaurantbesucher sitzen entsprechend mit dem Rücken zum Lokal, am Rand, ohne Aussicht. Damit ein Herr dennoch die Übersicht behält und mühelos Kontakt zum Oberkellner herstellen kann, sind in vielen Lokalen Spiegel an den Wänden angebracht.

Beispiel: zwei Paare an einem Tisch

Rechts von Herrn Beck (b) sitzt Frau Walz (a). Ihr gegenüber sitzt Herr Walz (c), der wiederum Frau Beck (d) an seiner Seite hat. Steht (von oben gesehen) die linke Stirnseite des Tisches an einer Fensterfront, hat von den Damen Frau Beck den besten, Frau Walz den schlechteren Platz. Sind Herr und Frau Walz die Gastgeber, passt das bestens.

Alternativ bekommen die Damen die Fensterplätze. Dann sitzt weiterhin rechts von Herrn Beck (b) Frau Walz (a). Ihr gegenüber wird Frau Beck (c) platziert, rechts von ihr Herr Walz (d). Der Vorteil: Die Damen haben den besten Blick. Der Nachteil: Es besteht die Gefahr, dass die Kommunikation von Mann zu Mann und von Frau zu Frau läuft, sich aber wenig mischt. Also aufpassen!

Mehr zum Platzieren
▶ ab Seite 120.

Als Frau im Restaurant: kein Problem!

Noch bis weit ins 20. Jahrhundert hinein war es keineswegs normal, wenn eine Frau ohne Begleitung überhaupt ein Restaurant besuchte. In den letzten Jahren ist die ungute Sitte, dass einzelnen Damen die schlechtesten Tische zugewiesen werden, zum Glück seltener zu beobachten. Falls Ihnen das noch passiert, bestehen Sie auf einem guten Platz. Insistieren Sie bei Bedarf: »Ich möchte lieber dort sitzen.« Bleiben Sie dabei betont höflich und sicher: gerade Haltung, fester Blick, feste Stimme. Gönnen Sie sich etwas. Und knausern Sie nicht mit dem Trinkgeld. Widerlegen Sie die Befürchtung von Servicekräften, dass allein speisende Damen geizen und wenig konsumieren.

Noch immer gewöhnungsbedürftig sowohl für die Servicekräfte als auch für die Gäste ist an manchen Orten eine Dame, die für andere zahlt. Je eindeutiger und routinierter Sie aber – geschlechtsneutral und selbstbewusst – Ihre soziale Rolle als einladende Person und Gastgeberin spielen (Schrittfolge ▶ Seite 77), desto klarer wird den Gästen, dass sie bei Ihnen in guten Händen sind. Und die Servicekräfte verstehen, dass sie sich an Sie (sie) zu halten haben.

Sollte dann ein Oberkellner dem von Ihnen eingeladenen Herrn die Weinkarte und am Schluss die Rechnung vorlegen, hat er hinter den Kulissen einen Rüffel und nur ein karges Trinkgeld verdient.

Mit Worten und Gesten Regie führen

Eine Servicekraft führt stets mit leichter Hand und weichen Worten. Folgen Sie ihrem professionellen Beispiel: »Frau Müller, ist es Ihnen hier am Fenster recht? Mein Mann kommt dann zu Ihnen. Wenn Sie, Herr Müller, bitte hier neben mir Platz nehmen möchten ...« Wenn Sie Plätze vorschlagen und Ihre Gründe dafür aussprechen, fühlen sich Ihre Gäste nicht gegängelt, sondern bestens bei Ihnen aufgehoben. Sie vermitteln ihnen Sicherheit in dieser sensiblen Situation.

Beim Aperitif: Verteilen Sie die Rollen spätestens jetzt

Der Oberkellner fragt Sie nach Ihrem Aperitif-Wunsch. Haben Sie ein Programm auf höchstem Niveau im Sinn, schlagen Sie zur Eröffnung Champagner vor. Ist das nicht der Fall, geben Sie diskret den Preisrahmen vor: »Was halten Sie von einem Glas Sekt oder einem trockenen Sherry?«

Bier vorneweg: fein oder nein?

Getränke aus Trauben gelten als die feinsten. Bier wird von vielen als eher rustikales Getränk gesehen und in Bars und Kneipen verbannt. Geschulte Biertrinker helfen sich damit, dass sie den Unterschied zwischen ihrem Wunsch und den Gepflogenheiten andeuten: »Darf es statt eines Aperitifs ein Glas Bier sein?«

Wer zahlt was? So eindeutig sind die Rollen zwischen den Restaurantbesuchern oft gar nicht verteilt. Solange die Rechte und Pflichten nicht klar sind, fühlen sich manche Besucher nicht frei in ihrer Wahl der Speisen und Getränke. Ganz abgesehen davon, dass die Servicekraft nicht weiß, an wen sie sich halten soll. Sorgen Sie also spätestens beim Zuprosten mit dem Aperitif für Orientierung:

- Wenn Sie einladen, sagen Sie es: »Ich freue mich, dass Sie meine Gäste sind.« Oder auch: »Schön, dass ihr meine Einladung angenommen habt.«
- Fühlen Sie sich eingeladen, können Sie bestätigen: »Ganz herzlichen Dank für die Einladung.« Verzichten Sie auf ein plumpes Gegenangebot à la »Wir revanchieren uns dann mal.« Das tun Sie doch hoffentlich sowieso.
- Wollen Sie die anderen weder zum Essen einladen noch von ihnen eingeladen werden, sagen Sie etwa: »Schön, dass wir heute hier zusammensitzen. Für den Aperitif seid ihr meine Gäste.« Wer Sie einladen wollte, wird das jetzt kundtun, und Sie können verhandeln. Wer fälschlich meinte, er sei eingeladen, weiß nun auch Bescheid.

Hauptsache: die Speisen

Für das Verwöhnprogramm der Gäste stehen den Fachleuten in der Gastronomie neben ihrem Fachwissen feinstes Tafelsilber, Kristall und weißes Linnen sowie köstliche Tropfen aus dem Keller zur Verfügung.
Vor allem aber die Speisen. Denn in der Regel suchen Gäste ein Restaurant der Küche wegen auf – und vielleicht wegen des zu Recht berühmten Kochs.

Die Speisekarte: So lesen Sie sie richtig

Spätestens wenn die Servicekraft Ihnen die Speisekarte reicht, legen Sie Ihre Serviette – nein, noch nicht auf den Schoß, sondern flach auf den Tisch, damit Sie ungehindert in der Karte blättern können.

Sinn der Speisekarte: Navigation für Genießer

Aufzeichnungen seit dem 12. Jahrhundert belegen, dass im Mittelalter bei Tisch Unmengen an Gängen und Gerichten offeriert wurden. Seinen Appetit auf die besten Speisen einzustellen und für spätere Angebote Platz zu lassen, war so gar nicht möglich. Und die Sitte der Römer, sich mithilfe eines Gänsekiels Platz im Magen zu verschaffen, war nicht mehr üblich. Um die Auswahl einschätzen zu können, verlangte der Braunschweiger Herzog Heinrich beim Reichstag von Augsburg 1555 einen schriftlichen Überblick. Dieser »lange Zedel« (Zettel) gilt als erste Speisekarte.

Heute bieten Restaurants nicht mehr Unmengen an Gerichten an, sondern nur einen winzigen (frz. *menu*) Teil der möglichen Speisen. Diese sind in der Regel in allen Speisekarten in der Reihenfolge geordnet, in der ein kundiger Gast sie bestellt: also kalte Speisen vor warmen, leichte Speisen vor geschmacksintensiven. Süßspeisen und Käse sind entweder am Schluss oder in einer eigenen Karte aufgeführt. Die Fachbegriffe treffen Sie in Deutschland in deutscher oder französischer Sprache an.

Mit System: die Gliederung einer Speisekarte

Bezeichnung deutsch	Bezeichnung französisch	Speisen
1. Vorspeisen	Les Hors-d'œuvres/Entrées	kalte Speisen wie Pasteten, Terrinen, Salate
2. Suppen	Les Soupes	legierte Suppen, klare Brühen
3. Zwischen-gerichte	Les Entremets	kleine heiße Gerichte wie z. B. Nudelteller, Gemüsepfanne
4. Haupt-gänge	Les Poissons Les Viandes	Fischgerichte Fleischgerichte
5. Vegeta-rische Gerichte	Les Plats Végétariens	fleisch- und fischlose Gerichte in der Menge eines Hauptgangs
6. Käse	Les Fromages	Käse
7. Desserts	Les Desserts	süße Nachspeisen wie Eis, Torten, Obst

Im Gasthaus und der gutbürgerlichen Gastronomie finden Sie in der Speisekarte praktischerweise auch die Getränke. Meist stehen vor den Speisen die Aperitifs. Auf die Speisen folgen die Weine. Ganz am Ende stehen die Biere, die alkoholfreien Kaltgetränke, die Digestifs, am und für den Schluss Kaffee und diverse Teesorten.

Im edlen Restaurant ist den Weinen hingegen eine gesonderte Karte vorbehalten; das Gleiche gilt für die Digestifs, die Sie ohnehin immer erst nach dem Mahl aussuchen. Andere Getränke stehen selbstverständlich ebenfalls zur Verfügung, werden aber oft gar nicht aufgeführt. Außerdem gibt es Mischformen: Da stehen z. B. alle Getränke außer den Weinen in der Speisekarte, oder zu den Speisen werden Weine empfohlen.

Während die Speisekarte jedem Gast ausgehändigt wird, ist die Weinkarte dem Gastgeber vorbehalten oder der Person, die sich durch ihr Verhalten als solcher zu erkennen gibt.

Küchenfranzösisch

So lesen Sie die Speisekarte

Die Nobelgastronomie präsentiert ihre Menükarten oft in der traditionellen Fachsprache der französischen Gastronomie. Hier finden Sie die häufigsten Begriffe.

Begriff	Bedeutung
à l'américaine	mit Cognac flambiert und mit Weißwein abgelöscht
à la minute	auf Bestellung, »in der Minute« zubereitet
à la nage	im eigenen Sud
à part	getrennt serviert, evtl. getrennt berechnet
Aïoli	Knoblauchmayonnaise
Amuse-Gueule, Amuse-Bouche	Appetithappen; wird ohne Bestellung gereicht, oft kommentiert als »Gruß aus der Küche«
braisé	geschmort
Cloche	Glocke zum Warmhalten
Concassé	grob zerkleinerte Masse z. B. von Tomaten
Confit	in Fett eingemachtes, darum zartes Fleisch, oft von Ente oder Schwein
Coulis	Fruchtpüree, zu Desserts
Délice	das beste Stück, auch Gebäck
Farce	Füllung, z. B. aus Fleisch
Feuilleté	Blätterteigstück, oft gefüllt, z. B. mit Fleisch
Foie gras	Stopfleber von Gans oder Ente
Fondant	im Mund schmelzend
Galantine	Rollpastete: Fleisch oder Fisch
glacé	glasiert

Begriff	Bedeutung
Julienne	Gemüse oder Fleisch, in feine Streifen geschnitten oder gehobelt
Jus	Saft; beim Hauptgang der Fleischsaft
Mignardises	Feingebäck
Mousse/Mousse au chocolat	Mus, Creme von Fleisch, Fisch, Gemüse/ bei Desserts: Schokoladencreme
nappé	mit Sauce oder Gelee überzogen
Panaché	Gemisch
Parfait	feine Farce, z. B. mit Gänseleber vermengt; auch Halbgefrorenes
Pâté	Pastete, meist von Fleisch; z. B. Gemisch von Gänseleber und anderem Fleisch
Petits fours	kleine, bunt verzierte und sehr süße Gebäckstücke
rissolé	sanft goldbraun geröstet
Rossini	Fleischzubereitung mit Gänseleber und Trüffeln
sauté	scharf gebraten
Suprême	das beste Stück, z. B. von der Poularde
Taboulé, Tabbouleh	Erfrischender Salat aus Bulgur (Weizenschrot) mit viel Minze
Tarte	runder, flacher Kuchen
Terrine	Eingemachtes, z. B. Pastete aus Gänseleber
Tournedos	kleine Scheibe Rinderfilet
Tranche	Scheibe, Schnitte
Velouté	samtige Suppe
Vichy	garniert mit Möhren
Vinaigrette	kalte Sauce aus Essig und Öl

Gelenktes Lesen statt Qual der Wahl

Kennen Sie das? Sie sind eingeladen, brüten über der Speise-karte und wissen nicht, wie teuer es sein darf. Und wie viele Gänge dürfen es sein? Ersparen Sie als Gastgeber Ihren Gästen diese Qual der Wahl und geben Sie frühzeitig den Rahmen vor: »Ich hoffe, Sie haben genügend Zeit für ein nettes Drei-Gänge-Menü mitgebracht.« Dann weiter: »Der Lammsattel soll hervorragend sein; oder steht Ihnen der Sinn nach Fisch? Der Seeteufel sieht verlockend aus.«

Im Idealfall sprechen Sie Ihre Speisenwahl ab: »Haben Sie sich schon entschieden? Ich liebäugele mit dem Lachs. Und Sie?« Noch besser: Sie bitten den Oberkellner, idealerweise bereits bei der Reservierung, Ihnen für jeden Gang Speisen vorzu-schlagen, und entscheiden sich für ein gemeinsames Menü. Auch wenn ein Gast für einen Gang etwas anderes wünscht, haben Sie so die beste Gewähr, dass jeweils alle Speisen gleich-zeitig und auf den Punkt serviert werden. So dürften auch die von Ihnen gewählten Weine mit allen Speisen am besten harmonieren. Ein umsichtiger Gastgeber bittet seine Gäste, ihm ihre Wahl zu nennen, und bestellt dann für alle Gäste: »Für die Dame dies und jenes, für mich dies und das.«

So gewinnen Sie als Gast Klarheit

Lässt Sie Ihr Gastgeber im Unklaren, fragen Sie ihn nach einer Hauptspeise: »Was empfehlen Sie?« Bleibt er Ihnen die Antwort schuldig, fragen Sie: »Was nehmen Sie?« Passt er auch da, nennen Sie zwei Hauptgänge unterschiedlicher Preiskategorie, die Ihnen gefallen: »Die Käsespätzle sprechen mich an, das Rinderfilet auch.« Rät er Ihnen nun zu den preiswerten Käse-spätzle, wird er wohl an seinen eingeschränkten Etat denken. Falls der Gastgeber nicht einmal die Anzahl der Gänge vorgibt, trauen Sie sich: »Nehmen Sie etwas vorneweg?« Bekommen Sie zur Antwort, die Portionen seien in diesem Lokal sehr groß, wissen Sie Bescheid.

So finden Sie im Restaurant den passenden Wein

Es muss nicht immer Wein sein: Sie können vortrefflich Bier und Korn zum Schweinebraten trinken, Wasser ist zum Essen immer richtig, und zum indischen Curry ist das Sauermilchgetränk Lassi eine gute Wahl. Doch zum edlen Menü gehört seit der Antike ein Getränk, das mit genauso viel Sorgfalt komponiert ist wie die Speisen: Wein!

Zum feinen Mahl ein guter Tropfen

So umfangreich eine Weinkarte auch sein mag, in gehobenen Lokalen ist sie immer systematisch und immer nach dem gleichen Prinzip »von nah nach fern« aufgebaut.

Die Weinkarte im Überblick

1. Innerhalb von Weinregionen die Weine der jeweiligen Region (z. B. Baden), meist beginnend mit denen aus dem lokalen Anbaugebiet (z. B. Ortenau)
2. Weine aus weiteren Weinanbauregionen Deutschlands (Ahr, Nahe, Saale-Unstrut …)
3. Europäische Weine (Frankreich, Italien, Spanien …)
4. Neue-Welt-Weine (außereuropäische Weine aus Australien, Chile, Südafrika, USA …)

Gemäß gesetzlicher Vorschrift enthält eine Weinkarte in Deutschland bei jedem Wein Angaben zu Region, Qualitätsstufe, Füllmenge und Preis. Weitere Informationen über Lage, Jahrgang, Rebsorte, Winzer und Geschmacksrichtung findet man häufig. Sie sind aber nicht Pflicht.

Wein und Speisen: kombinieren mit Maß

Es ist dem Genuss sehr förderlich, zu jeder Speise einen korrespondierenden Tropfen zu wählen (▶ Seite 48). Zu einem mehrgängigen Menü sind entsprechend mehrere Weine gefragt. Bei Feinschmecker-Menüs bieten die Restaurants oft zu jedem Gang genau darauf abgestimmte Weine an.

Wenn Sie jedoch bei einem Restaurantbesuch ein wenig aufs Geld und gegebenenfalls auf die Fahrtüchtigkeit der Tischgenossen achten wollen, lassen Sie es bei einem Menü von drei bis vier Gängen mit einem Weißen zum Einstieg und einem Roten zum Hauptgang bewenden. Suchen Sie, nachdem die Speisen bestellt sind, alle Weine außer dem Dessertwein aus. Meist wird für eine Tischrunde von vier Personen jeweils eine Flasche Wein zu den Vorspeisen und eine weitere/andere zum Hauptgang gewählt. Kluge Gäste wählen ihre Speisen so einheitlich, dass ein Flaschenwein jeweils für alle Esser passt.

Welcher Wein wozu: die Daumenregel fürs Lokal

Zu säuerlichen und flüssigen Speisen, also zu Salaten und Suppen, passt eigentlich gar kein Wein. Es hebt aber die Stimmung, wenn man vor dem Essen einen Schluck Wein nimmt und, z. B. bei einer Geburtstagsfeier oder einem Geschäftsessen, während der einleitenden Worte nicht auf dem Trockenen sitzt. Entweder Sie trinken den Aperitif weiter oder Sie wählen bereits für den ersten Gang den Wein, der zum darauf folgenden Gang passt.

Zum Einstieg sind leichte bis kräftige Weißweine gängig, die auch zu Fisch oder Huhn im Hauptgang passen. Hier wechselt man aber meist zu kräftigerem, gern rotem Wein.

In den meisten Restaurants verzehrt man den Käse nach dem Hauptgang und leert dazu den noch vorhandenen Rotwein. Zum Dessert macht sich ein edelsüßer Wein gut. Meist wird solcher Wein glasweise ausgeschenkt.

Guter Rat vom Fachmann

Da es bei der Wahl des idealen Weins zu Ihren Speisen auf das Grundprodukt, die Zubereitungsart und Beilagen sowie die einzelnen Zutaten und Gewürze ankommt, bitten Sie am besten den Sommelier um Beratung. Er weiß Details, die nicht in der Karte stehen. Erfragen Sie zuvor die Vorlieben Ihrer Gäste. Differenzieren Sie diese im Gespräch mit dem Sommelier. Er gleicht dann Gästewünsche wie »nicht so viel

Säure« oder »einen Fruchtigen mit etwas Restsüße« mit seiner Kenntnis von Karte und Keller des Lokals ab. Fragen Sie nach dem Haus- und seinem Lieblingswein.

Ein offenes Wort zum offenen Wein

Offen servierte Weine hatten lange den berechtigten Ruf, schlichte Tischweine zu sein. Das ist vorbei. In immer mehr gehobenen Lokalen werden immer bessere Weine glasweise ausgeschenkt. Immer häufiger bieten Restaurants den Gästen sogar an, nur die Menge in Rechnung zu stellen, die der bestellten Flasche entnommen wurde. So können Sie zu zweit oder allein mehrere mit den Speisen korrespondierende Weine genießen.

Die Frage des Preises: So klären Sie sie diskret

Am besten nennen Sie dem Oberkellner im Vorfeld diskret Ihre Preisvorstellungen. War dazu keine Gelegenheit, halten Sie beim Beratungsgespräch die Weinkarte so, dass nur Sie und der Sommelier hineinsehen können. Zeigen Sie bei irgendeinem Wein auf den Preis, den Sie zu zahlen bereit sind. Der Fachmann im Nobellokal versteht, dass es Ihnen nicht um die Sorte geht, sondern um die Summe. Eine geschulte Fachkraft posaunt nicht aus: »Ach, den günstigen zu 28 Euro? Das ist ein Weißer, aber Sie wollten doch einen Rotwein.«

Wein verkosten: Ritual zum Wohl des Gastes

Der Sommelier holt den gewünschten Wein aus dem Keller oder dem Weinschrank und präsentiert ihn Ihnen. Das dient seiner und Ihrer Sicherheit: Streng genommen müssen Sie eine geöffnete Flasche bezahlen, wenn die Ware fehlerfrei ist, selbst wenn der Wein Ihnen nicht schmeckt.

Dürfen Sie als Frau den Wein verkosten? Aber ja! Das ist ganz Ihrer Rolle und Geschmackssicherheit überlassen. Haben Sie keine Erfahrung mit der Degustation (Verkostung), z. B. als Einsteiger oder Biertrinker, delegieren Sie die Verantwortung

nicht an einen geladenen Gast. Sollte der sich täuschen, könnte das peinlich werden. Bitten Sie lieber den Sommelier: »Würden Sie bitte die Verkostung selbst vornehmen?«
Degustieren Sie selbst, lesen Sie nun das Etikett: Ist es genau der Wein, den Sie bestellt haben? Stimmt der Jahrgang? Zwischen zwei Jahren können große Qualitäts- und Preisunterschiede liegen. Haben Sie Zweifel, sprechen Sie sie aus. Sonst nicken Sie, und die Flasche wird geöffnet.

Haben Sie Zweifel? Fürchten Sie, Geruch und Geschmack des Weins könnten einen Fehlton anzeigen? Ersparen Sie sich und dem Sommelier die Blamage einer lautstarken Reklamation. Seien Sie vorsichtig mit einer verfrühten Diagnose »Kork«. Vielleicht war der Verschluss ja aus Kunststoff oder Glas! Was wiederum nicht bedeutet, dass der Wein keinen Fehlgeschmack haben kann. Regen Sie den Sommelier an: »Bitte kosten Sie doch einmal selbst.« Wollen Sie dessen Prüfung fachmännisch begleiten, geben Sie dafür die doppelte Menge Wasser zu dem fraglichen Wein. Das Wasser verdünnt und schwächt alle im Wein enthaltenen Aromen ab, die Korknote aber nicht. Sie wird Ihnen automatisch in die Nase stechen.

Den Wein prüfen: in vier Schritten

Das tun Sie	Diese Fragen stellen Sie sich
1. Das Glas schwenken, den Wein betrachten	Ist der Wein frei von Schwebteilen? Hat er die für seine Sorte typische Farbe?
2. Am Wein riechen	Ist der Geruch für Rebe, Sorte und Alter typisch und frei von unangenehmen Zwischentönen wie z. B. Kork?
3. Einen guten Schluck nehmen und genau »hinschmecken«	Ist der Wein, wenn Sie ihn im Mund bewegen, frei von Kork- oder einem anderen unangenehmen Geschmack? Stimmt die Temperatur?
4. Den Wein hinunterschlucken	Hinterlässt der Wein am hinteren Teil des Gaumens beim Abgang eine vollmundige, etwas andauernde Empfindung?

Diplomatie hat Vorrang

Ein kluger Sommelier nimmt einen von Ihnen monierten Wein zurück, selbst wenn der Wein in Ordnung war und Sie im Unrecht sind. Schließlich will er Sie, zumal vor Ihren eigenen und auch anderen Gästen, nicht düpieren, denn er will, dass Sie wiederkommen!

Besteht der Wein Ihre Prüfung jedoch, nicken Sie dem Sommelier zu, und er darf nun einschenken. Hoffentlich haben Sie dem Oberkellner, der Sie an den Tisch begleitet hat, ein Zeichen gegeben, wenn es einen Ehrengast gibt und auf welchem Platz dieser sitzt. Dann beginnt der Weinservice ohne Diskussion dort. Wer verkostet hat, bekommt zuletzt und kann daher, sobald er bedient ist, guten Gewissens das Glas erheben. Bei einem Bankett mit vorbestellten Speisen und Weinen werden diese Prüfung und das Verkosten von den Servicekräften hinter den Kulissen übernommen. Wenn diese einen Schluck in den Mund nehmen, spucken sie ihn wieder aus. Bei Tisch geht das nicht. Und stellen Sie sich vor, Sie müssten für einhundert Gäste alle Weine probieren! Da hätten Sie nicht mehr viel von der Veranstaltung.

Wenn der Gastgeber einen Fehlton nicht bemerkt
Es ist für alle Beteiligten unangenehm, wenn bei der Verkostung ein Fehler im Wein nicht bemerkt worden ist. Schmecken Sie ihn als Verkoster nachträglich selbst heraus, lassen Sie von der Servicekraft die Gläser aller Gäste austauschen. Als eingeladener Gast lassen Sie den Wein schlicht stehen und trinken Wasser in der Hoffnung, dass ein anderer Gast sich meldet. Sie können diskret eine Servicekraft bitten, den Wein zu probieren. Und Sie können dem Gastgeber eine goldene Brücke bauen: Erwähnen Sie »nebenbei«, dass der Wein anfangs sehr fein war, dass sich jetzt bei steigender Temperatur sein Bukett aber verändert. Besteht der Gastgeber immer noch darauf, dass der Wein in Ordnung ist, müssen Sie wohl leiden.

Krisenmanagement bei Tisch

Die Servicekräfte sind auf Ihr Wohl bedacht – und doch sind auch sie Menschen und können Fehler machen.
Die Gäste eines Lokals sind auf ihr eigenes Wohl bedacht und denken dabei schlimmstenfalls nicht an das Ihre.
Was tun, wenn's nicht so läuft, wie es laufen soll?

Wenn die »Bedienung« ihren Dienst nicht leistet

Streng genommen sollte Ihre Servicekraft von sich aus bemerken, wenn etwas nicht in Ordnung ist und/oder wenn Sie Wünsche haben und deshalb auch nur den Blick heben.

Doch außerhalb der gehobenen Gastronomie sieht die Realität leider oft anders aus. Das hat weniger mit der häufig beklagten »Servicewüste Deutschland« zu tun als mit der kostensparend dünnen Personaldecke in vielen Lokalen.

So rufen Sie die Servicekraft besser nicht

Wie machen Sie die für Sie zuständige Servicekraft korrekt auf sich aufmerksam? So nicht:

- Fingerschnipsen und Ähnliches wird zu Recht überhört.
- »Hallo« heißt die Servicekraft nicht.
- Ein »Frollein« ist sie oft nicht – abgesehen davon, dass der Ausdruck veraltet und politisch unkorrekt ist.
- Auf »Pardon« würde ein Franzose reagieren, ein Deutscher erwartet dieses Wort eher, wenn Sie um Verzeihung bitten und nicht um eine Dienstleistung.
- »Bedienung« klingt entschieden zu herrisch.
- »Service bitte« klingt tadelnd, ebenfalls herrisch und zumindest ziemlich unpersönlich.
- »Herr Ober« geht gerade noch für eine männliche Servicekraft, »Frau Oberin« wäre vollends albern, denn eine Oberin leitet ein Nonnenkloster.
- »Mein Herr« oder »Madame« ist in Deutschland eher aus dem Mund eines Dienstleistenden zu vernehmen als aus dem seines Auftraggebers.

Service bitte: So wird's gemacht
- Kennen Sie den Namen Ihrer Servicekraft, bitten Sie eine Kollegin: »Schicken Sie uns bitte Frau Pfaff vorbei?«
- Elegant im Direktkontakt ist auf jeden Fall ein Dreischritt:
  1. Blickkontakt plus Lächeln.
  2. Funktioniert das nicht, eine Hand heben.
  3. Wird auch das übersehen, Blickkontakt – weiterhin freundlich – plus Handheben plus: »Bitte.«
- Nützt all das nichts, bleibt wohl nur: aufstehen und die Servicekraft direkt ansprechen. Verschwindet »Ihre« Servicekraft jedoch auf Dauer in der Küche, in der Raucherecke oder am Telefon, hilft nur noch Geduld. Aber dann sind Sie ohnehin im falschen Lokal.

Unzufrieden? Sofort gegensteuern!
Als Gastgeber im Restaurant haben Sie eine Fürsorgepflicht für Ihre persönlichen Gäste. Kommen Sie ihr diskret, doch konsequent nach.
- Ein geladener Gast isst nicht, was ihm serviert wurde? Sind Sie mit ihm allein, fragen Sie, ob etwas nicht in Ordnung ist. Sind mehrere Gäste am Tisch, rufen Sie Ihre Servicekraft und bitten Sie sie diskret, dem Gast diese Frage zu stellen.
- Sind mehrere Gäste sichtlich unzufrieden? Fragen Sie die Runde offen, aber leise, worin das Problem besteht.
- Sind Sie selbst mit einer Speise unzufrieden, beispielsweise weil Sie ein Haar in der Suppe gefunden haben oder weil sie kalt ist? Ob andere Gäste ebenfalls diese Speise gewählt haben oder nicht: Bitten Sie den Kellner, jeden einzelnen Gast zu fragen, ob bei ihm wirklich alles in Ordnung ist. Bitten Sie gegebenenfalls um rasche Abhilfe.

Fehler des Hauses? Gesicht wahren und wahren lassen
Störungen klein halten, das ist die Devise, selbst wenn eine Servicekraft vor Ihren Augen einen Fehler macht und z. B. von der falschen Seite her einschenkt. Einmal ist keinmal, zeigen Sie sich gnädig. Wiederholt sich der Fehler und stört

von Ihnen geladene Gäste, sprechen Sie den Verursacher diskret darauf an: »Würden Sie bitte ab jetzt …?« Wird das Problem nicht abgestellt oder einer Ihrer Gäste ist direkt, z. B. durch einen Servicefehler, in Mitleidenschaft gezogen, stehen Sie auf, gehen Sie zum Oberkellner oder zum Maître d'hôtel und verlangen Sie unter vier Augen Abhilfe. Ist eine Servicekraft offensichtlich überfordert, bitten Sie um deren Ablösung durch einen Kollegen.

Kommt ein Unglück nicht allein? Ist der Wein warm, das Essen kalt, sind die Mitarbeiter ineffizient und unhöflich? Werden Ihre Reklamationen gar nicht oder nur unvollständig bearbeitet? In so einem Fall sind Sie schlicht im falschen Lokal. Verschonen Sie Ihre Gäste mit Rechtfertigungen (»Sowas habe ich hier noch nicht erlebt«) oder gar Schuldzuweisungen (»Mein Nachbar hat diesen Laden empfohlen. Der kann was erleben«). Bitten Sie Ihre Gäste um Entschuldigung, halten Sie die Mahlzeit so kurz wie möglich und sprechen Sie Ihre nächste Einladung an einen anderen Ort aus. Und geben Sie Ihre Rückmeldung an das Lokal hinter verschlossenen Türen und/oder schriftlich.

Wenn das Zusammenspiel der Gäste nicht klappt

Missstimmungen – einerlei was deren Grund ist – beeinträchtigen den Genuss; steuern Sie deshalb schnell und entschlossen dagegen. Je gelassener Sie das tun, desto besser: für Sie selbst, für Ihre Gäste bzw. Gastgeber und für das Lokal.

Anruf unerwünscht: Telefon ausschalten

Ein Mobiltelefon gehört nie an oder auf einen eleganten Tisch. In Gourmetrestaurants herrscht oft Telefonierverbot. Erwarten Sie selbst einen dringenden Anruf, schalten Sie den Klingelton stumm und verlassen bei Anrufen den Raum. Manche Lokale bieten an, dass der Oberkellner Ihr Gerät nimmt und Sie ruft, wenn ein Anruf kommt. Wenn Sie sich über ein Telefonat am Nebentisch ärgern, trösten Sie sich: Tischgespräche in großer Runde sind lauter.

Stillen im Lokal: nur im geschützten Bereich
Wenn eine Mutter während des Restaurantbesuchs ihr Baby stillen muss, sollte sie dies nicht am Tisch tun, denn dieses sehr private Miteinander liegt für viele Gäste jenseits ihrer Schamgrenze. Als Mutter bitten Sie eine Servicekraft um ein ungestörtes Eckchen; lassen Sie sich nicht mit einem Hinweis auf die Toilette abspeisen.

Eigene Kinder am Tisch: Was nun? Was tun!
Kinder verstehen kaum, dass Erwachsene stundenlang am Tisch sitzen und beim Essen so viel reden. Dass sie sich oft ein lautes und bewegtes Alternativprogramm zu so öden Veranstaltungen zimmern, ist nur zu verständlich.
Zu den Spielregeln an einem öffentlichen Platz wie einem Restaurant gehört es, dass sich alle Anwesenden dort zwar nicht geschützt wie in einem Privathaushalt, aber im Wesentlichen ungestört aufhalten können. Daher tun Eltern nicht nur anderen Gästen, sondern sich und ihren Kindern einen Gefallen, wenn sie ihre Aufenthalte in Restaurants zeitlich an der Geduld ihrer Kinder ausrichten und in dieser Zeit deren Recht auf Aufsicht und Beschäftigung nicht vernachlässigen: Mal- und Spielzeug mitbringen oder die vom Lokal zur Verfügung gestellten Sachen nutzen, zeitweise und gegebenenfalls abwechselnd mit ihnen nach draußen gehen.

Laute Gäste am Nebentisch: Was sagen!
Fühlen Sie sich von laut telefonierenden oder diskutierenden Erwachsenen oder von unkontrollierten Kindern am Nebentisch gestört, sorgen Sie bei allem Verständnis für deren Belange für Abhilfe. Bitten Sie den Maître d'hôtel um einen stilleren Platz. Gibt es den nicht, bitten Sie ihn um eine andere Art der Unterstützung: Allen Gästen das größtmögliche Wohlbefinden zu ermöglichen ist seine Aufgabe. Reagieren die Tischnachbarn bzw. Eltern aggressiv, ist Streiten zwecklos. Sie riskieren, dass sich andere Gäste mit der Gegenpartei solidarisieren. Wählen Sie in Zukunft ein ruhigeres Lokal.

Zum guten Schluss

»Ende nichts, alles nichts.« – Psychologen untermauern diesen Aphorismus des Philosophen Max Horkheimer (1895–1973) mit dem Begriff des Recency-Effekts: Was ein Mensch zuletzt erlebt, prägt die Erinnerung. Achten Sie also darauf, das der Abschluss Ihres Restaurantbesuchs das Gesamtbild auf edle Weise abrundet.

Nicht nur zur Verdauung: Kaffee und Digestif

Ob Alkohol der Gesundheit förderlich ist, wird in diesem Genuss-Buch nicht thematisiert. Auch ob er am Ende einer Mahlzeit ernährungsphysiologisch sinnvoll ist oder nicht, soll hier nicht diskutiert werden. Vielleicht ist wirklich Kräutertee am gesündesten. Doch es bleibt üblich, ein feines Mahl mit Kaffee und einem Digestif (wörtlich Verdauungsförderer) zu beschließen. Genaueres zur Auswahl der Kaffeearten und Alkoholika lesen Sie ab Seite 54.

Abschluss mit oder ohne Alkohol: Der Wortlaut macht's

Bietet Ihr Gastgeber nach dem Essen im Beisein des Oberkellners »Kaffee oder Tee« an? Hören Sie als geladener Gast genau auf seine Worte: Bestellen Sie nicht in eigener Sache großzügig auf fremde Kosten einen alten Cognac. Bleiben Sie mit Ihrem Wunsch im Rahmen der genannten Produktart: Von Alkohol war nicht die Rede!

Wenn Sie jedoch für sich allein oder als Gastgeber für alle verantwortlich sind und großzügig entscheiden können, bitten Sie darum, einen Blick auf den Digestif-Wagen werfen zu dürfen: Was für ein Anblick! Welch ein Genussversprechen! Und bedenken Sie: So schwer es fallen mag, man spricht in diesem Moment nicht über Geld. Dass ein dreißig Jahre altes Zwetschgenwasser ein Vielfaches eines Korns kostet, wissen Sie. Wollen Sie im Hinblick auf die zu erwartenden Kosten auf Nummer sicher gehen, lassen Sie sich die Digestifkarte reichen und schauen Sie die Preise an.

Die Rechnung bitte

Schlägt ein Herr einer Dame einen Restaurantbesuch vor, geht diese laut Statistik – Emanzipation hin oder her – meist davon aus, dass sie von ihm eingeladen ist. Gut, wenn Sie nicht nur in diesem Fall zu Beginn des Essens die Rollen von zahlenden und eingeladenen Restaurantbesuchern geklärt haben (▶ Seite 81). Dann brauchen Sie nun keine Diskussion und keine enttäuschten Mienen zu befürchten.

Wenn Sie getrennt zahlen wollen

Haben Sie getrennte Rechnungen verlangt oder beschlossen, die Gesamtrechnung zu splitten, lassen Sie sie an den Tisch kommen: »Herr Schwarz, bringen Sie uns bitte die Rechnung(en)?« Zeigen Sie sich bitte beim Verteilen der Positionen nicht kleinlich: »Ich hatte aber nur ein Pils, du zwei.« So ein Geschachere tun Sie sich besser nicht an. Teilen Sie lieber den Gesamtbetrag durch die Personenzahl, rechnen Sie Ihren Trinkgeldanteil hinzu und legen Sie den für Sie errechneten Betrag auf den Rechnungsteller. Eine elegante Alternative: Einer der zahlenden Gäste bezahlt (vielleicht mit Kreditkarte), und die anderen geben ihm (nicht bei Tisch, sondern später) das Geld zurück, das er für sie auslegt.

Eine Rechnung für alle

Hatte jedoch – und so ist es in einem feinen Lokal üblich – der Gastgeber als Regisseur des Events vorher festgestanden, belasten Sie Ihre Gäste nicht mit Geldfragen. »Bitte machen Sie mir die Rechnung fertig; ich komme dann zu Ihnen.« So können Sie an der Theke die Positionen prüfen, ohne dass Sie vor Ihren Gästen kleinlich aussehen und schlimmstenfalls noch reklamieren müssen: »Wir hatten nicht fünf Kaffees, sondern nur drei.« Natürlich können Sie sich als Stammgast, zumal bei einem Geschäftsessen, die Rechnung per Post schicken lassen. Verzichten Sie dennoch nicht darauf, einen Blick darauf zu werfen und sie abzuzeichnen. Drei Tage später können Sie schlecht einen Fehler monieren.

Portemonnaie vergessen – und jetzt?

Es geht ans Bezahlen, da fehlt dem Gastgeber oder einem Gast, der seinen Teil zahlen soll, plötzlich sein Portemonnaie. Unterstellen Sie keine Absicht, ob das nun zum ersten oder wiederholten Mal passiert. Wollten Sie ohnehin gern einladen? Dann ist das Ihre Gelegenheit! Anderenfalls helfen Sie aus: »Ich leihe dir gern etwas.« Die Rückzahlung kommt hoffentlich (!) von selbst.

Wer Trinkgeld bekommt – und wie viel

Ein Trinkgeld ist nicht zu verwechseln mit dem Bedienungsgeld (Service), denn das ist in Ihrer Rechnung und im Gehalt oder der Umsatzbeteiligung einer Servicekraft bereits enthalten. Das Trinkgeld ist das Dankeschön des Gastes für eine gute, bessere oder optimale Betreuung.

In manchen Lokalen behält jeder Service-Mitarbeiter ein, was er von seinen Gästen bekommt. In anderen werden die Trinkgelder in einem Tronc gesammelt. Knausern Sie nicht! Von 97,50 auf 100 Euro mit gnädigem Gestus »Stimmt so!« aufzurunden, wäre eine Beleidigung. Schlagen Sie, wenn Sie zufrieden sind, circa 5 bis 10 % auf die Rechnung. Bei einer hohen Summe – viele Personen und Gänge – kommt da ein Betrag heraus, der Ihnen übermäßig hoch erscheinen mag. Bedenken Sie aber: Wie viele Schritte sind die Servicekräfte für Sie gegangen? Welche Sonderwünsche haben sie erfüllt? Wurde eine Reklamation kulant bearbeitet? Und nicht zuletzt: Wären diese Servicekräfte an kleineren Einzeltischen eingesetzt gewesen, wie viel Trinkgeld wäre dann zusammengekommen? Wahrscheinlich fällt es Ihnen nun leicht, sogar eine hohe Trinkgeldsumme von Herzen zu geben.

Zahlen mit Karte – und Trinkgeld geben

Sie können in der Zeile »Tip« den vorgesehenen Betrag für das Trinkgeld (engl. *tip*) einsetzen; der Restaurantbesitzer zahlt es den Mitarbeitern aus. Aber: Ein direkt greifbares spontanes Lob wirkt intensiver als ein indirektes, das erst nach Tagen anonym auftaucht. Deshalb ist den Service-Mitarbeitern Bargeld am liebsten. Verlangt Ihre Firma bei einem Geschäftsessen einen Beleg dafür, lassen Sie sich das Trinkgeld auf der Rechnung quittieren. Manche finden die Variante »Trinkgeld zur Karte« wertschätzender. Sie können das Trinkgeld gleich zur Kreditkarte in das Etui legen, in dem man Ihnen die Rechnung gebracht hat. Oder Sie legen den Betrag in den Umschlag, wenn die Karte zurückkommt.

Vom Tisch zur Tür: So kommen Sie gut hinaus

Sie erinnern sich: Beim Betreten des Lokals gilt dieses als unbekanntes Terrain, und so ist Führung vonnöten. Deshalb geht nach der Ankunft die regieführende Person voraus. Beim Verlassen des Lokals gilt dieses als nun bekannter Ort. Aus diesem Grund lässt der Gastgeber jetzt seinen Gästen den Vortritt durchs Lokal. Diese sortieren sich untereinander nach verschiedenen Gesichtspunkten:

- **Rang:** Geschäftsführer vor Abteilungsleiter(in),
- **Alter:** Großvater vor Enkelin,
- **Geschlecht:** Dame vor Herr.

So aufgereiht durchqueren die Gäste den Raum in Richtung Ausgang. Der/die Gastgeber/in geht zuletzt, übernimmt erst wieder an der Garderobe die Führung und gibt der Garderobiere deren Trinkgeld, und zwar diskret. Sollte eine Servicekraft den Gästen beim Anziehen der Mäntel helfen: gut so. Wollen Sie als Herr Ihrer Dame diesen Dienst erweisen, ziehen Sie zuerst Ihren eigenen Mantel an, damit Sie die Hände frei haben. Ferner ist die Dame so nur kurz für den Raum »unpassend« – weil für draußen – gekleidet. Merke: Der Herr hat immer seinen Mantel an, wenn er der Dame hilft.

Nun sollte der Maître d'hôtel den Gästen die Tür aufhalten; die Besucher wiederum lassen einander nach Rang den Vortritt wie beim Durchschreiten des Lokals. Es ist sehr stilvoll, wenn der Gastgeber seine Gäste zum Taxi oder zum Auto begleitet und beim Einsteigen behilflich ist.

? Fragen & Antworten

Outfit im Lokal: Unser Chef lädt das Team zum Essen in ein nobles Restaurant ein. Was ziehe ich an?

Zur Betriebsfeier im feinen Restaurant ist diskrete festliche Eleganz angebracht. Dabei besagt der gar nicht so geheime Dresscode: Fehlt auf einer schriftlichen Einladung der Kleidungsvermerk, wird Business-Outfit erwartet. Weiß Ihr Chef das, bedeutet das für Sie und Ihre Kollegen: Herren tragen Anzug, Schlips und Kragen, Damen Kleid oder Kostüm. Sollte es förmlicher zugehen, hätten Sie auf Ihrer Einladung einen Hinweis gefunden. In weniger förmlichem Umfeld und wenn Sie im Beruf keinem Krawatten- und Kostümzwang unterliegen, machen Sie als Dame mit Hosenanzug und Bluse oder Top oder als Herr mit Stoffhose und Jackett nebst Hemd sogar ohne Krawatte eine gute Figur. Jedes Outfit werten Sie durch einen tadellosen Haarschnitt sowie tiptop gepflegte Schuhe und Hände auf.

Alte Schule oder Gleichberechtigung: Ist die »Damenkarte« noch zeitgemäß?

Gemäß dem Allgemeinen Gleichstellungsgesetz ist es nicht korrekt, eine Speisekarte ohne Preise nur für Damen auszuweisen. Die Idee, einen Gast nicht mit finanziellen Dingen zu belasten, hat jedoch ihren Charme; daher heißt diese Art der Karte zeitgemäß nicht mehr »Damen-«, sondern »Gästekarte«. Dass geladene Gäste schon von der Art von Lokal und Ambiente Rückschlüsse auf das vom Gastgeber vorgesehene Budget ziehen können, bleibt davon unberührt: Das Verstecken der Preise ist Teil des Spiels.

Öl statt Butter: Kürzlich bekam ich zum Brot Olivenöl und verschiedene Salzsorten. Wie isst man das?

Sie träufeln etwas Öl auf Ihren Brotteller, geben Salz dazu und tunken bröckchenweise Ihr Brot hinein. Trotz Kleckergefahr lassen Sie Ihren Brotteller links von Ihrem Gedeck stehen.

Mal kosten: Mein Mann und ich wurden in einem Nobel-lokal vom Kellner getadelt, weil wir uns gegenseitig probieren ließen. Muss man sich so etwas bieten lassen?

Der Hausherr eines Lokals bestimmt die Spielregeln dort: Z. B. Kinder kommen auf den Kinderstuhl, Hunde bleiben draußen, Mobiltelefone werden ausgeschaltet … All das dient dem Wohlbefinden der Mehrheit der Gäste. Ebenso zählt es zum guten Ton, sich als Gast auf sein Revier, also sein Gedeck, zu beschränken und nicht von anderen Tellern zu naschen. Gäste zu tadeln, die das ohne Störung anderer tun, gehört wiederum nicht zum guten Ton. Entweder Sie verzichten künftig auf den Besuch dieses Lokals oder Sie reichen Ihrem Mann auf einem Brotteller diskret eine Kostprobe.

Unliebsamer Zuwachs 1: Dürfen sich Fremde ungebeten an meinen Tisch setzen?

Unbekannte vereint am Tisch, doch getrennt im Gespräch, das ist in Gasthäusern üblich. Vorzuschützen, Sie erwarteten weitere Gäste, wäre unfair. Bleibt zu hoffen, dass unterschiedliche Gruppen zu friedlicher Koexistenz finden. Rücksichtnahme sollte auch bei Zufallsgruppierungen eine Selbstverständlichkeit sein: die Lautstärke reduzieren, nicht nur beim Telefonieren, in Ländern ohne Rauchverbot nicht rauchen, während andere an Ihrem Tisch essen usw.

Unliebsamer Zuwachs 2: Im Gasthaus will sich ein Bekannter mit an den Tisch setzen, an dem ich mit Freunden esse. Muss ich das tolerieren?

Wenn Ihr Bekannter an Ihren nonverbalen Signalen – leise sprechen, die Köpfe zusammenstecken – Ihre Gruppe nicht als geschlossen erkennt und sich nicht trollt, entscheiden Sie schnell: Könnte er Ihr Gespräch bereichern, bitten Sie ihn an Ihren Tisch. Wollen Sie einfach ein guter Mensch sein, ebenfalls. Wollen Sie aber die Gruppe in ihrer Form bewahren, gehen Sie dem Bekannten entgegen oder mit ihm einige Schritte weg von Ihrem Tisch. Geben Sie ihm die Wertschätzung, mit der Sie ihm auch sonst begegnen: »So ein Zufall!« Zwei, drei Sätze, dann: »Schön, Sie hier gesehen zu haben!« Die Vergangenheitsform beendet die Sache deutlich. Ihr Bekannter wird Sie jetzt nicht mehr fragen, ob er sich zu Ihnen setzen darf. Trösten Sie ihn gegebenenfalls noch mit einer positiven Aussicht: »Ich rufe Sie nächste Woche an.« Vielleicht gehen Sie ja mal mit ihm ein Bier trinken.

Aufstehen aushalten: Mir ist es peinlich, wenn Herren aufstehen, sobald ich den Tisch verlasse. Was tun?
»Ein Herr sitzt nicht, wenn eine Dame steht, es sei denn, er säße im Rollstuhl.« Diese Regel stammt aus einer Zeit, zu der Herren den Damen ihre Reverenz zu erweisen sowie z. B. dem »schwachen Geschlecht« beim Aufstehen und Hinsetzen behilflich zu sein hatten. In der Zeit der Gleichstellung der Geschlechter ist diese Regel natürlich veraltet. Und doch wird das Dame-Herr-Spiel gern weiterhin gespielt. Nehmen Sie es mit Humor und ohne jeden Hintergedanken!

Grenzen der Zumutung: Der Wein war warm, das Essen kalt, und das Haar in der Suppe lang und schwarz. Hätten wir gehen dürfen, ohne zu zahlen?
In einem Restaurant dürfen Sie saubere Utensilien, einen umsichtigen Service und tadellose Speisen und Getränke erwarten. Meist klappt das ja, doch Sie waren offensichtlich nicht gerade in einer Service-Oase gelandet. Sie müssen sich als Gast im Restaurant keineswegs alles gefallen lassen, Sie können sogar vor Gericht auf Ihr Recht pochen. Das Internet zitiert z. B. das »Salaturteil« des Amtsgerichts Burgwedel, nach dem einem Gast für eine nicht bestellte Schnecke im Salat fünf Euro Nachlass gewährt wurden: Verzehr wegen Ekels unzumutbar. »Bringen Sie mir bitte eine neue Suppe, den Grund sehen Sie hier.« Das sollte als Reklamation reichen. Verzichten Sie dabei auf pseudo-witzige Kommentare wie »Ich brauchte nicht diese Suppe zu bestellen, um die Haarfarbe Ihres Kochs zu erfahren.«

Auch die zumutbare Wartezeit hat Grenzen, es sei denn, man hätte Sie vorher gewarnt. Das Landgericht Karlsruhe erlaubte für anderthalb Stunden Warten auf ein Gericht 30 Prozent Abzug. Doch wollen Sie wirklich mit einer Klage drohen und der Eskalation Tür und Tor öffnen? Es reicht vielleicht zu wissen, dass Sie bei der Forderung nach der zügigen Lieferung einer einwandfreien Ware das Recht auf Ihrer Seite haben.

- Bei überlanger Wartezeit sollten Sie die Servicekraft nach circa 15 Minuten fragen, wann Sie bedient werden.
- Fünf Minuten später »erinnern«.
- Kündigen Sie nach insgesamt 30 Minuten an, dass Sie einen Preisnachlass verlangen oder nun beabsichtigen zu gehen. Vergessen Sie im letzteren Fall aber nicht, Ihre Adresse zu hinterlassen. Sonst könnten wiederum Sie vor Gericht landen, und zwar wegen Zechprellerei.

Trinkgeld vom eingeladenen Gast: Ist es peinlich für den Gastgeber, wenn ich selbst auch ein Trinkgeld gebe?

Das hängt von der Übergabe ab. Früher legten die Gäste einen Obolus auf ein Tablett am Ausgang oder an ihrem Platz unter der Serviette oder der Kaffeetasse. Diese Sitte ist weitgehend vergessen – leider, würden die Servicekräfte wohl sagen. Drücken Sie Ihrem Oberkellner oder dem Maître d'hôtel diskret eine größere Münze oder einen kleineren Schein in die Hand.

Trinkgeld für den Wirt: Eigentlich bekommen ja nur Mitarbeiter Trinkgeld. Was ist, wenn der Wirt bedient?

Ursprünglich ist das Trinkgeld eine leistungsbezogene Vergütung für Angestellte, weshalb der Inhaber des Lokals davon ausgeschlossen ist. Die Grenzen sind aber gerade in kleinen Lokalen fließend. Fürchten Sie, den Wirt mit einer Gabe zu demütigen, deklarieren Sie sie um: »Für Ihr Team!« Ein Trinkgeld ist Zeichen Ihrer Anerkennung, kein Almosen. Sich bei einer guten Dienstleistung knauserig oder bei schlechtem Service demonstrativ generös zeigen, wäre eine Demütigung des so Beschenkten und fiele als schlechter Stil auf Sie zurück.

So können Sie Feste feiern

Das höchste Wohlbefinden für die größtmögliche Zahl der Gäste – das ist das Ziel aller Gastgeberkunst. Ob Sie die ganz große kulinarische Oper inszenieren oder ein unkonventionelles Abendbrot – das Spiel kann nur gelingen, wenn die Gäste sich darauf einlassen und die Spielregeln des Gastgebers respektieren. Wie im Theater entsteht ein harmonisches Miteinander nur, wenn jeder seine Rolle spielt und darauf vertrauen kann, dass alle anderen das auch tun. Als Gastgeber sind Sie der Regisseur des Festes; führen Sie Ihre Regie mit sicherer Hand.

Gut vorbereitet hat der Gastgeber halb gewonnen

Gastfreundschaft sei, sagt ein Gastgeber, der anonym bleiben möchte, die Kunst, Besuchern den Eindruck zu vermitteln, sie seien zu Hause, während man wünscht, sie wären wirklich dort. Wollen Sie als Gastgeber Freude an Ihren Gästen haben? Dann bereiten Sie sich vor!

Am besten ist ein guter Mix: Ihre Gästeliste

Erfahrene Event-Manager achten auf eine bunte Mischung der Gäste, damit diese sich respektiert fühlen und damit sich eine abwechslungsreiche Konversation einstellt. Sie kombinieren Menschen mit …

- ähnlichem Bildungsstand, doch unterschiedlichem beruflichem und sonstigem Hintergrund,
- verschiedenen Temperamenten, z. B. lebhafte und stillere,
- einem großen Schatz an Erfahrungen und Geschichten und solche, die gut fragen und zuhören können,
- der gleichen Sprache – im wörtlichen und übertragenen Sinn des Wortes.

Schauen Sie sich Ihren Bekanntenkreis an: Wer hat wem etwas zu sagen? Und kümmern Sie sich aktiv um Gäste, die Sie erstmalig in einen eingeschworenen Freundeskreis bitten.

Die Wahl der Speisen: Patentrezept Vielfalt

Unterschiedliches, das harmoniert, sagt den meisten Essern am ehesten zu. Die klassische Menüfolge kombiniert daher Gerichte mit steigender Geschmacksintensität (▶ ab Seite 82) und sieht eine Bandbreite von Gerichten vor, die in Grundprodukten, Zubereitungsart, Konsistenz, Aromen und Farbe variieren. Ein weiterer Vorteil dabei ist die Risikostreuung: Da Sie kaum mit jedem Gericht den Vorlieben jedes Gastes gleichermaßen gut entsprechen, erhöhen Sie so die Wahrscheinlichkeit, dass jeder zumindest mit einem Teil der Speisen richtig glücklich ist. Profiköche achten ferner darauf, dass

nicht zu viel Fett und Eiweiß im Spiel sind, dass sie küchen-
technisch, zeitlich und finanziell nicht überfordert sind und
dass das Angebot auf die Tageszeit, den Anlass sowie Mentali-
tät, Alter und Weltläufigkeit der Gäste abgestimmt ist.

Viele Gastgeber beschränken sich aus Gründen der Qualität
und der Umwelt zuliebe auf saisonale und regionale Produkte. Das schließt aber nicht aus, dass Sie gelegentlich Sushi
und Sashimi oder ein scharfes indisches Curry auftischen
oder dem aktuellen Trend zur *Fusion Cuisine,* auch *Crossover-
Küche* genannt, folgen sollten. Sie entscheiden!

Countdown läuft: Teilen Sie Ihre Zeit ein

Planen Sie Ihre Vorarbeiten, damit es nicht stressig wird. Alles
läuft auf den Moment zu, wenn die Gäste kommen.

**Je nach Anlass und Gästezahl drei Monate bis drei Wochen
vor dem Fest:**
- Einladung und Auswertung der Antworten (▶ ab Seite 151)

Die letzte Woche:
- Information an Nachbarn, wenn es laut werden könnte,
- Schreiben von Tisch- und Menükarten,
- Einkäufe von Getränken, einigen Zutaten und Gewürzen,
- Vorbereiten von (Silber-)Besteck, Tischtüchern, Servietten.

Die letzten 1–2 Tage:
- Einkauf der frischen Produkte, wie z. B. Salat,
- Zubereitung entsprechend lagerfähiger Speisen,
- Auswahl der musikalischen Untermalung.

Die letzten Stunden:
- Kontrolle und Pflege aller für Gäste zugänglichen Räume,
- Decken des Tischs, Lüften, Dekoration, Beleuchtung,
- Kaltstellen der Getränke, Warmstellen von Geschirr,
- Waschen, Schälen, Zerkleinern von Zutaten,
- *Mise en place* (Bereitstellung der benötigten Gewürze und
  Zutaten sowie der Arbeitsutensilien),
- Zubettbringen oder Alternativprogramm für Kinder.

Planen Sie so, dass Sie sich eine Stunde vor der Ankunft Ihrer
Gäste entspannen und fertig machen können.

Menüs für alle Fälle: Beispiele vom Küchenchef

»Es muss nicht immer Fleisch sein«, meint der Münchner Gourmetkoch Gottfried Lenz, der lange bei dem berühmten Sternekoch Eckart Witzigmann gearbeitet hat. Er zaubert zu jeder Jahreszeit großartige Geschmackserlebnisse.

Ein fleischloses Sommermenü

Avocadoscheiben mit rosa Pfeffer
in Pinienkern-Vinaigrette

***

Rote-Bete-Ravioli in Meerrettichsauce

***

Gemüsestrudel mit Sauerampfersauce

***

Mit frischen Beeren gefüllte Cavaillon-Melone

Ein preiswertes Wintermenü

Räucherlachs-Lasagne
mit Röstkartoffel und Löwenzahnsalat

***

Rahmsuppe vom Muskatkürbis
mit Gartenkresse und Sonnenblumenkernen

***

Barbarie-Entenbrust, mit Honig und Thymian gebraten,
Rosenkohlblätter mit Speck – Haselnussspätzle

***

Brioche-Auflauf mit karamellisierten Birnen

Ein praktisches Genießermenü

San-Daniele-Schinken mit gehobeltem Parmesan,
mariniert in Olivenöl und Balsamico

***

Geeiste Gurkensuppe mit Dill – Garnelenspieß

***

Zanderfilet, mit Zitronengrasblättern gespickt und
auf der Haut gebraten – Pilaw-Reis mit Radicchio

***

Pfefferminz-Pannacotta mit Rotweinkirschen

Was Ihnen entspricht, spricht auch für Sie

Um Stress vorzubeugen, sollten Sie Ihre Stärken im sensiblen Umfeld eines Fests gezielt einsetzen. Im Wesentlichen lassen sich bei Gastgebern vier Typen unterscheiden. Das schließt nicht aus, dass Sie sich zusätzlich zu Ihren erprobten Strategien weitere Stärken zu eigen machen.

Der bedächtige Gastgeber fragt die Gäste nach Vorlieben und Allergien, bevor er das Restaurant oder den Partyservice wählt bzw. den Speiseplan zusammenstellt. Die Vorbereitungen sind so zeitig abgeschlossen, dass er alles in Ruhe begutachten und mit Helfern das Vorgehen durchsprechen kann. Er bindet alle Gäste ins Gespräch ein und schickt ihnen nachträglich einen Dankesbrief.

Der beständige Gastgeber verlässt sich nur auf seine Erfahrungen: keine Experimente! Er kocht, was er ausprobiert hat, oder besucht ein Lokal, mit dem er schon mehrfach gute Erfahrungen gemacht hat. Er verlässt sich auf die detaillierte Beratung von Fachleuten, lässt sich alle Absprachen schriftlich bestätigen und bringt in ein Restaurant Notizen mit. Er bereitet einen Gesprächsleitfaden vor.

Der gesellige Gastgeber wählt das beliebteste Designer-Lokal und dort das schicke Büfett oder bei Tisch große Platten, von denen sich alle bedienen. Eine harmonische Runde ist für ihn das A und O. Er bezieht die Gäste daher sogar ins Verkosten der Weine ein. Stets in Bestlaune, plaudert er abwechselnd mit allen Gästen und wechselt dazu den Platz.

Der zielorientierte Gastgeber sieht die Essenseinladung als Projekt, vielleicht als Vorbereitung für das nächste Geschäft, und lädt daher eher ins Lokal als nach Hause ein. Er bestimmt kurzfristig Termin und Ort und stimmt nach kurzer Beratung mit den Fachleuten Menü und Weine zum Essen ab. Er gibt die Gesprächsthemen vor und beendet die Zusammenkunft gemäß seinem Zeitplan.

Das Klassik-Programm: eindecken wie ein Profi

Erfreuen Sie sich am Anblick eines schön gedeckten Tischs? Dann machen Sie es zu Hause wie die Profis im Restaurant!

Am Anfang steht der Tisch

Legen Sie die zusammengefaltete Tischdecke so herum auf den Tisch, wie sie ausgebreitet liegen soll, und schütteln Sie sie locker auseinander. Greifen Sie dabei mit der Hand unter die Decke, um ihre Lage zu korrigieren und Knitterfalten zu verhindern. Ist das nicht gelungen? Ein Profi nimmt ein Dampfbügeleisen zur Hilfe. Verschaffen Sie sich nun rund um den Tisch Raum zum Arbeiten, indem Sie jeden Stuhl auf seinem hinteren linken Bein um 90 Grad nach rechts drehen.

Dann geht es ans Gedeck

Markieren Sie an jedem Platz mit einem (Platz-)Teller oder einer Serviette den Raum, der für Besteck und Gläser zur Verfügung stehen soll. Gehen Sie einen Schritt zurück: Stimmen die Abstände? Nun kommt das Besteck an die Reihe. Selbst wenn Sie zum Essen mehr Utensilien benötigen, decken Sie maximal rechts vier Besteckteile und vier Gläser und links drei Besteckteile ein.

Als Rechtshänder nehmen Sie ein Geschirrtuch in die linke Hand. Halten Sie jedes einzudeckende Teil damit fest und polieren Sie es mit rechts mit einem losen Stück Tuch, bevor Sie das Teil mit dem Geschirrtuch auf den Tisch legen. Messer und Löffel sowie alle Gabeln – außer der zweiten, die Sie leicht hochschieben – positionieren Sie mit dem Griffende circa einen Zentimeter von der Tischkante entfernt. Das Dessertbesteck liegt oberhalb des Tellers; der Griff des Löffels, der mit der rechten Hand benutzt wird, zeigt nach rechts, der der Gabel nach links. Praktischerweise decken Sie die Besteckteile in umgekehrter Menüfolge von innen nach außen und Sorte für Sorte ein: zuerst alle Hauptgangmesser, dann alle Löffel usw. Menü- und Tischkarten finden – vom Gast aus gesehen – hinter dem Gedeck ihren Platz.

Nun kommen die Gläser an (und vielleicht in) die Reihe
Machen wir einen kleinen Ästhetik-Test?
Aufgabe 1: Sie platzieren bei einem Gedeck ein Glas einfach irgendwo rechts und richten beim nächsten Gedeck das Glas in der horizontalen Achse am Dessertbesteck und vertikal am Hauptgangmesser aus. Wetten, dass Sie das Gedeck, bei dem das Auge diese Achsen findet, als schöner empfinden?
Aufgabe 2: Stellen Sie ein kleines Glas schräg hinter ein großes Glas, beim nächsten Gedeck machen Sie es umgekehrt. Wetten, dass Sie den optischen Anstieg vom kleinen Glas vorn zum großen hinten als harmonischer empfinden als die entgegengesetzte Anordnung?
Das Prinzip der Anordnung der Gläser ist nun klar. Stellen Sie das Glas für das Getränk zum Hauptgang – meist ein Rotweinglas (▶ Seite 50) – mittig vor das Messer für den Hauptgang. Rechts davon, im gleichen Winkel zueinander, stehen die übrigen Gläser; entweder aufgereiht wie Orgelpfeifen oder in Blockform. Und natürlich wird jedes Glas mit einem weichen Tuch nachpoliert. Übrigens: Nach dem Eindecken nicht vergessen, die Stühle wieder gerade an den Tisch zu stellen!

Servietten falten – eine Kunst für sich
Mit einem eleganten Tisch harmonieren Servietten aus Stoff in schlichtem Weiß oder farblich auf Tischtuch und Geschirr abgestimmt. Die Fachleute in der Gastronomie unterscheiden diverse Faltformen von der Bischofsmütze bis zum Tafelspitz. Schrittweise Anleitungen, sogar mit Zeitangaben, finden Sie im Internet (▶ Seite 250). Man beschränkt sich der einheitlichen Optik wegen auf eine Form für alle Gedecke. Sowohl mit schlichter Eleganz als auch mit opulenter Farbgebung einer Serviette korrespondiert es aber auch, wenn Sie sie einfach nur lose falten.
Serviettenringe sind im Familienkreis und überall dort sinnvoll, wo nicht jeden Tag die Tischwäsche ausgewechselt wird. An einem Festtisch sind sie einfach nur dekorativ, was keineswegs gegen sie spricht.

Wie schön: das Gedeck

Ästhetischer Anblick, praktischer Gebrauch

Grundsätzlich sind die Teile eines Gedecks einheitlich und so angeordnet, dass der Anblick des Tisches eine vollendete Harmonie bietet. Die Gäste sollen für den Gebrauch leichten Zugang zu allen Teilen haben.

Bei einem einfachen Gedeck für ein Drei-Gänge-Menü mit Suppe, Salat und Dessert liegt das Messer rechts vom Teller, ein Löffel, den Sie vor dem Messer gebrauchen, wiederum rechts davon. Die Gabel sowie der Brotteller sind links platziert. Das Dessertbesteck hat seinen Platz oberhalb des Tellers, und die Gläser stehen rechts.

Bei einem festlichen Gedeck kommen die weiteren für das Menü erforderlichen Besteckteile und Gläser hinzu.

Es muss nicht immer klassisch sein

Mit der klassischen Anordnung auf dem Tisch gehen Sie in puncto Ästhetik und Praktikabilität auf Nummer sicher. Steht Ihnen jedoch der Sinn nach kreativen Alternativen? Nur zu! Öffnen Sie also Ihren Schrank und lassen Sie Geschirr, Besteck und Gläser Revue passieren: Welche Teile sind zwar ungleich, harmonieren aber in Größe, Form, Dekor und Farbe so, dass sie zusammen ein schlüssiges Bild abgeben? Gestalten Sie mutig einen Teile-Mix.

Als Alternative zur Tischdecke gibt es Sets, eine Alternative zur Stoffserviette gibt es nicht. Fantasie beim Anrichten der Speisen ist willkommen: heiße Suppe in der Kaffeetasse, kalte Suppe im Wasserbecher, Krabbencocktail in der Sektschale, Fischgericht im Pastateller usw. Probieren Sie zuvor die Praktikabilität Ihrer Servier-Alternativen aus.

Wenn Sie nicht genug einheitliches Besteck für alle Gäste für alle Gänge haben, decken Sie jeweils nur für einen Gang ein. Oder servieren Sie eine Speise mit Porzellanlöffeln, eine andere mit Stäbchen, eine dritte als Fingerfood. Haben Sie kein Fischbesteck? Für Fischfilet tut's Fleischbesteck, für einen grätenreichen Fisch sehen Sie lieber zwei Gabeln vor.

Am edelsten wirken Tische, auf denen dünne, langstielige, klare Gläser aus der gleichen Serie in diversen Größen stehen. Wer zu Hause häufig edle Weine trinkt, kann eventuell aus einem Fundus unterschiedlicher Gläser schöpfen. Zählen Sie (noch) nicht zu dieser Genießergruppe? Dann ist für Sie vermutlich das Ergebnis einer Feldstudie der TU Dresden interessant: Den meisten Menschen munden die meisten Weine am besten aus Gläsern mit einem bauchigen Kelch, der sich nach oben eiförmig auf einen Durchmesser von 7 cm verjüngt. Vielleicht haben Sie solche Alleskönner im Schrank. Wasser können Sie aus den Gläsern trinken, die Sie für Wein nicht benötigen. Da selbst Nobellokale Wasser in Bechergläser einschenken, brauchen Sie sich nicht zu schämen, wenn Sie das zu Hause auch tun. Plastikbecher, Senfgläser und bedruckte Reklamegläser hingegen wären ein Stilbruch.

Die Dekoration: Lassen Sie sich inspirieren

Machen Sie sich für die Dekoration von Esstisch und Esszimmer nicht zu viele Gedanken und treiben Sie keinen unnötigen Geldaufwand. Es geht auch ganz einfach und muss deshalb um nichts weniger ansprechend sein. Sie brauchen nur Ihre Augen für Ihre unmittelbare Lebenswelt zu öffnen.

Sammeln Sie, wo Sie gerade hinkommen

Bringen Sie vom Urlaub Dekomaterial aus der Natur mit, z. B. Muscheln vom Atlantik, Lavendel aus der Provence, Seidenbänder vom italienischen Markt, bunte Kiesel vom Flussufer oder Blätter und Zweige von der Wanderung durch den Wald.

Gehen Sie nach der Saison

Jede Jahreszeit hat ihren speziellen Reiz. Gehen Sie auf Entdeckungsreise: In der Osterzeit bieten sich z. B. Frühjahrsblüten, Deko-Küken, Osterhasen und Eier in allen Größen, Farben und Macharten an, im Herbst Getreideähren, farbige Früchte und buntes Laub, in der Adventszeit Immergrünes und Teelichter in roten Gläsern …

Gucken Sie den Profis auf die Finger

Spionieren Sie ein wenig im Blumen- oder Haushaltwarengeschäft und lassen Sie sich anregen von der Art, wie dort kleine Objekte kombiniert und präsentiert werden. Sie müssen nicht unbedingt etwas kaufen. Sie haben bestimmt schon einiges in Ihrem Fundus: Einfarbige Christbaumkugeln z. B. machen sich nicht nur am Tannenbaum gut, sondern mit frischen Rosen auch auf einem sommerlichen Tisch!

Kaufen Sie Papierservietten in den Farben der Dekorationsobjekte. Wenn Sie diese mit klassischen weißen Stoffservietten zusammenstecken, erscheint Ihr Tisch selbst bei gleicher Grundausstattung immer wieder neu und anders.

Besonders festlich und dekorativ ist ein Gesamtkunstwerk mit Elementen des Tischdekors auf Fensterbänken, Couchtisch und einer Anrichte im Flur.

Willkommen: Seid gegrüßt

Sie haben alles bestens vorbereitet? Dann können Sie nun charmant, doch bestimmt Ihre Gäste durch Ihr Revier führen. Damit diese sich bei Ihnen wohl und sicher fühlen und sich auf Ihr Rundum-Verwöhnprogramm einlassen können.

Im Prinzip hilft das Protokoll

Wenn Sie einen Empfang von Staatsgästen aufmerksam verfolgen, beobachten Sie drei protokollarische Elemente:

1. **Ehrengeleit:** Je wichtiger ein Gast ist, desto weiter geht ihm der Gastgeber auf seinem Weg entgegen.
2. **Gruß:** Der Gastgeber reicht dem Gast die Hand.
3. **Vorzugsbehandlung:** Der ranghöchste Gast wird auf jeden Fall zuerst begrüßt.

Mehr zum Verhältnis von Protokoll und Etikette lesen Sie auf Seite 117. Zur Würdigung Ihrer Besucher setzen Sie diese Prinzipien bei Ihrem Fest auf nonchalante Weise um.

1. Gehen Sie jenen Gästen, denen Sie ein Höchstmaß an »Entgegenkommen« erweisen wollen, also im Idealfall allen, bis zum Hauseingang, zum Gartentor oder sogar bis zum Taxi oder Parkplatz entgegen.
2. Warten Sie nicht, bis ein Gast Ihnen die Hand entgegenstreckt. Lächeln Sie ihn freundlich an und machen Sie den ersten Schritt. Sie holen ihn ja auf Ihr Terrain, sind also in dieser Situation der Stärkere, der die anderen führen soll.
3. Wenn Sie am Eingang Aufstellung nehmen, ergibt sich die Vorzugsbehandlung praktisch ganz von selbst: Wer zuerst kommt, bekommt Ihre Hand zuerst. Warten jedoch mehrere Gäste nebeneinander, interpretieren diese die Reihenfolge ihrer Begrüßung als Zeichen des Rangs, den Sie ihnen beimessen. Grüßen Sie zuerst lächelnd in die Runde und machen Sie eine offene Geste dabei. Streckt Ihnen daraufhin ein Gast die Hand entgegen? Nehmen Sie sie an, ob Sie das nun protokollarisch korrekt finden oder nicht.

Unterschiedliche Behandlung von Gästen

Gibt es unter Ihren Gäste einzelne, die Sie duzen? Oder auch solche, die Sie im Gegensatz zu den übrigen normalerweise umarmen? Dann behalten Sie Ihre gewohnten Anredeformen und Begrüßungen bei. Sie müssen dabei aber eine Umarmung nicht in eine Kuss-Orgie ausarten lassen, und nicht jeder Kosename ist für die Öffentlichkeit gedacht. Und nötigen Sie bitte Ihren Gästen untereinander keine Duz-Brüderschaften auf.

Überlassen Ihre Gäste jedoch korrekterweise Ihnen die Wahl, gilt folgende vom Protokoll abgeleitete Folge:

- Hat eine Person einen höheren Rang als die anderen, reichen Sie dieser Ihre Hand zuerst.
- Bringt ein Besucher Personen mit, die Sie nicht kennen, reichen Sie zuerst Ihrem Bekannten als dem Vermittler die Hand; er stellt dann vor.
- Kennen Sie alle Gäste, und einer davon ist deutlich älter als die anderen, bekommt dieser Ihre Hand als Erster.
- Sind alle gleich im Rang, Ihnen bekannt und ähnlichen Alters, begrüßen Sie eine der Damen zuerst.
- Mehr müssen Sie gar nicht beachten, denn praktischerweise können Sie ab jetzt der Reihe nach gehen und die Gäste so begrüßen, wie sie stehen. Das Protokoll kennt auch das Prinzip der Praktikabilität.

Da geht's lang – und so geht's

Ihre Gäste befinden sich in Ihrem Haus oder Ihrer Wohnung auf fremdem Terrain und dürfen erwarten, dass Sie sie dort betreuen, begleiten und geleiten.

Knackpunkt Garderobe: »helfen« oder »abnehmen«
Fragen Sie Ihre Gäste an der Garderobe schlicht: »Darf ich euch die Mäntel abnehmen?« Oder: »Möchten Sie ablegen?« Beobachten Sie dann, wie Ihre Gäste Ihr Angebot aufnehmen.

Ein Kavalier hilft seiner Partnerin aus dem Mantel und überreicht ihn Ihnen zum Versorgen. Im Restaurant delegiert er diese Aufgabe vielleicht an eine Servicekraft, Sie hingegen dürfen ihn nicht seiner Pflicht entheben. Solch eine Hilfsaktion würde den Herrn düpieren. Falls er seiner Dame nicht hilft und sie den Mantel abstreift und Ihnen reicht, nehmen Sie ihn entgegen. Wenn Ihnen die Dame jedoch die Schulter zudreht, während sie ihren Mantel aufknöpft, interpretieren Sie dies als Aufforderung, ihr beim Ablegen behilflich zu sein.

Einer geht vor, keiner bleibt zurück
Sie sind in Ihrem Revier, Sie kennen sich aus. Gilt es von der Garderobe bis zum Wohn-Ess-Bereich eine längere Distanz zurückzulegen, gehen Sie voraus, selbst wenn Ihre Gäste Ihr Haus kennen. Öffnen Sie ihnen die Türen und lassen Sie ihnen den Vortritt beim Betreten eines Raums.
Gehen Sie durch eine Halle oder Ihren Garten, lassen Sie Ihre Gäste an Ihrer rechten (starken) Seite gehen. Auch an einem Blumenbeet oder vor einem Bild gebührt der beste Platz dem Gast. Wechseln Sie sinngemäß die Seite. Ihr Gast spürt so, dass Sie flexibel agieren und stets sein Wohl im Auge haben.
Gehen Sie eine Treppe hinunter, gehen Sie für den Fall des Falles als Gastgeber/in voran. Gehen Sie aber treppauf, lassen Sie den Gästen den Vortritt, ebenfalls um Sicherheit zu bieten. Bittet eine Dame jedoch einen Herrn, vor ihr die Treppe hinaufzugehen, kommt er dieser Bitte natürlich nach.

Ohne Hilfe geht es nicht: Single-Gastgeber

Als Single-Gastgeber sind Sie mit längerem Pendeln zwischen der Tür und schon anwesenden Gästen überfordert. Bitten Sie einen Gast Ihres Vertrauens, am besten Ihren engsten Bekannten, Ihnen zu assistieren: Er kann die Ankommenden in Empfang nehmen und in den Raum begleiten oder die bereits Anwesenden zusammenbringen und bewirten, wie es ihm und Ihnen beliebt.

Wer ist die Nummer eins?

Kleiner Ausflug ins Protokoll

Jeder Gast ist ein wichtiger Gast, doch sind manche Gäste, wie es in George Orwells *Animal Farm* heißt, eben »gleicher als andere«. Das Protokoll (von griechisch *prōtókollon;* ursprünglich eine Art vorgeleimter Deckel eines Schriftstücks) bezeichnet heute eine Sammlung von Regeln, die auf diplomatische Weise das Miteinander regeln. Am französischen Hof wurden seit dem Spätmittelalter Zettel verwendet, auf denen die protokollarische Rangfolge der dort zugelassenen Personen notiert war: die *Etiketten*. Protokoll und Etikette sind also eng verwandt. Beide sind gesetzlich nicht verankert, werden aber im Umgang mit Persönlichkeiten des öffentlichen Lebens sowie in internationalen Beziehungen verwendet, um Irritationen zu vermeiden. Über korrekte Anreden informiert die Website des Bundesministerium des Inneren (▶ Seite 250).

Ehre, wem Ehre gebührt

Mit Blick auf den Gleichheitsgrundsatz ist eine Hierarchisierung von Gästen stets eine spannende Angelegenheit. Als Daumenregel gilt: Es rangieren die Nummer eins eines Bereichs vor der Nummer zwei des gleichen Bereichs, Ausländer vor gleichrangigen Inländern, Personen nationaler vor solchen regionaler, dann lokaler Bedeutung, aktuelle vor ehemaligen Amtsinhabern, gewählte vor ernannten Personen, Dienstalter vor Lebensalter, meist Politik vor Kirche, immer Politik vor Wirtschaft, Wissen vor Geld, erarbeitete Grade vor verliehenen Titeln. Ehepartner teilen den Rang des jeweils höhergestellten Partners. *Ladies first* kennt das Protokoll nicht. Bei Ihrem Fest ergibt sich der Ehrengast aus dem Anlass. Die soziale Anerkennung sticht die institutionelle Zuordnung der Personen: Kein Bürgermeister würde dem Hochzeitspaar den Vorrang streitig machen. Genauso überlässt beim Dienstjubiläum eines Mitarbeiters der Chef dem Jubilar den ersten Platz, und bei der Konfirmation rangiert die Großmutter hinter dem Konfirmanden und den Paten.

Jetzt unterhaltet euch mal schön: Gäste vernetzen

Was ein gelungenes Fest am meisten auszeichnet und den Gästen am stärksten in Erinnerung bleibt, sind Stimmung, Konversation und Kommunikation. Fördern Sie den Einstieg.

Machen Sie Ihre Gäste miteinander bekannt

Es ist sinnvoll, Ihren Gästen schon vorab anzukündigen, wer eingeladen ist. Teilen Sie ihnen die Namen und Ihren Bezug zu den Personen mit. Kennen Ihre Gäste einander noch nicht, machen Sie sie gleich miteinander bekannt. Sie können dies generell und nonchalant in einer Begrüßungsrede tun (▸ Seite 161), was Sie aber nicht der Pflicht enthebt, das Band zwischen den Einzelnen, Paaren oder Gruppen zu knüpfen. Informieren Sie zuerst die Anwesenden über Ankommende, dann umgekehrt: »Hier kommen Lore und Jürgen Abel aus Wuppertal, hier sind bereits Iris und Jochen Roth aus Freiburg und David Dell aus Basel.« Machen Sie so mit den »Neuen« die Runde. Stellen Sie jeweils zuerst die wichtigste Person vor: die ranghöchste oder älteste oder eine Dame.

Bei einem größeren Fest können Sie diese Aufgabe nicht für alle Gäste selbst übernehmen. Bitten Sie dazu Gäste Ihres Vertrauens um Unterstützung. Wenn erst im späteren Verlauf der Veranstaltung Gäste aufeinandertreffen, gilt erneut: Die wichtigere Person erhält alle Informationen zuerst, dann wird die weniger bedeutende Person informiert. Reichen Sie jedem ankommenden Gast einen Aperitif (▸ ab Seite 37), sodass die Gäste einander zuprosten können.

Was Sie über Ihre Gäste sagen

Gestalten Sie die Informationen als Anredehilfe und Orientierung. Im lockeren Umfeld mögen Vornamen und Beziehung (»mein Freund Federico«) reichen. Normalerweise erwähnen Sie Vor- und Nachnamen, akademische Grade, Mandats- und Ehrentitel (»Herr Professor Nix«) und Adelsbezeichnungen (»Andrea Gräfin Douglas«). Eine Angabe zu Wohnort, Hobby oder Bezug zu Ihnen bricht das Eis.

Risiken umgehen, Peinlichkeiten vorbauen

Sich entspannt um die Gäste kümmern – das ist mit ein wenig Umsicht gar nicht so schwer!

Mitbewohner, die nicht zum Gästekreis zählen

Berücksichtigen Sie bei Ihrer Einladung auch die Belange der Kinder. Vielleicht finden Sie jemanden, der Ihren Nachwuchs und den der Gäste beaufsichtigt. Wollen Sie verhindern, dass Kinder im Schlafanzug am Tisch auftauchen, bringen Sie sie bei Freunden unter. Nicht alle Ihre Gäste mögen Hund & Katz. Klären Sie sie im Vorfeld über Ihre behaarten Mitbewohner auf, damit Allergiker medikamentös vorsorgen können und Sie wissen, ob Sie notfalls die Vierbeiner aussperren müssen.

Raus aus der Zwickmühle: Umgang mit Geschenken

Um sich sowohl um die Gäste kümmern als auch deren Präsente respektvoll behandeln zu können, räumen umsichtige Gastgeber eine Ablage frei und füllen Vasen mit Wasser, sodass kein Strauß lange unversorgt bleibt. Und sie kennzeichnen die Präsente mit dem Namen des Gebers.

Bei Festen mit über 20 Anwesenden packen Sie die Geschenke nach dem Fest aus. Bei 10 bis 20 Personen nehmen Sie sich dafür die Zeit zwischen Dessert und Kaffee: »Jetzt will ich doch wissen, was ihr euch für mich ausgedacht habt.« Im kleinen Kreis können Sie die Geschenke während des Aperitifs auspacken. Man schaut Ihnen zu! Behandeln Sie deshalb alle Präsente mit der gleichen Wertschätzung. Reißen Sie Schleife und Papier nicht auf. Betrachten Sie das Präsent. Kommentieren Sie es respektvoll, selbst wenn es Ihnen nicht gefällt.

Bringen Gäste Pralinen und feine Schokoladen, können Sie diese zum Kaffee anbieten. Soll ein mitgebrachter Wein das Essen begleiten, müsste das vorher abgesprochen worden sein. Ihn unmittelbar nach dem Transport zu trinken, tut seinem Geschmack keinen Abbruch, sofern seine Temperatur stimmt. Doch es sollte schon geklärt sein, ob der Wein überhaupt ein guter Begleiter Ihrer Speisen ist.

Tischordnung: für jeden Gast den besten Platz

Die Sitzordnung beeinflusst die Befindlichkeit der Beteiligten, trägt also wesentlich zum Gelingen eines Treffens bei. Lernen Sie hier die Praxis der Protokoll-Profis kennen, damit Sie dieses Wissen im Alltag nutzen können.

Die drei Grundregeln der Platzierung

Der Zweck der Tischordnung ist klar definiert: Gäste sollen Wertschätzung erfahren und sich gut unterhalten, sich also am Tisch bestens aufgehoben fühlen. Die protokollarische Präzedenz (von *praecedentia,* lat. Vorrang, Vortritt) basiert auf den beiden Gegensatzpaaren nah–fern und rechts–links sowie der Devise »Kommunizieren ist Ehrensache«.

1. Nah ist besser als fern

Je näher ein Gast an den Gastgebern als den zentralen Figuren platziert wird, desto wertgeschätzter darf er sich fühlen. Bei Staatsbanketten sitzen die Repräsentanten der großen Nationen näher am Gastgeber als die von kleinen Nationen. Das Gastgeberpaar sitzt sich, außer bei Hochzeiten und ähnlichen Anlässen, an der Tischmitte gegenüber und kann so vier Personen durch seine unmittelbare Nachbarschaft aufwerten. Die Stirnplätze, also die vom Zentrum entferntesten, gelten als die schlechtesten.

2. Rechts ist besser als links

80 bis 90 Prozent der Menschen sind Rechtshänder und können mit ihrer rechten Hand Schutzbefohlene besser stützen, führen und beschützen als mit der linken. Daraus ergibt sich: Der Herr, der bei Tisch links von einer Dame sitzt, ist ihr Tischherr und kann/sollte mit seiner rechten Hand ihren Stuhl hinschieben und wegrücken, ihr Brot anreichen usw. Daraus ergibt sich weiter: An einem festlichen Tisch mit Paaren ist der Platz rechts vom Gastgeber für den weiblichen

Ehrengast vorgesehen, der Platz links von ihm der zweitwichtigsten Dame. Entsprechendes gilt für die Herren rechts und links von der Gastgeberin.

3. Gute Kommunikation ist das Ziel

Sitzen Ehepartner beieinander, laufen sie, vor allem in einem fremden Umfeld, Gefahr, sich nur aufeinander zu konzentrieren. Um alle Gäste zu munterer Konversation anzuregen, werden Paare getrennt und nicht einmal einander gegenüber gesetzt. Wenn Sie Regel 2 betrachten, sehen Sie: Dame 1 rechts vom Gastgeber sitzt ihrem Mann schräg gegenüber, ebenso Dame 2 links vom Gastgeber. Bei jedem diagonal platzierten Paar öffnet sich diese Schere immer weiter, sodass sich die rangniedrigsten Paare zwar in Sichtweite, aber nicht mehr in Hörweite befinden. Bei Adelsbällen werden die Paare sogar an verschiedene Tische gesetzt. Jeder Herr weiß ja, dass seine Dame bei ihrem Tischherrn bestens aufgehoben ist.

So setzen Sie die Regeln konkret um

Mit Sicherheit laden Sie nicht immer hierarchisch aufeinander bezogene Paare ein. Immer lesen Ihre Gäste aber von dem Platz, den Sie ihnen zuweisen, ihren Rang ab.

- Platzieren Sie einen Ehrengast, z. B. einen Jubilar, rechts vom Gastgeber oder ihm gegenüber (▶ Seite 78/79).
- Platzieren Sie bei geschäftlichen Anlässen, wie z. B. Kundenveranstaltungen, Ihre wichtigsten Kunden neben sich. Da nicht vorrangig an einen geselligen Austausch gedacht ist, lassen Sie Paare nebeneinander sitzen.
- Sehen Sie bei betrieblichen und geschäftlichen Festen von den Geschlechterrollen ab und spielen Sie Ihre soziale Rolle als Gastgeber. Alle Ausrichter kümmern sich gleichermaßen um alle in ihrer Nähe platzierten Gäste.
- Setzen Sie neben fremdsprachige Gäste Nachbarn, die sie aktiv ins Gespräch einbinden können. Die Betreuer dürfen sich abwechseln, zu ihrer Erholung und damit der ausländische Gast viele Gastgeber und Gäste kennenlernt.

- Als Braut- oder Jubelpaar sitzen Sie beieinander. Zwischen den Gängen erweisen Sie den Gästen, die nicht in Ihrer Nähe sitzen, durch Ihren »Besuch« die Ehre.
- Lassen Sie Personen zusammen sitzen, die ähnliche oder komplementäre Interessen haben. Dann läuft deren Unterhaltung von selbst (▶ ab Seite 164).
- Setzen Sie an die protokollarisch ungünstigen Stirnplätze kommunikativ starke Gäste. Diese können Sie um Unterstützung beim Tischgespräch bitten.

Mögliche Widerstände meistern

Nicht jeder Gast ist mit seinem Platz auf Anhieb glücklich. Begründen Sie deshalb die Platzierung: »Du hast wie Ute in Konstanz studiert.« Oder: »Sie und Ihr Tischherr Herr Groß sind beide Italien-Fans.« Oder: »Wir bitten Sie, Frau Peter als Ihre Tischdame an die Tafel zu begleiten.«

Leider ignorieren manche Gäste eine Tischordnung. Tischkarten (▶ Seite 156) allein bieten keine Gewähr, denn kecke Gäste stellen sie einfach um. Dagegen hilft erstens ein Placement: Diese elegante Tafel mit dem Raum- und Tischplan (*placement,* frz. Platzierung) ist beim Aperitif öffentlich einzusehen. Zweitens sind vorausschauende Gastgeber im Saal und am Tisch, bevor die Gäste dort eintreffen.

Manche Gäste wären lieber an Tisch 1 als an Tisch 7, weil sie aus der Nummern- eine Rangfolge ablesen. Blumen-, Länder- oder Städtenamen wirken neutral. Bestimmen Sie außerdem für jeden Tisch einen (weiblichen oder männlichen) »Capo«, der sich dort als solcher vorstellt: »Marianne hat mich gebeten, sie als Gastgeberin zu unterstützen.« Mit dieser Vertretung tauscht die Gastgeberin (Marianne) im Lauf des Festes den Platz und kann so jeden Tisch besser beehren, als wenn sie nur zum Grüßen vorbeikäme. Idealerweise sind die Plätze der Capos so ausgerichtet, dass sie untereinander und mit der Gastgeberin Blickkontakt halten können. So werden nonverbale Aufträge mühe- und wortlos durch den Raum weitergegeben und leicht erfüllt.

Platzieren zu Hause

Am heimischen Tisch: Bitte recht praktisch

Die Situation: Sie laden als Ehepaar zwei befreundete Ehe-
paare zu einem Abendessen ein. Ihr Mann kocht, Sie sind
zuständig für die Getränke. Eine Stirnseite Ihres Esstischs
ist auf die Küchentür gerichtet, eine Längsseite befindet sich
vor einem Schrank. Wer sitzt wo?

Falsch wäre es, die protokollarischen Regeln wörtlich zu
nehmen. Was nützt es, wenn Ihr Mann sich als Gastgeber
in die Mitte der Längsseite des Tischs vor den Schrank setzt?
Dann hätten zwar die Damen die schützende Wand im
Rücken. Zwar könnten Sie, auf der Gegenseite von den
beiden Herren flankiert, mühelos den Tisch verlassen, um
Getränke zu holen und nachzuschenken. Doch Ihr Mann
käme nur mit Schwierigkeiten in die Küche.

Die Lösung: Ihr Mann (a) sitzt mit dem Rücken zur Küchentür an der Stirnseite des Tisches, Sie (b) sitzen genau gegenüber. Rechts von Ihrem Mann sitzt Dame 1 (c), links von ihm
Dame 2 (d). Sie werden an der anderen Seite von zwei Herren eingerahmt: Rechts von Ihnen sitzt der Ehemann (e) von
Dame 1, links der Mann (f) von Dame 2. Die bunte Mischung
bietet die beste Gewähr für eine lebhafte Unterhaltung.

Vielfalt der Tischformen

Jede hat ihre Vorteile, ihre Nachteile auch

Bei großen Festen bieten sich je nach Anlass, Ort und Stil verschiedene Tafelformen an. Immer sind die Plätze der Gäste auf das Zentrum hin – eine Bühne oder, besser, die Gastgeber – ausgerichtet. Hier finden Sie Beispiele für Feiern mit einem Jubelpaar wie Verlobung, Hochzeit, Silberhochzeit. Das Paar sitzt zusammen in der Mitte, die Gäste auf den anders markierten Plätzen.

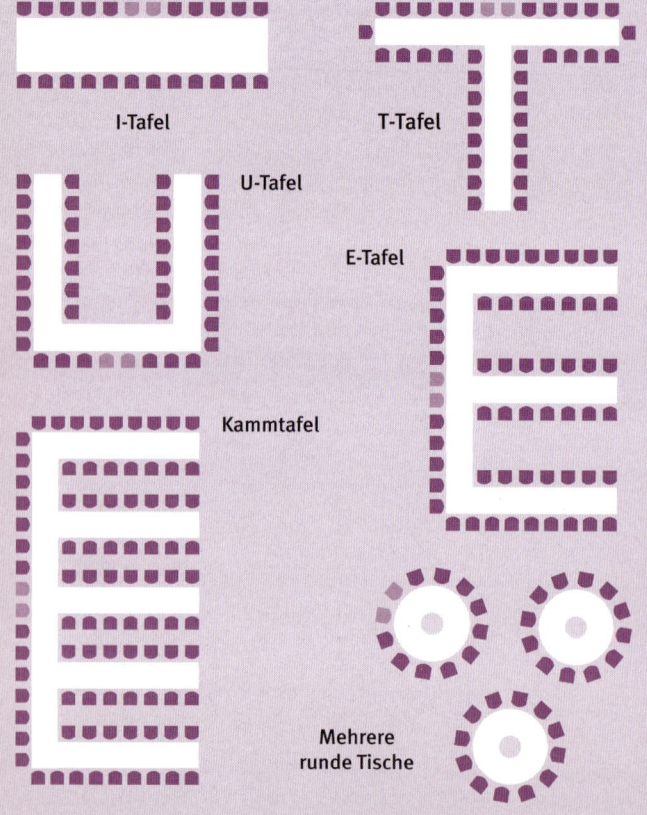

I-Tafel

T-Tafel

U-Tafel

E-Tafel

Kammtafel

Mehrere
runde Tische

Form	Platz für	Vorteile	Nachteile
I-Tafel	bis zu 30 Personen	Alle Gäste sind gebündelt, keiner fühlt sich durch Abwesenheit der Gastgeber zweitrangig, für Reden ist leicht Ruhe herzustellen.	Gäste an den Stirnseiten können sich abgeschoben fühlen; dagegen helfen abgerundete Stirnseiten mit je 2–3 Plätzen.
T-Tafel	bis zu 40 Personen	Gastgeber überblicken alle Gäste, die meisten sehen die Gastgeber von vorn.	Braucht viel Platz; Gefahr, dass Gäste Rücken an Rücken sitzen.
U-Tafel	40 bis 60 Personen	Gastgeber haben den Überblick über die Gäste.	Nicht alle Gäste sehen die Gastgeber, ohne sich zu drehen; einige Gäste sitzen Rücken an Rücken.
E-Tafel	40 bis 60 Personen	Gastgeber haben den Überblick über die Gäste.	Nicht alle Gäste sehen die Gastgeber, ohne sich zu drehen; viele Gäste sitzen Rücken an Rücken.
Kammtafel	ab 60 Personen; erweiterbar, am schönsten mit ungerader Schenkelzahl	Gastgeber haben den Überblick über die Gäste.	Nicht alle Gäste sehen die Gastgeber, ohne sich zu drehen; viele Gäste sitzen Rücken an Rücken.
Mehrere runde Tische	jeweils 8 bis 10 Personen, beliebig erweiterbar	Kommunikationsfördernd; besondere Wertschätzung der Gäste am Ehrentisch; einfache Last-Minute-Korrektur der Gedeckzahl.	Abwesenheit der Gastgeber am Tisch kann einen Eindruck von fehlender Wertschätzung entstehen lassen; bei Tischreden entsteht leicht Unruhe.

Und nun: Regie bei Tisch

Kein Gast erwartet von privaten Gastgebern, dass sie das gleiche Geschick an den Tag legen wie ausgebildete Restaurantfachleute. Und doch: Je professioneller Sie handeln, desto gelassener sind und wirken Sie selbst, und desto sorgloser sind Ihre Gäste.

Auf dem Weg zum Tisch

Wünscht der Gastgeber, dass die Gäste ihre Aperitifgläser mit an den Tisch nehmen, sagt er es ihnen. Wünscht er das nicht, sagt er nichts. Das ist eine einfache Regel, doch nicht jedem Gast ist sie bekannt. Demonstrieren und kommentieren Sie, was Sie sich wünschen: »Auf diesem Tablett könnt ihr eure Gläser abstellen.«

Gemäß dem Protokoll geht der Gastgeber mit dem weiblichen Ehrengast zuerst an den Tisch und weist dort den ihm folgenden Gästen ihre Plätze zu. Die Gastgeberin kommt mit dem männlichen Ehrengast zuletzt. Sie setzt sich, und alle tun es ihr gleich. In der klassischen Dame-Herr-Konstellation, die eher bei eleganten gesellschaftlichen Dinners zelebriert wird als beim Business-Lunch in der Kantine, zieht der Tischherr den Stuhl so vor sich, dass die Dame von rechts an ihren Platz treten und sich hinsetzen kann. Die Herren setzen sich, sobald die Damen ihre Unterstützung nicht mehr benötigen.

Einschenken: der praktische Weg

Wahrscheinlich haben Sie bei einem Essen bei Ihnen zu Hause keine Servicekräfte und müssen darum als Gastgeber gleich wieder aufstehen, um Ihre Gäste mit Getränken zu versorgen. Der klassische Getränkeservice wird vom männlichen Gastgeber vollzogen. Fungiert dieser aber als Koch, übernimmt wahrscheinlich die Gastgeberin diese Aufgabe. Machen Sie es am praktischsten so:

■ Getränke schenken Sie über die rechte Schulter eines Gastes ein. Sollte ein Linkshänder sein Glas nach links umgestellt haben, machen Sie eine Ausnahme; ebenso bei Gästen, die für dieses Vorgehen ungünstig sitzen, z. B. in einer Ecke.

- Sie schenken zuerst allen Wasser ein, dann Wein. Sie können auch Karaffen auf den Tisch stellen, aus denen Ihre Gäste sich selbst bedienen.
- Der weibliche Ehrengast wird zuerst bedient. Beim traditionellen Service bekommen zuerst alle Damen, dann alle Herren ihre Getränke. Aus praktischen Gründen können Sie der Reihe nach vorgehen. Am leichtesten können Sie sich im Uhrzeigersinn kontinuierlich weiterbewegen.
- Sie schenken sich selbst zuletzt ein und setzen sich dann. Mit Ihrem »Zum Wohl« eröffnen Sie das Mahl.
- Sie schenken bei jedem Weinwechsel ein, bevor Sie mit dem Essen des folgenden Gangs beginnen.

Wann Sie Brot und Butter anbieten

Streng genommen sind Brot und Butter als Beigaben zur Vorspeise gedacht. Ihre Gäste sind aber sicherlich froh, wenn Sie ihnen nach dem Aperitif und dem ersten Schluck Wein gleich eine kleine Grundlage gönnen: »Bitte bedienen Sie sich.« Reichen Sie als Gastgeber und als Gast Ihren Tischnachbarn den Brotkorb und den Butterteller, bevor Sie sich selbst daraus bzw. davon bedienen.

So servieren Sie die Speisen umsichtig

Es ist heute unerheblich, ob der Herr oder die Dame des Hauses die Speisen aufträgt.

- Setzen Sie die Teller über die rechte Schulter eines Gastes ein. Die Gehrichtung und die Reihenfolge des Getränkeservice wiederholen Sie hier sinngemäß.
- Um auch zwischendurch nicht vor dem Oberkörper des Gastes vorbei greifen zu müssen, heben Sie Teller von rechts aus, decken Messer und Löffel von rechts nach und ziehen den Dessertlöffel von rechts aus zum Gast hin.

- Reichen Sie jedoch Speisen an oder nach, nähern Sie sich dem Gast von links: »Noch etwas Gemüse?« Nur so können Sie frei mit der rechten Hand vorlegen, und nur so kann ein Gast sich mit der Rechten bequem selbst bedienen.
- Von der linken Seite des Gastes aus decken Sie Gabeln nach, heben den Brotteller aus, ziehen die Dessertgabel zum Gast hin und säubern den Platz.

Der Zangengriff: gar nicht so schwer

Wollen Sie mit dem professionellen Zangengriff vorlegen? So geht's: Sie halten den Löffel des Vorlegebestecks fest in Ihrer rechten Hand. Dann legen Sie mit Daumen und Zeigefinger die Gabel darauf. Stabilisieren Sie die Zange, indem Sie den Zeigefinger zwischen Gabel und Löffel behalten. Es sieht schwieriger aus, als es ist.

Rechts und links im Überblick

Der komplette Service ist auf Rechtshändigkeit sowohl der servierenden als auch der bedienten Person ausgelegt.
Deshalb tun Sie dies auf der rechten Seite des Gastes:
- Getränke einschenken,
- Gläser nachdecken und ausheben,
- Teller und Tassen einsetzen und ausheben,
- Besteck für die rechte Hand nachdecken und ausheben,
- Kaffee servieren.

Folgende Arbeiten führen Sie von der linken Seite aus:
- Brotteller, Salatschälchen und Wasserschale oder Tuch zum Reinigen der Finger einsetzen und ausheben,
- Besteck für die linke Hand nachdecken und ausheben,
- Speisen von Platten oder Schüsseln vorlegen,
- Brot, Butter und Speisen anreichen,
- das Tischtuch säubern.

Auch wenn Sie Linkshänder sein sollten, halten Sie sich an diese Seitenordnung. So machen Sie es der Mehrheit recht. Ferner sind auch linkshändige Gäste diese Art gewohnt.

Pannenhilfe

Selbst der umsichtigste Gastgeber ist nicht vor Problemen und unliebsamen Ereignissen gefeit. Aber als Profi nimmt er sie mit Sicherheit gelassen.

Gäste kommen zu früh an: Verbergen Sie Ihre Überraschung und begrüßen Sie sie freundlich. Bitten Sie sie z. B. ins Wohnzimmer oder auf den Balkon: »Genießen Sie bitte inzwischen die Aussicht. Wir sind gleich so weit.«

Gäste kommen zu spät: Planen Sie eine halbe Stunde für einen Aperitif im Stehen ein. Fehlt dann immer noch jemand, kontrollieren Sie Ihr Telefon. Vielleicht hat er ja versucht, Sie anzurufen. Bei einer kleinen Runde rufen Sie ihn an: Vielleicht können und wollen Sie mit dem Gang an den Tisch noch auf ihn warten. Wenn nicht, dann gehen Sie an den Tisch.

Gäste kommen gar nicht: Teilen Sie den Anwesenden Ihr Bedauern mit, aber verkneifen Sie sich jeglichen Kommentar. Bleiben Sie ganz ruhig. Ändern Sie die Tischordnung so, dass keine Lücken entstehen. Nehmen Sie die nun überzähligen Gedecke vom Tisch. Fragen Sie am Folgetag, jedoch ohne zu tadeln, nach dem Grund für das Fernbleiben. Vielleicht braucht da ja jemand Ihre Hilfe.

Ein unangemeldeter Gast taucht auf: Lassen Sie sich nicht nötigen. Wenn genügend Plätze und Speisen vorhanden sind und die Person in Ihren Gästekreis passt, bitten Sie den unangemeldeten Besucher dazu. Andernfalls sagen Sie bedauernd, dass der Besuch im Moment nicht passt. Bringt ein geladener Gast überraschend eine Person mit, bitten Sie den Ersteren unter vier Augen, sich zu entscheiden: Will er eine alternative Beschäftigung für seinen Anhang suchen, sich gemeinsam mit ihm verabschieden oder sein Essen mit ihm teilen?

Gäste vertauschen Tischkarten: Stellen Sie die Karten nicht einfach an den vorgesehenen Ort zurück. Sprechen Sie mit den Gästen und erklären Sie Ihre Gründe für Ihre Sitzordnung. Tauschen zwei Gäste hingegen ihre Plätze, beispielsweise weil an einem Platz Durchzug herrscht, akzeptieren Sie das oder Sie stellen die Störung ab (weiter ▶ Seite 133).

Passend gekleidet

Der Gastgeber hat vor einem Fest ein Bild von seinen Gästen im Kopf. Höfliche Gäste verstehen einen Kleidervermerk als Hinweis, wie sie ihm in der gewünschten Aufmachung die Ehre erweisen können. Der Vorteil für die Gäste: Sie fühlen sich wohl und sicher, weil sie nicht aus dem Rahmen fallen.

So deuten Sie Kleidervermerke

Kleidervermerke beziehen sich wörtlich immer nur auf den Herrn. Vom jeweiligen Schlüsselbegriff leiten Damen ihre korrespondierende Kleidung und Damen wie Herren die Accessoires ab. Immer halten sich Herren in der Farbwahl zurück, um den Damen eine Kulisse für deren Roben zu sein.

Smoking und Frack sind eleganten Abendveranstaltungen vorbehalten; nicht umsonst sagt der Volksmund: »Schwarz darf kein Tageslicht sehen.« Der Frack ist bei großen gesellschaftlichen Ereignissen wie einem Opernball oder Adelsbällen oder bei einer Nobelpreisverleihung die Kleidung der Wahl. Der Smoking ist bei Opernpremieren, Theatergalas, Hochzeitsbällen und eleganten Dinners zu sehen. Damen tragen bei diesen Anlässen festliche Kleider.

Dunkler Anzug ist bei förmlichen Anlässen am Tag und am Abend angebracht: Zum dunkelblauen oder anthrazitfarbenen Anzug – streng genommen tragen Sie den schwarzen nur zu Beerdigungen – wählen Sie eine dezente Krawatte auf einem Hemd ohne Muster mit einfacher oder besser doppelter Manschette, feine Socken und schwarze Schnürschuhe aus Glattleder mit Ledersohle. Die Dame wählt ein Kleid, ein elegantes Kostüm oder einen Hosenanzug, in der Farbe auf den – ernsten oder freudigen – Anlass abgestimmt. Sie verzichtet nie auf Strümpfe.

Cut (Cutaway/Morning Suit), einem Frack ähnlich, jedoch mit abgeschnittenem Schwanz. Er ist beim Pferderennen in Ascot und bei uns bei Trauungen üblich: schwarz-grau gestreifte Hose, graues Jackett, dazu weißes Hemd mit silbergrauem Plastron. Zylinder und Chrysantheme sind optional. Die Dame trägt ein elegantes Kleid, Handschuhe und Hut.

Kleidung für Feste: Das bedeuten die Begriffe

Dresscode	Das trägt der Herr, ...	... das die Dame
Gesellschafts-anzug/*Black tie*/*Cravate noire*/ britisch auch *Dinner jacket*/ amerikanisch *Tuxedo* (Smoking, erkennbar an Seidenrevers, Smokinghose mit *Galons*, den Seidenstreifen an den Außennähten der Hosenbeine)	Hierzu gehört die schwarze Schleife (selbst gebunden) oder Fliege (fertig gebunden gekauft). Möglich sind Weste oder Kummerbund (von Hindi *camarband* für Schärpe, beide schwarz. Dazu Smokinghemd mit – ganz korrekt! – Umlegekragen, Doppelmanschetten, Manschettenknöpfen aus Edelmetall, mit gestärkter Brust und verdeckter oder schmückender Knopfleiste. Schwarze Seiden- oder sehr feine Wollstrümpfe. Schwarze Pumps mit Ripsschleife oder *Loafers* aus Lackleder erfordern in Deutschland etwas Mut. Ideal sind feinste schwarze Glattlederschuhe mit geschlossener Schnürung (Oxfords).	Ein knielanges Cocktailkleid aus feinem Stoff, ganz oder in Teilen aus Samt, Brokat oder Seide, mit Dekolletee, evtl. mit Jäckchen. Dazu Strümpfe. Kleine elegante Tasche wie z. B. eine *Clutch*. Eventuell ist ein langes Abendkleid erwünscht oder erlaubt. Bitte im Zweifel nachfragen.
Großer Gesell-schaftsanzug/ *White tie*/ *Cravate blanche* (Frack, erkennbar an der Jacke mit Schwalben-schwanz, aber ohne Knöpfe)	Weiße Schleife oder Fliege und weiße Weste sind ein Muss. Dazu Frackhemd mit Stehkragen, gestärkter Brust und verdeckter Knopfleiste sowie – streng genommen – einfachen Manschetten, die mit edlen Manschettenknöpfen geschlossen sind. Seiden- oder sehr feine Wollstrümpfe. Lackschuhe mit geschlossener Schnürung oder feine Oxfords.	Die große Abend-garderobe: lang und mit Dekolletee; beim Essen sind die Schultern z. B. mit einer Stola bedeckt zu halten. Kleine Handtasche. Großer Schmuck. Keine Uhr. Make-up und Frisur aufwendig.

Unklar und doch nicht »wie Sie wollen«

Bei weniger förmlichen Anlässen ist der Dresscode oft unklar. »Freizeitkleidung« oder »sportlich-elegantes Sommer-
Outfit« bedeuten nichts Verbindliches. Da bleibt dem höf-
lichen Gast nur die Wahl, im gepflegten sportlichen Anzug
oder Kleid zu erscheinen oder vom Gastgeber eine Präzi-
sierung zu erbitten. Dabei kann ein Gastgeber mit seiner
Empfehlung zur Kleiderwahl auch bei einem informellen Anlass einen Hinweis auf das gewünschte Gesamtbild geben.

Klar, aber nicht eindeutig: casual & Co.

Die Idee, sich in der Freizeit anders zu kleiden als bei der
Arbeit und bei Festen, stammt aus einer Ära, in der diese
drei Bereiche strikt getrennt waren und die Menschen genug
Zeit hatten, sich passend umzuziehen. Das ist heute meist
nicht mehr der Fall, und so verschwimmen die Begriffe.

Casual (engl. lässig, nicht nachlässig) bedeutet Freizeitkleidung, die sich von der Business-Uniform abhebt. Er steht
für heimelig-warme Farben (braun, grün), weiche Stoffe
(Cord, Tweed), bequeme, aber feine Schuhe. Stets trägt
der konservative Herr ein Jackett; wer leger daherkommt,
stattdessen einen Pullover, immer ein Hemd (Polo oder
Button down), immer mit Kragen, nie eine Krawatte.

Smart casual wurde als Begriff eingeführt, weil heute zu
legeren Anlässen gern Jeans und T-Shirt getragen werden.
Er bezeichnet das ursprüngliche Casual-Outfit.

Business casual bedeutet gelockerte Geschäftskleidung:
Anzug ohne Krawatte für den Herrn, für die Dame Kostüm,
Kleid oder Hosenanzug und bequeme Schuhe. Es gibt aber
viele Interpretationen. Auf Nummer sicher gehen Sie – auch
in der Freizeit – als Herr mit Jackett und Hemd mit Kragen,
als Dame mit Jackett und Strümpfen.

Come as you are (engl. Kommen Sie, wie Sie sind) auf der
Einladung zum After-Business-Cocktail steht für »wie Sie im
Geschäft angezogen sind« und bedeutet den Verzicht auf
ein einheitliches Erscheinungsbild. Der Begriff beinhaltet
keinesfalls die Einladung, so zu kommen, wie Gott Sie schuf.

Ein Gast ist falsch gekleidet: Kommentieren Sie das nicht von sich aus. Spricht der Gast Sie darauf an, weil es ihn selbst stört, bieten Sie ihm oder ihr wenn möglich die entsprechenden Kleidungsstücke leihweise an.

Gäste trinken keinen Wein: Heben Sie die Weingläser aus, schenken Sie genügend Wasser nach, bieten Sie, wenn Ihr Keller das hergibt, eine Obstschorle an.

Ein Gast isst Ihre Speisen nicht: Hat sich ein Vegetarier oder Diätpatient (▶ Seite 137) nicht im Vorfeld bei Ihnen als solcher zu erkennen gegeben, fragen Sie ihn, welche der angebotenen Speisen er essen kann, und lassen Sie die anderen weg. Schmeckt einem Gast Ihr Essen nicht, verzichten Sie auf das Angebot einer Alternative.

Eine Speise ist nicht in Ordnung (verkocht, versalzen usw.): Räumen Sie den Gang gelassen ab.

Ein Gast möchte in Ihrem Nichtraucherhaushalt rauchen: Bieten Sie ihm Balkon oder Terrasse an, wenn möglich. Versäumen Sie nicht, ihm einen Aschenbecher zu geben. Leisten Sie ihm gegebenenfalls kurz Gesellschaft.

Ein Gast trinkt zu viel: Schenken Sie ihm viel Wasser und wenig Wein nach. Einen Freund können Sie selbst ansprechen, Ihren Chef wahrscheinlich nicht. Bitten Sie, wenn vorhanden, seine Begleitung unter vier Augen um Unterstützung. Sie wird wohl Erfahrung damit haben und Ihnen die beste Lösung verraten können.

Alkoholisierte Gäste werden laut: Als Gastgeber halten Sie natürlich Ihren Alkoholkonsum so gering, dass Sie das gesamte Geschehen selbst nüchtern betrachten und gegebenenfalls steuern können (▶ Seite 169). Stellen Sie den Weinservice ein und bieten Sie Kaffee und Wasser an. Beantworten Sie keine Kommentare zu diesem Thema. Bringen Sie das Fest zügig zu Ende. Bestellen Sie Taxis.

Gäste gehen vorzeitig: Während einer der Gastgeber die Besucher zur Tür geleitet, bleibt der andere bei den übrigen Gästen und hält die Runde zusammen. Schließen Sie die Lücke am Tisch; lassen Sie die verbleibenden Gäste zusammenrücken.

Auch als Gast haben Sie Pflichten

*Vertrauen Sie Ihren Gastgebern: Sie meinen es ganz
bestimmt gut mit Ihnen. Lassen Sie sich lenken und
spielen Sie das Spiel mit, ganz unbeschwert. Tragen Sie
das Ihre zum Gelingen eines Festes bei. Dann sind Sie
immer wieder gern gesehen.*

Achten Sie die kostbare Zeit der Gastgeber

- Respektieren Sie die Zeitangaben: Antworten Sie mit Ihrer
  Zu- oder Absage im gewünschten Zeitrahmen.
- Erscheinen Sie pünktlich. Bis zehn Minuten nach der Zeit
  sind bei einem Essen noch akzeptabel. Erscheinen Sie aber
  niemals überpünktlich. Sind Sie vor der Zeit eingetroffen,
  schnappen Sie ein wenig frische Luft.
- Sobald Sie absehen können, dass Sie leider mit Verspätung
  bei Ihren Gastgebern eintreffen werden, geben Sie Bescheid.
  Schätzen Sie ab, wie lang Ihre Verspätung wird, und bieten
  Sie der Runde an, ohne Sie mit dem Essen zu beginnen.

Geschenke: Schauen Sie nicht auf den Cent

Zu gesellschaftlichen Großereignissen bringen Sie keine Blumen oder Geschenke mit, sondern schicken sie vorher. Das
geht auch bei kleineren Festen. So entlasten Sie sich selbst
bei der Anfahrt und Ihre Gastgeber beim Versorgen der
Geschenke. Dann kommen Sie zwar mit leeren Händen, doch
der Gastgeber weiß ja bereits um Ihre Großzügigkeit.
Kennen Sie Ihre Gastgeber nicht gut, sind edle neutrale Präsente wie Pralinen, Champagner oder saisonale Blumenge-
binde eine gute Wahl. Gartenbesitzer im Sommer mit Blumen
zu beschenken, hieße jedoch Eulen nach Athen tragen. Ver-
trauteren Freunden und Bekannten machen Sie mit einem
persönlichen Geschenk eine größere Freude: die neueste CD
vom Lieblingskomponisten, ein Reiseführer für das Urlaubs-
land, ein Bildband über die Objekte der Sammelleidenschaft.
Nie bemisst sich der Wert eines Geschenks nach seinem Preis;

was zählt, sind die Gedanken, die Sie sich gemacht haben. Berechnen Sie bitte nicht, was Ihre Verpflegung den Gastgeber kostet, sondern fragen Sie sich, was ihm Freude machen könnte. Vielleicht ist es sogar eine Spende an Dritte, deren Summe allerdings bleibt tabu. Bloß nicht den Überweisungsträger mitbringen!

Wohnung ist Privatsphäre: Respektieren Sie sie

- Nur geladene Gäste sind gern gesehene Gäste. Klären Sie, ob Ihre Kinder wirklich mit eingeladen sind.
- Kommen Sie mit verschmutzten Schuhen in einer Wohnung an, bitten Sie um ein Tuch, um die Schuhe zu säubern. Ziehen Sie Ihre Schuhe nur auf Wunsch der Gastgeber aus.
- Wohn- und Esszimmer sind typischerweise die Aufenthaltsräume für Gäste. Suchen Sie nicht im Schlafzimmer der Gastgeber nach Ihrem Taschentuch, das Sie in der Manteltasche vergessen haben. Und beschränken Sie sich auf das WC, das Ihnen gezeigt wurde.
- Benötigen Sie Tempos, Kamm oder Aspirin, öffnen Sie nie Schubladen oder Schränke, sondern bitten darum. Nehmen Sie keine CDs oder Bücher aus Regalen.
- Naschen Sie selbst aus offenen Schalen kein Knabberzeug, kein Obst, keine Bonbons, keine Pralinen, solange sie Ihnen nicht ausdrücklich angeboten wurden.
- Bringen Sie Ihren Hund nur nach Absprache mit.

Höfliche Zurückhaltung? Nehmen Sie Kontakt auf

Gehen Sie als Erstes auf den oder die Gastgeber zu. Läuft Ihnen bei einem Fest auf dem Weg zu ihm ein Ihnen bekannter Gast über den Weg, ignorieren Sie ihn nicht, aber halten Sie den Plausch fürs Erste kurz.

Sind die Gastgeber zu beschäftigt, um Sie vorzustellen, gehen Sie selbst auf andere Gäste zu. Grüßen Sie sie und lassen Sie sich in Gruppen einbinden (▶ ab Seite 163). Stellen Sie zuerst sich selbst, dann Ihre Begleitung vor. Beteiligen Sie sich aktiv an Gesprächen, jedoch ohne sie zu stören.

Zur Begrüßung aufstehen oder sitzen bleiben?

Alle Gäste stehen auf, wenn weitere Personen eintreffen. Die traditionelle Regel war: »Ein Herr steht zur Begrüßung auf, eine Dame bleibt sitzen, es sei denn, eine ältere Dame käme auf sie zu.« Diese Vorschrift passt nicht mehr in unsere Zeit der Gleichstellung der Geschlechter. Außerdem haben Sie auf gleicher Augenhöhe einen besseren Start in ein Gespräch.

Übernehmen Sie nicht das Kommando

Die Gastgeber versorgen Ihre Garderobe, bieten Getränke an, bitten zu Tisch, bieten Wasser, Brot und Butter an, sie wünschen »zum Wohl« und eröffnen das Essen – so sollte es jedenfalls sein. Kommen Ihre Gastgeber diesen ihren Aufgaben aber nicht oder nur unvollständig nach, dann beobachten Sie, was sie tun. Beginnen die Gastgeber zu trinken oder zu essen, tun Sie es ihnen gleich.

Anderenfalls fragen Sie, was Sie tun sollen: »Wo darf ich meinen Mantel aufhängen?« »Wo soll ich sitzen?« »Hatten wir uns eigentlich schon zugeprostet?« Sie dürfen alles besser können und wissen als die Gastgeber und die anderen Gäste, Sie dürfen es nur nicht sagen oder allzu deutlich zeigen. Möchten Sie beim Zusammenstellen des Geschirrs, beim Auf- und Abtragen helfen, ergreifen Sie die Initiative nicht, ohne zu fragen. Vielleicht möchte man Sie in der Küche gar nicht sehen. Auch sie zählt zur geschützten Privatsphäre der Gastgeber.

Seien Sie kein Spielverderber

- Auch wenn Ihnen die Tischnachbarschaft nicht zusagt, bleiben Sie an Ihrem Platz. Die Tischkärtchen zu vertauschen wäre ein grober Fauxpas. Suchen Sie nach dem positiven Grund für Ihre Platzierung. Und unterhalten Sie sich – gut!
- Finden Sie sich nicht fotogen, übernehmen Sie beim Foto-Shooting die Kamera, lassen sich aber wenigstens einmal auf einem Bild sehen.

- Auch wenn Sie Gästebücher altmodisch finden oder Ihnen kein geistreicher Spruch einfallen will, kommen Sie der Bitte um einen Eintrag wenigstens mit Ihrer Unterschrift nach. Haben Sie Zeichentalent? Nur zu!
- Eine Hunde- oder Katzenallergie sollten Sie schon bei Ihrer Zusage auf die Einladung zur Sprache bringen, damit das Haustier nicht ausgerechnet Ihnen auf den Schoß springt.

Sonderwünsche? Bitte nur aus gutem Grund

Sie müssen als Schwangere keinen Alkohol trinken, als Vegetarier kein Fleisch essen und während einer Reduktionsdiät keine Sahnetorte verschlingen. Teilen Sie Ihr Sonderprogramm aber rechtzeitig mit, sodass der Gastgeber auch für Sie etwas Ess- und Trinkbares vorbereiten kann. Übertreiben Sie es jedoch bitte nicht mit Ihren Sonderwünschen: »Ich mag aber die Milch zum Kaffee lieber heiß.« Oder: »Mir wäre statt des Weins ein Bier lieber.« Das geht nicht. Bringen Sie Ihren Gastgeber nicht in Verlegenheit. Wählen Sie aus der Palette der Angebote, die der Gastgeber Ihnen von sich aus macht.

Sie entdecken bei einem Fest auf der Menükarte ein Gericht, das Ihnen widerstrebt? Im Restaurant können Sie die Servicekraft diskret bitten, man möge bei Ihrer Portion den betreffenden Teil des Gerichts weglassen. Im Privathaushalt geht das leider nicht. Essen Sie die Beilagen und, wenn es eben geht, einen Bissen von der ungeliebten Speise. Verzichten Sie darauf, diese über den grünen Klee zu loben; sonst setzt man sie Ihnen beim nächsten Mal wieder vor.

Man bietet Ihnen im Privathaushalt eine besondere, doch von Ihnen ungeliebte Delikatesse ohne Beilagen an – Gänseleber, Schnecken, Kaviar. Sitzen Sie außer Sichtweite der Gastgeber und Ihr Tischnachbar zeigt sich begeistert, bieten Sie ihm Ihre Portion an. Ein Brotteller dient der Übergabe. Sitzen Sie jedoch bei den Gastgebern, bekennen Sie Farbe: »Ich finde es ganz reizend, dass Sie eine solche Delikatesse vorgesehen haben. Nur ist das leider nicht so ideal für mich. Ich bitte sehr um Ihr Verständnis. Und bitte keine Umstände!«

Ende gut, alles gut

Beim Abschluss eines Fests oder eines Essens im kleinen Kreis sollten Sie nach einem Reigen kulinarischer Verwöhnung und munterer Konversation das hohe Niveau halten. Sorgen Sie für einen würdigen letzten Eindruck, damit Sie als Gastgeber wieder mit Gästen rechnen dürfen und damit Sie als Gäste wieder gern gesehen sind.

Geordneter Rückzug der höflichen Gäste

Schlagen Ihnen die Gastgeber einen Ortswechsel an die Kellerbar oder ins Wohnzimmer vor, verlängern sie den Abend von sich aus. In allen anderen Fällen gilt: Warten Sie nie auf ein deutliches Zeichen. Wann es dem Gastgeber reicht, erkennen Sie an dezenteren Signalen als verstohlenem Gähnen oder demonstrativem Geschirrspülen. Machen Sie sich rar, solange es »am schönsten« ist.

Der umsichtige Gast ...

- deutet das Auftragen des Kaffees als Anfang vom Ende der gesamten Einladung,
- versteht die beiläufige Frage, was er sich für den nächsten Tag so vorgenommen habe, als dezente Aufforderung, nun allmählich den Heimweg anzutreten,
- verabschiedet sich beim gemeinsamen Aufbruch von den übrigen Gästen und den Gastgebern,
- dankt den Gastgebern beim Abschied für Speis und Trank, Ambiente und Gesellschaft,
- verzichtet darauf, eine Gegeneinladung auszusprechen, da diese, streng genommen innerhalb der kommenden sechs Monate, selbstverständlich ist,
- wählt nach Alkoholgenuss Taxi oder Bus und Bahn,
- verlässt das Haus auf leisen Sohlen und das Viertel ohne Hupen und knallende Autotüren, denn die Gastgeber wollen hier noch länger in Frieden wohnen,
- dankt den Gastgebern im Lauf der nächsten Tage noch einmal, eventuell mit einem Blumenstrauß.

Wenn Sie früher gehen müssen

Sich »französisch verabschieden«, sich »polnisch empfehlen« oder »holländisch abfahren«: Allerlei Bezeichnungen für das Verlassen eines Fests ohne Abschied spiegeln die Absicht, dem Nachbarvolk Unhöflichkeit und sonstige Charakterfehler nachzusagen. Gehen Sie also nicht ohne ein letztes Wort, vermeiden Sie aber bei vorzeitigem Abschied jede Störung. Avisieren Sie den Gastgebern, dass Sie an ein Zeitlimit gebunden sind. Lassen Sie sie entscheiden, ob Sie still gehen oder sich bei ihnen melden sollen. Nicken Sie Ihren direkten Tischnachbarn zu, unterbrechen Sie aber deren Gespräche nicht.

Für Gastgeber, die ihre Gäste wiedersehen wollen

Nicht jeder Gast will so lange bei Ihnen bleiben, wie Sie befürchten. So mancher hat die alte Tradition verinnerlicht, dass er ein Fest nicht vor dem Ehrengast verlassen darf; dabei ist gar nicht unbedingt klar, ob es überhaupt einen Ehrengast gibt. Andere wiederum wollen die übrigen Gäste nicht durch ein Abschiedszeremoniell zum Aufbruch motivieren oder befürchten, die Gastgeber zu grämen. Wieder andere sind allzu reichlich mit Sitzfleisch ausgestattet. All diesen Gästen ist gemeinsam, dass sie ein klares Zeichen vom Gastgeber benötigen, um zu wissen, was sie tun dürfen oder sollen. Machen Sie als Regisseur einer Einladung nicht kurz vor deren Ende schlapp, sondern behalten Sie das Zepter in der Hand.

Ein gelungenes Ende, Schritt für Schritt

1. **Bereiten Sie den Ausklang vor:** »Bevor wir uns trennen, eine Frage: Darf ich Ihnen ein Taxi rufen?« Oder, unter Kollegen: »Trinkt ihr einen letzten Schluck Wein/Wasser mit?«
2. **Danken Sie Ihren Gästen,** »… dass Sie uns die Ehre gegeben haben.« Oder, unter Bekannten: »Schön, dass wir wieder einmal zusammen waren.« Loben Sie nicht Ihr eigenes Essen, auch gegenseitige Lobpreisungen von Gastgebern

sind peinlich. Auf die Idee eines positiven Resümees sollten Ihre Gäste schon selbst kommen.

3. **Heben Sie die Tafel auf:** »Dann wünsche ich einen guten Heimweg.« Bleiben Sie jetzt nicht sitzen. Ihre Gäste wären verwirrt, wenn Ihre Worte Ihrem Verhalten widersprächen. Stehen Sie langsam, aber ganz sicher auf.

4. **Verlassen Sie den Tisch.** Korrekterweise geht die Dame des Hauses mit dem Ehrengast zuerst hinaus, die übrigen Gäste folgen ihr, der Gastgeber geht zuletzt.

5. **An der Garderobe** reichen Sie den Herren zuerst deren eigene Mäntel und dann die der jeweiligen Damen, damit sie ihnen galant behilflich sein können. Einzelnen Damen bieten die Gastgeber Unterstützung an: »Darf ich Ihnen Ihre Jacke reichen?« Wie am Beginn des Festes sehen Sie an der Drehung der Schulter, ob die Dame sich selbst helfen möchte oder auf Sie zählt (▸ ab Seite 115).

6. **Ehrengeleit gewähren:** Lassen Sie Ihre Gäste nicht einfach so davonziehen. Begleiten Sie sie mindestens bis zum Aufzug, besser bis an die Haustür, noch besser bis auf den Bürgersteig, am besten aber gleich bis zum Taxi oder ans Auto. Halten Sie dort einer allein reisenden Dame die Tür auf. Auf dem Weg können Sie dezent ins Gespräch einstreuen, dass Sie in einem ruhigen Viertel wohnen und Ihre Nachbarn sehr rücksichtsvoll sind. Auf Deutsch gesagt: »Bitte jetzt keine Jubel- und Dankesrufe und kein Hupkonzert.«

Die Tage danach

Hatten Sie Ihre Gäste schriftlich eingeladen, runden Sie das Fest anschließend mit einem Brief oder einer Karte formvollendet ab. Fügen Sie gegebenenfalls ein paar gelungene Fotos von dem Zusammensein bei. Und lassen Sie für sich das Ereignis Revue passieren: Eine genaue Manöverkritik ist der erste Schritt zur nächsten erfolgreichen Feier. Und darauf können Sie sich nach einer gelungenen Einladung ja bereits jetzt freuen.

Alternative Einladungsformen: anders feiern, originell genießen

Das gesetzte Essen ist als Nachfolger von Opfermahl, Gelage, Symposion und Festmahl in unsere Kultur eingegangen. Andere Lebensweisen sowie die erhöhte Mobilität und chronische Zeitknappheit unserer Tage bringen weitere Formen gemeinsamen Genießens hervor.

Ein bunter Fächer an Möglichkeiten

Ob früh am Tag, ob an der frischen Luft, ob im ganz großen Stil oder Hand in Hand: Gemeinsames Essen kann zahlreiche Facetten aufweisen, ganz nach Ihrem Geschmack.

Eine schöne Summe: Breakfast + Lunch = Brunch

Sich nach einer anstrengenden Woche mit lieben Menschen austauschen, ohne auf die Uhr zu schauen, dafür ist ein verlängertes Frühstück ideal. Und niemand muss sich genötigt fühlen, schon wieder viel zu viel zu essen.

Very British: *Afternoon Tea*

Bei dem aus Großbritannien importierten *Afternoon Tea* bieten Sie mit Tomaten, Gurken und Eierscheiben, mit Lachs und gekochtem Schinken belegte doppelte Weißbrotscheiben *(Finger Sandwiches)* an sowie Toast mit Orangen- oder anderer Marmelade, trockenen Kuchen und *Scones*. Dazu den Tee, mit kalter Milch serviert.

Nicht nur für Gestresste: Teamwork

Wer viel arbeitet und geschäftlich unterwegs ist, empfindet die Gesamtverantwortung für ein feines Dinner oft als Last. Geht es Ihren Freunden und Kollegen nicht anders? Kochen Sie doch miteinander: Ob Sie das Event mit Speiseplan und Einkaufsliste vorbereiten oder spontan mit den Vorräten aus Ihrem Kühlschrank und Keller gearbeitet wird, hängt von den Umständen und Ihren Vorlieben ab.

Kleinigkeiten aufpicken: Picknicken

Das klassische Picknickland ist Großbritannien, der Begriff jedoch, eine Kombination von *piquer* (aufpicken) und *nique* (Kleinigkeit), kommt aus dem Französischen. Die benimmtechnische Herausforderung eines Picknicks besteht darin, auf dem Boden sitzend einigermaßen elegant Speisen und Getränke zu sich zu nehmen. In Großbritannien sind Picknicks bei gesellschaftlichen Anlässen wie dem Pferderennen in Ascot, dem Tennisturnier in Wimbledon und dem Glyndebourne-Opernfestival beliebt. Dort erleichtert der Butler mit Gartenmöbeln das Procedere. In Deutschland profitieren Sie von speziell gestalteten Körben oder Rucksäcken und Champagnerkühltaschen für das Picknick mit Stil.

Cocktailparty

Ob der Cocktail in Wort und Sache aus dem Amerikanischen (bunt wie ein *cock's tail,* engl. Hahnenschwanz) oder aus dem Französischen (erstmals serviert im *coquetier,* frz. Eierbecher) stammt, ist unbekannt. Sicher ist: Bei einer Cocktailparty sind elegante Kleidung und Kontaktfreude gefragt. Bei diesen Stehpartys sind Stühle nur für erschöpfte Gäste gedacht. After-Work-Cocktails sind üblich geworden. Der Dresscode ist dort *Business* oder *Come as you are* (▶ ab Seite 130). Die Zeitangabe »von … bis … Uhr« bedeutet: Es ist circa eine Stunde Anwesenheit irgendwann zwischen Beginn und Ende erbeten.

Jeder bringt was mit: Bottleparty

Aus dem Studentenleben ist sie nicht wegzudenken, und so mancher Erwachsene nutzt ihre Vorteile gern weiterhin. Dabei werden zu einer Bottleparty nicht nur Flaschen mitgebracht, und in einem gehobenen Ambiente gibt man sich mit Nudelsalat und Käsebroten garantiert nicht zufrieden. Da werden eher Lachs und Schampus angeliefert, und wer ein kulinarisches Chaos befürchtet, spricht sich mit anderen Gästen im Detail ab. Ob das so durchkomponierte Menü noch den Namen Bottleparty verdient, sei dahingestellt.

Ganz großes Kino: das Bankett

Das Wort Bankett bedeutet streng genommen ein durchgeplantes Essen mit vorbestellten Speisen und Getränken. In der Regel wird darunter aber ein aufwendiger Anlass wie z. B. ein Gala-Dinner verstanden, weshalb große Hotels über eine eigene Bankettabteilung verfügen. Es bringt die höchsten Herausforderungen an Gastgeber und Gäste mit sich. Sämtliche Höflichkeits-Tugenden im Zusammenspiel von Dame und Herr sowie die feinsten Tischmanieren in Reinkultur finden hier ihre selbstverständliche Anwendung.

Sitzfleisch nicht gefragt: stehen und wandern

Flying Service: Hier bewegen sich die Gäste frei und werden von herumgehenden Servicekräften mit einer Vielzahl verschiedenartiger Speisen von Tabletts verwöhnt. Bevorzugt werden kleine Portionen gereicht, die leicht, im Idealfall einhändig und ohne Besteck, im Stehen zu verzehren sind (▶ Fingerfood, Seite 17). Die Gelegenheit, en passant Kleinigkeiten zu kosten und Kontakte zu knüpfen, gibt dem Ganzen eine lässige und kommunikative Note.

Walking Dinner: Wer ein geräumiges Wohnumfeld sein Eigen nennt und/oder Hauseinweihung feiert, kann jeden Gang in einem anderen Raum servieren. Die Gäste lernen auf diese abwechslungsreiche Weise die verschiedenen Räume kennen, und es fällt gar nicht auf, wenn Sie nicht das gleiche Geschirr und Besteck für alle Gänge vorrätig haben. Romantiker beziehen Balkon, Terrasse oder Garten ein – für die Vorspeise bei Sonnenuntergang oder den Kaffee unterm Sternenhimmel.

Running Dinner: Da ist jeder Beteiligte Gast und Gastgeber zugleich, letzteres aber nur für einen Gang. Die Runde trifft sich bei Gast(geber) 1 und nimmt dort den Aperitif. Danach geht es für die Vorspeise zu Gast(geber) 2, bevor man sich zum Zwischengericht auf den Weg zu Gast(geber) 3 macht. So geht es weiter. Die Gäste kommen herum und unterstützen, da das Ganze nicht alkoholfrei vonstatten geht, tatkräftig die lokalen Taxiunternehmen.

Schön praktisch: Büfett

Selbst ist der Gast, und doch gut bedient

Die englische Königin mag, wie man hört, kein Büfett: zu wenig festlich, stilvoll und bequem sei es ihr. Viele Menschen sehen eher die Vorteile der Selbstbedienung: Sie schätzen den Anblick der Fülle, die freie Wahl von Speisen, Portionen, Kombinationen. Außerdem bringt sie Bewegung und Kontakt mit anderen – inklusive dem Gastgeber, der zwar die Aufsicht führt, aber nicht zwischen Küche und Tisch pendeln muss. Der goldene Mittelweg: Suppe und Hauptgang servieren, die Vorspeisen und Desserts auf dem Büfett anrichten.

Alles hat seinen Platz

Die Speisen und die dazugehörigen Utensilien werden so angeordnet, dass die Gäste den Überblick haben und sich an allen Stationen mühelos bedienen können. Die Reihenfolge der Ziffern entspricht der Gehrichtung der Gäste.

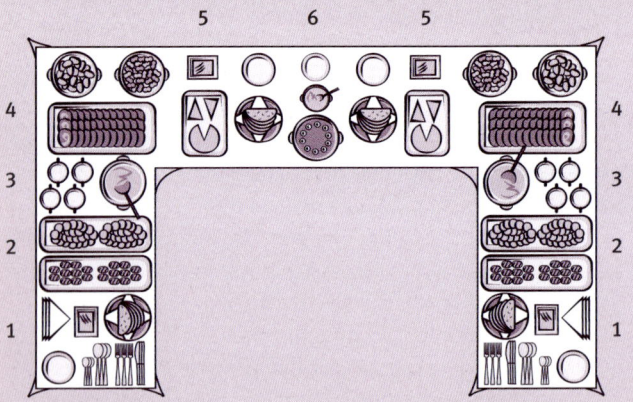

1 kalte Teller, Brot, Butter, Reserve-Besteck und -Servietten
2 Vorspeisen und Salate
3 Suppentassen, Suppen, evtl. auch Suppenlöffel
4 angewärmte Teller, heiße Speisen
5 Käse mit Brot und Butter, evtl. Besteck
6 Desserts und Teller, evtl. Besteck dafür

Locker, doch höflich: zwölf Büfett-Gebote

Wahren Sie ein wenig die Form, im eigenen Interesse und dem der Tischgesellschaft. So ist es richtig:

1. Gehen Sie zuerst an Ihren Tisch. Ihr Platz ist eindeutig markiert, nachdem Sie die Serviette umgelegt und Ihr Getränk bekommen haben. Dann erst geht's ans Büfett.

2. Sie können verschiedene Weine oder auch von Anfang an Rotwein oder durchgehend Weißen trinken.

3. Wenn das Büfett eröffnet ist, lassen Sie Ranghöheren, Ausländern und Älteren den Vortritt.

4. Schließen Sie sich hinten an die Warteschlange an und lassen anderen Bewegungsfreiheit.

5. Bedienen Sie sich ausschließlich mit Vorlegebesteck.

6. Stellen Sie jeden Gang mit Speisen zusammen, die miteinander harmonieren.

7. Nehmen Sie jeweils nicht mehr auf Ihren Teller, als Sie sicher sind, essen zu können. Bei Delikatessen bedienen Sie sich so, dass für andere Gäste genügend übrig ist.

8. Lassen Sie sich von Servicekräften oder Köchen helfen.

9. Sie können zu essen beginnen, auch wenn sich noch nicht alle Personen am Tisch bedient haben. Umsichtige Gäste gehen aber miteinander ans Büfett und von dort zurück zum Tisch. Es ist nicht schön, sein Dessert zu verspeisen, wenn der Nachbar gerade eine Forelle filetiert.

10. Bei einer rustikalen Privatparty benutzen Sie Besteck und Geschirr mehrmals. Im Hotel/Restaurant geht ein Gast nicht mit benutzten Utensilien durch den Raum.

11. Verlassen Sie den Tisch erst, wenn Ihr Teller abgeräumt ist, außer Sie sind in Eile und der Service ist langsam.

12. Ist dann bei Ihrer Rückkehr benutztes Geschirr nicht abgeräumt und kein neues Besteck nachgedeckt, bitten Sie im eleganten Umfeld eine Servicekraft, Ihren Platz zu richten. Andernorts behelfen Sie sich so gut es geht, z. B. indem Sie den neuen Teller auf den alten stellen.

? Fragen und Antworten

Unerwünscht: Darf ein Gast die Bedingung stellen, dass eine bestimmte andere Person nicht eingeladen wird?

Sie können, wie viele Trennungs- und Patchworkfamilien, ein Fest in mehreren Etappen feiern und ersparen auf diese Weise sich und anderen unliebsame Begegnungen. Oder aber Sie feiern mit einem so großen Personenkreis, dass die Betroffenen sich aus dem Weg gehen können. »Er oder ich!«: Dieser Erpressungsversuch eines Gastes ist jedoch unfair. Geben Sie den Schwarzen Peter zurück: »Ich bin für eure Beziehung nicht zuständig. Regelt das bitte, wenn nötig, mit einem unbeteiligten Dritten. Nicht mit mir. Ich hätte euch gern beide dabei. Tut mir den Gefallen.«

Gastgeber vegetarisch: Ich bin Vegetarierin. Muss ich meinen Gästen Fleisch- oder Fischgerichte anbieten?

Als Gastgeberin sollen Sie Ihre Gäste verwöhnen, und Ihre Gäste haben die Spielregeln in Ihrem Haus zu respektieren: Sie streiten nicht, machen keine unflätigen Bemerkungen, verschmutzen Ihnen nicht die Möbel und würdigen Ihr Angebot an Speisen und Getränken. Gäste müssen dabei nicht gegen ihre religiösen oder moralischen Vorstellungen handeln, auch Gastgeber nicht. So bieten Nichtraucher keine Zigaretten an, Antialkoholiker keinen Wein, Hindus kein Rindfleisch. Keineswegs mangelt es einer Feier an Stil, wenn Sie auf Fleisch, Wurst und Fisch verzichten. Bieten Sie Ihren Gästen ein vielseitiges vegetarisches Büfett oder Menü an, und zwar bitte kommentarlos, damit nicht der Eindruck entsteht, Sie wollten Ihre Gäste umerziehen.

Visitenkarten beim Fest: Darf man wirklich bei einem privaten Fest keine Visitenkarten verteilen?

Visitenkarten sind eine alte Einrichtung: Wer einer Herrschaft seine Aufwartung (Visite) machte, legte im Foyer seine »Besuchs«-Karte auf ein Silbertablett, das der Herrschaft gebracht

wurde. So konnte diese entscheiden, ob sie den Besucher emp-
fangen wollte. Wegen der heute üblichen Verwendung wäre
»Geschäftskarte« eine passendere Bezeichnung. An Geschäf-
temachen ist aber, außer bei einer Tupperparty, bei Privat-
festen nicht gedacht. Streng genommen müssten dabei die
Karten zu Hause bleiben. Sind Sie aber so interessant, dass Ihr
Gegenüber von sich aus den Kontakt zu Ihnen intensivieren
möchte, werden Sie vielleicht nach der Karte gefragt, die Sie
dann »zufällig« doch dabeihaben. Grenzen Sie aber nicht den
Gastgeber von dem weiterführenden Kontakt aus wie den
»Mohr, der seine Schuldigkeit getan« hat. Sagen Sie ihm etwa:
»Wir treffen uns mit Straters, die wir bei euch kennengelernt
haben. Ihr kommt hoffentlich mit!« Lernen Sie bei Ihrem Kol-
legen Ihre Traumfrau kennen, müssen Sie ihn zu Ihrem ersten
Date natürlich nicht mitnehmen. Denken Sie aber an ihn,
wenn es um die Wahl der Trauzeugen geht!

**Pantoffeln: Ein befreundetes Paar empfängt uns stets in
Hausschuhen. Dürfen wir sagen, dass uns das stört?**
Einerseits passen zu einem eleganten Outfit nur elegante Straßenschuhe. Andererseits verhindern Pantoffeln, dass Schmutz
in die Wohnung getragen wird, und geben dem Besuch eine
behaglich-private Note. Ihre Freunde wären vielleicht dankbar, wenn Sie den Aufforderungscharakter des Hausschuh-
Tragens endlich bemerkten und sich gemäß den Spielregeln
dieses Haushalts Ihrer Straßenschuhe entledigten. Sprechen
Sie das Thema also nur an, wenn Sie notfalls bereit sind, künftig auf Socken durch die Wohnung zu rutschen oder Ihre eigenen Hausschuhe mitzubringen.

**Revierkampf bei Tisch: Oft beanspruchen bei gesell-
schaftlichen Veranstaltungen die zuerst ankommenden
Gäste die besten Plätze am Tisch. Ist das okay?**
Am Pool in aller Herrgottsfrühe mit einem Badetuch den
besten Liegestuhl reservieren, bei Tisch die besten Plätze belegen, das ist das egoistische Prinzip: »Wer zuerst kommt, mahlt

zuerst.« Höflichkeit jedoch zielt auf möglichst viel Gutes für möglichst viele. Demgemäß muss niemand auf die besten Plätze verzichten. Ein höflicher Gast bleibt bis zum Eintreffen der anderen stehen. Ist das unpraktikabel, setzt er sich vorläufig an einen beliebigen Platz und steht auf, wenn die nächsten kommen. Höfliche Gäste begrüßen einander, stellen sich gegebenenfalls vor und besprechen die Sitzordnung. Wirklich freiwillig sitzt man dann auf einem »schlechten« Platz gar nicht einmal so schlecht.

Musik und Spiele: Welche musikalische Untermalung und welche Aktivitäten kann ich meinen Gästen über ein Abendessen hinaus bieten?
Ein elegantes Essen dient dem kulinarischen Genuss und der gepflegten Unterhaltung. Spiele sind nicht vorgesehen, außer als Ausweichprogramm für Kinder (▶ Seite 95). Bei Familienfesten kann sich der Nachwuchs vor oder nach dem Essen mit Musikdarbietungen einbringen. Auch heitere Gedichte oder szenische Darbietungen von Erwachsenen, passend zum Anlass, sind möglich. Wie bei Reden (▶ ab Seite 157) sind Zeitpunkt und Dauer mit den Gastgebern abzusprechen.
Hintergrundmusik sollte auf Instrumentalmusik beschränkt sein, gesungene Texte könnten die Unterhaltung stören. Bei Essen, die unter einem Motto stattfinden, wie »Spanien«, »Advent« o. Ä., können Sie durch passende Musik die gesamte Anmutung (▶ Seite 113) unterstreichen.

Fotos und Eintrag ins Gästebuch: Wann ist die beste Zeit für Fotos und die Bitte um einen Gästebucheintrag?
Legen Sie ein Gästebuch aus, bitten Sie während des Aperitifs um Einträge – »und sei es nur eure Unterschrift« – im Lauf des Abends. Nötigen Sie Ihre Gäste aber nicht. Fotografieren Sie Ihre Gäste nur in Situationen, in denen sie ihre Schokoladenseite zeigen: nicht beim Essen oder Trinken und nicht in allzu ausgelassener Stimmung. Und stellen Sie keine Fotos anderer bei Online-Netzwerken ein.

Regelwidriger Dresscode: Der Kleidervermerk auf der Einladung zu einer Trauung am Nachmittag mit anschließendem Festprogramm lautet »Smoking für die Herren, Abendkleid für die Damen«. Das entspricht nicht den Regeln. Was sollen wir tun?

Natürlich sind Smoking und Abendkleid prinzipiell Abendanlässen vorbehalten. Darüber hinaus ist es unüblich, die Kleidung für die Dame auszuweisen. Und der korrekte Begriff für den Smoking lautet »Gesellschaftsanzug/black tie/cravate noire«. Das alles ist offensichtlich dem Brautpaar nicht geläufig. Wollen Sie es darüber aufklären und somit düpieren? Hoffentlich nicht. Sie können bestenfalls »naiv« fragen: »Sagt mal, können wir uns vor dem Abend noch umziehen oder sollen wir schon nachmittags in der Festkleidung kommen?« Wollen Sie das Brautpaar enttäuschen und sich vom Gros der Gästeschar unterscheiden, indem Sie korrekterweise im dunklen Anzug und knielangen Kleid auftreten? Das mit Sicherheit auch nicht. Entsprechen Sie dem Wunsch des Brautpaars, ob dieser nun korrekt ist oder nicht. Und bitte: kein wissendes Augenzwinkern gegenüber anderen, die so viel wissen wie Sie!

Lebensmittelallergie: Ich muss leider auf bestimmte Speisen verzichten. Bei Einladungen ist mir die Fragerei anderer Gäste unangenehm, die mir doch nur unterstellen, ich wollte mich wichtig machen. Was kann ich tun?

Der Stimmung wegen etwas zu essen, was Sie krank macht, wäre falsch verstandene Höflichkeit. Über lange Zeitstrecken die Aufmerksamkeit der gesamten Gästeschar mit Ihren Malaisen auf sich zu ziehen, wäre unhöflich. Warum aber den anderen Gästen eine böse Absicht unterstellen? Halten Sie das Seitenthema klein: »Ich darf das nicht essen. Lassen Sie sich davon nicht beeinträchtigen, für mich ist alles bestens so.« Punkt. Lenken Sie aktiv das Tischgespräch auf ein anderes Thema: »Sagten Sie nicht, Sie waren in Venedig?« Ihre Gesprächspartner verstehen garantiert diese versteckte Bitte, das Zentrum des Geschehens verlassen zu dürfen.

Das richtige Wort zur rechten Zeit

Wer, wie, wo, wann, was, wozu?
Gäste brauchen Informationen: um pünktlich bei einer Einladung zu erscheinen,
um sich angemessen zu kleiden, um ihren
Platz zu finden, um sich in die richtige
Stimmung zu versetzen. Wie Sie Einladungen, Menü- und Tischkarten gestalten,
lesen Sie hier. Und Sie erfahren, wie sich
Gastgeber und Gäste gut ins Gespräch bringen, um aktiv zur guten Atmosphäre und
zum harmonischen Miteinander beizutragen.

Geschrieben und gedruckt

Der erste Eindruck prägt, der letzte bleibt. Daher legt man bei Reden Wert auf gute Ein- und Ausstiege. Mitarbeiter werden geschult, um Kunden ansprechend zu begrüßen und zu verabschieden. Und Gastgeber wie Gäste wollen von Anfang bis Ende und vor allem am Anfang und am Ende einer Feier einen guten Eindruck machen. Das gilt auch für den Schriftverkehr vor und nach der Einladung.

Einladende Einladungen

Eine schriftliche oder mündliche Einladung verfolgt einen klaren Zweck: Die Adressaten sollen entscheiden, ob sie zu einem bestimmten Zeitpunkt an einem bestimmten Ort zu einem bestimmten Anlass als Gäste bestimmter Personen an bestimmten Dingen teilnehmen können und/oder wollen.

Die Einladung gibt Entscheidungshilfe

Damit sich die Personen, die Sie bewirten möchten, für (oder gegen) die Teilnahme an Ihrem Fest oder Ihrem Essen entscheiden können, brauchen sie mehrere Angaben:

- **Adressat(en):** Ist eine Person allein geladen, ein Ehepaar oder eine ganze Familie?
- **Anlass:** Bitten Sie zum Kindergeburtstag, zum Geschäftsjubiläum oder zur goldenen Hochzeit?
- **Uhrzeit:** Wann genau erwarten Sie Ihre Gäste?
- **Ort:** Wie geschieht die Anreise? Gibt es passende öffentliche Verkehrsmittel, Anbindung an eine Autobahn usw.? Wie lange wird demnach die Anfahrt dauern?
- **Rahmen und Gästekreis:** Wird man gemütlich mit Freunden am Kamin sitzen oder formell in Anwesenheit des Chefs im Sternelokal?
- **Kleiderordnung:** Ist an Jeans & Turnschuhe gedacht oder an dunklen Anzug & Cocktailkleid? (▸ ab Seite 130)

Damit Sie als Gastgeber planen können und damit Ihre Gäste wissen, was Sie von ihnen erwarten, darf die Angabe der

Antwortfrist nicht fehlen. Bei einem gesetzten Essen gehört auch die Frage nach eventuellen Speisen-Unverträglichkeiten dazu. Übernachtungsgäste sind für die Information dankbar, in welchen Hotels sie zu welchen Preisen im Rahmen eines Kontingents ihre Zimmer reservieren können. Damit machen Sie klar, dass Sie für die Übernachtungen nicht aufkommen.

Kleidungswunsch konkret formuliert

Kennen Ihre Gäste möglicherweise die Spezialbegriffe des Dresscodes nicht oder haben Sie über den Code hinaus eine spezifische Kleidung vor Augen, schreiben Sie konkret: »Jungs gern ohne Schlips & Kragen.« Oder: »Wir freuen uns, wenn uns die Damen im Cocktail-kleid und die Herren im dunklen Anzug die Ehre geben.«

Jede Einladung weckt Erwartungen

»Nach Feierabend ein Spritz auf der Terrasse – okay?« So kann eine Einladung an die Nachbarn per SMS im Lauf des Nachmittags aussehen. Dann erwarten diese nichts außer einem Umtrunk, machen sich nicht fein und bringen außer ein paar Grissini auch nichts mit. Das ist in Ordnung. Wenn Sie aber vier Wochen im Voraus auf feinstem Bütten zu einem Candle-Light-Dinner bitten, weckt das ganz andere Hoffnungen oder Befürchtungen.

Sie wecken zwangsläufig Erwartungen. Wählen Sie daher, je nachdem, worauf sich Ihre Adressaten einstellen sollen,

- das Medium: schriftlich, telefonisch, Mail oder sogar SMS,
- die sprachliche Form,
- Farben, Größe und Type der Schrift,
- Layout und Schmuckelemente,
- gegebenenfalls Format, Art und Farbe des Papiers,
- die Verpackung.

Wenn Sie Ihre Einladungen selbst gestalten möchten, kaufen Sie Papiermuster und machen Sie Testdrucke, denn nicht jedes Papier ist für jeden Drucker bzw. jede Tinte geeignet.

Zwei Beispiele für Einladungstexte

Festlicher Anlass, persönliche Ansprache

Sehr geehrter Herr Professor Altmeier,

am Freitag, dem 21. Januar 2011 soll meine Promotion mit Verwandten und Freunden gefeiert werden. Es wäre meinen Eltern und mir eine große Ehre, Sie aus diesem Anlass begrüßen zu dürfen. Es würde mich sehr freuen, dabei auch Ihre Frau kennenzulernen.

Der Abend im Restaurant Le Jardin de France, Lichtentaler Straße 13 in Baden-Baden, beginnt um 18.30 Uhr mit einem Champagner-Empfang und wird mit einem festlichen Abendessen fortgesetzt.

Sehr geehrter Herr Professor, bitte geben Sie mir unter meiner E-Mail-Adresse abcd@xyz.de bis 14. Januar Ihre hoffentlich positive Antwort. Sollten Sie oder Ihre Frau bestimmte Zutaten nicht genießen können, bitte ich bei dieser Gelegenheit um entsprechende Angaben. Ich hoffe sehr, Sie und Ihre Frau bei diesem Fest begrüßen zu dürfen.

Freundliche Grüße

Ihr Stefan Sass

Offizieller Anlass, locker im Ton

Anlässlich unserer Verlobung laden wir

....

ein, bei einem sommerlichen Büfett mit Tanz
am Samstag, dem 16. Juli 2011 ab 18.30 Uhr
auf der Terrasse von Hegers Parkhotel Flora,
Sonnhalde 22 in Schluchsee,
dabei zu sein.

Bus-Shuttle ab 17.30 Uhr ab Freiburg Hauptbahnhof,
ab Mitternacht zurück
Dresscode: Business Casual

U. A. w. g. mit beigefügter Antwortkarte bis 6. Juli 2011

Ingeborg Wald und *Jochen Herr*

Antwortbogen, -karte, -formular

Um Ihren Adressaten das Antworten zu erleichtern und um sie zu motivieren, überhaupt zu antworten, fügen Sie der Einladung zu einem offiziellen Anlass ein Antwortformular bei. Teilen Sie mit, auf welchem Weg und bis zu welchem Termin Sie sich die Antwort wünschen: »Um Antwort wird gebeten bis …« wird abgekürzt zu »U. A. w. g. bis …«. Vornehm sieht die französische Variante aus: *R. s. v. p.* für *Répondez/réponse s'il vous plaît.* Sie ist nur angebracht, wenn alle Ihre Adressaten das Kürzel kennen. Vermeiden Sie auch im eigenen Interesse die sehr verbreiteten Formulierungsfehler:

- »Rückantwort«: Richtig ist »Antwort«.
- »Ich komme gern. – Ich kann leider nicht kommen.«: Unterstellen Sie keine Gefühle, sondern bleiben Sie neutral: »Ich nehme teil/nicht teil.«
- »Wir kommen mit … Personen«: Um die Personenzahl eindeutig zu erfahren, geben Sie lieber vor: »Ich komme allein. – Ich komme mit … (bitte die Namen eintragen).«

Von Z bis A: Zusagen und Absagen

Als Gastgeber klären Sie mit Gästen, auf die Sie keinesfalls verzichten wollen, im Vorfeld ab, an welchem Termin diese teilnehmen können. Führende Persönlichkeiten aus Politik, Wirtschaft, Kunst und Gesellschaft sind oft auf Monate hinaus terminlich gebunden. Es wäre schon peinlich, wenn ausgerechnet Ihr Ehrengast verhindert wäre!

Eine Zusage zu machen ist nicht schwer, Sie brauchen nur Ihrem »Ja!« eine persönliche Bemerkung hinzuzufügen, je nach Anlass »Toll, wir kommen gern« oder »Wir fühlen uns geehrt, dabei sein zu dürfen«. Halten Sie sich immer an die angegebene Antwortfrist, damit die Veranstalter disponieren können. Ist Ihnen das z. B. aufgrund unvorhersehbarer beruflicher Verpflichtungen nicht möglich, klären Sie telefonisch, ob die Einladenden lieber jetzt eine Absage entgegennehmen wollen oder auf Ihre Ab- oder Zusage zu einem späteren Zeitpunkt warten können.

Dankbar und respektvoll Nein sagen

Können oder wollen Sie eine Einladung nicht annehmen, wählen Sie Ihre Worte mit Sorgfalt, damit man Ihnen keine Unlust unterstellt. Drei Elemente sollte eine Absage enthalten; sprachlich sind Ihrer Fantasie keine Grenzen gesetzt.

Formvollendet absagen

Element	Beispiel locker	Beispiel offiziell
Wertschätzung	Schön, dass Ihr an uns denkt.	Sehr gern nähme ich Ihre Einladung an.
Bedauern	Wir wären so gern gekommen, …	Leider mir das nicht möglich, …
Grund	… haben aber derzeit keinen Babysitter und sind ans Haus gebunden.	… da ich für Juli bereits eine Reise gebucht habe.

Wollen Sie jeden Verdacht entkräften, dass Ihre Absage mangelndes Interesse bedeutet, sprechen Sie kurz danach Ihrerseits eine Einladung aus. Und schicken Sie, wenn Sie zu einem Ehrentag eingeladen waren, ein Präsent.

Menükarte, Speisekarte, Führkarte, Tischkarte

Verschiedene Karten dienen als schriftliche Hilfsmittel zur Orientierung der Gäste im Raum und bei Tisch.

Menükarte und Speisekarte: ein großer Unterschied

Speisekarten werden Gästen vom Oberkellner ausgehändigt, damit diese sich Speisen aussuchen oder ein Menü zusammenstellen können. Menükarten hingegen bedeuten, dass die Gäste keine Freiheit bzw. Qual der Wahl haben.

Für einen sehr kleinen Kreis können Sie die Menükarten von Hand schreiben. Größere Auflagen werden eher am PC gestaltet, dann ausgedruckt und eventuell gefalzt oder verziert. Sie können ein DIN-A4-Blatt rollen und eine Kordel darumbinden oder Karten interessant falten. Die Speisen setzen Sie auf die rechte Seitenhälfte, die Getränke auf die linke, jedes Getränk neben das Gericht, zu dem Sie es erstmals einschenken. Menükarten sind für viele Gäste attraktive Souvenirs, nennen Sie deshalb Datum und Anlass an prominenter Stelle.

Beispiel für eine Menükarte	
29. Januar 2011	**Michel zum 60. Geburtstag**
Champagne Mercier Brut	Salatvariation »Land und Meer«
Château Pichon-Longueville Comtesse de Lalande 2e Grand Cru Classé Pauillac 1993	Rinderfilet Wellington Kartoffelgratin
	Käse vom Brett
	Torte aus dem Hotel Sacher

Führkarte und Tischkarte

Führkarten sind formellen Groß-Events wie z. B. Bällen vorbehalten. Sie werden den Herren bei der Ankunft ausgehändigt und besagen, welche Dame ein Herr an ihren Platz führen soll. Da das in der Regel der Platz an seiner rechten Seite ist, weiß er sofort, wen er als seine Tischdame betreuen wird.

Um den Gästestrom generell zu lenken, ist in der Nähe des Eingangs zum Festsaal ein Placement (▶ Seite 122) ausgehängt. Es enthält zum einen die alphabetisch nach Familiennamen sortierte Gästeliste – jeweils mit der Angabe des Tisches, an dem der Gast sitzen wird. Zum anderen ist ein Saalplan abgebildet, damit die Gäste unmittelbar und ohne langes Suchen an ihre Plätze gehen können.

Tischkarten weisen die Gäste an ihren Platz am Tisch. Und sie helfen ihnen beim Ansprechen der anderen Personen. Daher beschriften Sie sie bitte groß und leserlich mit dem vollen Namen – beidseitig, damit sie Sitznachbarn und gegenüber Sitzenden eine Hilfe sind. Die Anredewörter »Herr« und »Frau« lassen Sie weg. Bei einer Gala wird meist auch auf akademische Grade und oft sogar auf sämtliche Titel verzichtet.

Gesellige Reden: das kleine Einmaleins

Meiden Sie lieber das Zentrum des Geschehens? Überlassen Sie das Reden vor Publikum gern andern? Haben Sie bisher als Gastgeber wie als Gast Ansprachen im geselligen Kreis vermieden? Hatten Sie dabei jedoch ein ungutes Gefühl? Dann lenken Sie einmal den Fokus von sich weg auf Ihr potenzielles Publikum und fragen Sie sich: Was für eine Rede würde Ihren Gästen bzw. Gastgebern eine Freude machen?

Locker, leicht und gut bekömmlich

Im Unterschied zu einem Vortrag können Sie sich bei einer Rede im geselligen Kreis nicht an einem Manuskript, Rednerpult oder Laptop festhalten, und nur im Notfall nehmen Sie hier einen Stichwortzettel zur Hand. Ferner sind die Erwartungen an eine Begrüßungs- oder Tischrede im geselligen Rahmen anders als die an einen Vortrag: Sie soll leicht wirken, humorvoll und im Idealfall spontan. Das heißt weder, dass Sie sie unvorbereitet halten noch auf die leichte Schulter nehmen sollten. Sie brauchen nur ein paar Tipps zu beherzigen.

Bei den harten Fakten hilft das Protokoll

Wer spricht zu welchem Zeitpunkt? Wer spricht als Erster? Und wer darf überhaupt sprechen? Auf diese Fragen gibt das Protokoll klare Antworten. Streng genommen darf ein Gast nur das Wort ergreifen, nachdem der Gastgeber durch eine Rede der Veranstaltung, und sei es Omas Geburtstag, einen »offiziellen« Charakter verliehen hat. Im Familien- und Freundeskreis können Sie vielleicht nicht unbedingt davon ausgehen, dass diese Regel bekannt ist. Da ist Ihnen dann z. B. das Geburtstagskind keinesfalls böse, wenn Sie als Gast ohne eine solche offizielle Einleitung das Wort ergreifen. Selbst wenn sich der Gastgeber bei einem Essen unter Geschäftspartnern nur zu einem herzhaften »Zum Wohl!« hinreißen lässt, sollte ein Gast im Lauf des Essens ausführlicher als nur mit einem knappen »Danke« seiner Wertschätzung und Dankbarkeit Ausdruck verleihen.

Sind mehrere Reden vorgesehen, stehen zwei Varianten der Reihenfolge zur Wahl:

1. **die protokollarisch fallende Folge,** bei der nach der Eröffnung durch den Gastgeber der ranghöchste Redner zuerst und der rangniedrigste zuletzt spricht,

2. **die protokollarisch steigende Folge,** bei der der rangniedrigste Redner beginnt und der ranghöchste den krönenden Abschluss macht.

Die erste Variante garantiert dem ersten Redner die ungeteilte Aufmerksamkeit, die zweite Variante hat den Vorteil, dass die Spannung steigt, vorausgesetzt, der Ranghöhere spricht jeweils besser als sein Vorredner.

Jeder Redner sollte sich an die mit dem Gastgeber verabredete Redezeit sowie den ihm zugewiesenen Zeitpunkt halten. Je kürzer geredet wird, desto besser; schließlich kommen die Gäste zusammmen, um sich auszutauschen und nicht um schweigend Reden anzuhören. Daher sollte

- eine Begrüßung höchstens fünf Minuten,
- ein Grußwort maximal zehn Minuten,
- ein Festvortrag keinesfalls mehr als 45 Minuten dauern, meist ist schon nach einer halben Stunde nicht nur der Redner erschöpft.

In welcher Reihenfolge Sie die Gäste in einer Rede hierarchisch korrekt ansprechen, lesen Sie auf Seite 117. Während eine Rede gehalten wird, dürfen Servicekräfte nicht bedienen und das Publikum weder essen noch trinken noch sich unterhalten … oder gar SMS schreiben!

Natürlich reden – natürlich mit System

Halten Sie häufig Ansprachen? Dann laufen Sie (und Ihr Publikum!) eventuell Gefahr, Opfer Ihrer Routine zu werden: Ihre Zuhörer fühlen sich dann nicht persönlich angesprochen. Oder haben Sie selten Gelegenheit, eine Rede zu halten?

Dann wiederum kann es sein, dass Sie sich zu viele Sorgen machen. Dabei haben doch alle Zuhörer verdient, dass Sie Ihr Bestes geben und dabei ganz Sie selbst sind. Wie schaffen Sie das? Stellen Sie sich Ihre Zuhörer an dem Ort des Geschehens in Fleisch und Blut vor und beantworten Sie für sich Fragen zu den wesentlichen Eckdaten.

Ihre Rede – passend zum Rahmen

Kriterien	Beispiele
Anlass	Handelt es sich um ein Geschäftsessen, einen Geburtstag, ein Jubiläum?
Umfeld	Geht es edel-elegant zu oder gemütlich-rustikal?
Publikum	Sitzen drei Personen am Restauranttisch oder stehen 100 bei einem Empfang? Welchen Wissens- und Bildungsstand können Sie voraussetzen? Pflegen Sie einen vertrauten oder vielmehr einen distanzierten Umgang mit ihnen?
Ziel	Was sollen Ihre Zuhörer – nein nicht denken, und schon gar nicht von Ihnen –, sondern: Was sollen sie fühlen? Wollen Sie sie besinnlich stimmen oder sie eher zum Lachen bringen?

Auf Anfang und Ende kommt es besonders an

- Welcher Satz soll Ihren Zuhörern im Ohr bleiben? Schreiben Sie ihn auf und sprechen Sie ihn aus. Formulieren Sie ihn so lange um, bis er Ihnen ganz locker über die Lippen kommt, denn dieser Zielsatz ist wichtig: Er wird der letzte Satz Ihrer Ansprache sein.
- Sortieren Sie die Aspekte, die den Hauptteil ausmachen sollen, und bringen Sie sie in eine plausible Folge, etwa die zeitliche Abfolge oder eine Für-und-Wider-Verknüpfung. Das gilt auch, wenn Sie nur fünf Sätze sagen wollen.
- Nun brauchen Sie nur noch die Einleitung, die Ihnen Aufmerksamkeit und Wohlwollen der Zuhörer bringt. »Sehr geehrte Damen und Herren, liebe Gäste…«, – das ist der

gängige Einstieg, der Ihnen nichts als Langeweile einbringt. Wenn Sie hingegen Ihren Auftritt gut vorbereiten (▶ rechte Seite), können Sie mit einer Aussage beginnen, die Ihre Gäste aufhorchen lässt. Das kann eine Frage sein: »Habt ihr euch schon gefragt, warum…?« Oder ein Zitat oder eine Anekdote oder ein aktueller Aufhänger: »Haben Sie heute diese Schlagzeile gelesen…?« Prüfen Sie, ob die Übergänge von der Einleitung zum Hauptteil und von diesem zum Zielsatz stimmig sind. Lesen Sie den Text kritisch: Ist der Inhalt korrekt, die Sprache elegant? Korrigieren Sie alles Notwendige, bis Sie zufrieden sind.

- Das ist schon alles. Ihre Rede ist fertig. Jetzt brauchen Sie sie nur noch so lange zu üben, bis sie vor Ort spontan wirkt. Sie erkennen im Lauf der Zeit und der Ansprachen: Je öfter Sie Zeit in eine systematische Vorbereitung investieren, desto weniger brauchen Sie dafür. Nach einer Weile können Sie tatsächlich improvisieren: Weil Sie das Muster, das Ihnen am besten entspricht, so in Ihr Auftreten integriert haben, dass Sie es spontan abrufen können.

Lampenfieber bewältigen: In der Ruhe liegt die Kraft

Aufregung lässt sich nicht verdrängen. Gehen Sie deshalb ökonomisch mit Ihrer Zeit und Ihren Nerven um und arrangieren Sie sich lieber mit Ihrer Nervosität. Die Theaterregisseurin Ingeborg Waldherr rät ihren Schauspielern: »Atmen Sie vor Ihrem Auftritt langsam und mit geschlossenen Augen in verspannte Körperteile hinein und lösen Sie so die Spannung auf.« Am wichtigsten seien, so die Expertin, eine positive Einstellung zum eigenen Auftritt und die Wertschätzung der Zuhörer. Freuen Sie sich also darauf, Ihrem Publikum eine Freude zu machen. Danach lenken Sie den Blick wieder auf sich: Welches Bild sollen Ihre Zuhörer von Ihnen gewinnen? Arbeiten Sie gezielt darauf hin. Damit sind Sie beschäftigt. Vom Lampenfieber ist jetzt wahrscheinlich nur noch eine konzentrierte Spannung übrig, und die haben Ihre Zuhörer schließlich verdient.

»Seid ihr alle da?«

Ob bei einem Empfang, an einer festlichen Tafel daheim oder im Restaurant: Widmen Sie Ihren Gästen, sobald sie mit Getränken versorgt sind, freundliche Worte.

Begrüßungsansprache des Gastgebers

1. Platzieren Sie sich so, dass alle Gäste Sie möglichst gut sehen und hören können.

2. An einem großen Tisch stehen Sie auf. Verstecken Sie sich nicht hinter Ihrem Stuhl.

3. Bringen Sie sich in Form. Schließen Sie Ihr Jackett (auch als Dame). Verteilen Sie Ihr Gewicht gleichmäßig auf beide Füße, halten Sie die Knie locker.

4. Nehmen Sie Blickkontakt in alle Richtungen auf. Sind Sie aufgeregt, versuchen Sie nicht krampfhaft zu lächeln.

5. Sprechen Sie, und zwar laut, klar, deutlich und nicht zu schnell. Dann brauchen Sie nicht um Ruhe zu bitten oder gar mit einem Messer ans Glas oder mit dem Finger aufs Mikrofon zu klopfen. Falls Ihre Stimme in einem großen Raum nicht tragen sollte, bitten Sie eine Person Ihres Vertrauens, auf Ihr Zeichen hin für Ruhe zu sorgen.

6. Heißen Sie zuerst die Gesamtheit Ihrer Gäste willkommen, nennen Sie Ehrengäste erst danach.

7. Kennen Ihre Gäste einander nicht, stellen Sie sie in einer plausiblen Reihenfolge vor. Sortieren Sie sie etwa danach, seit wann Sie sie kennen, nach dem Grad der Vertrautheit mit Ihnen oder nach der Länge des Anreisewegs (wer am weitesten gereist ist, wird zuerst genannt).

8. Gehen Sie auf den Anlass der Einladung ein, am besten mit freundlichen, heiteren Anmerkungen.

9. Erläutern Sie, was Ihre Gäste erwartet; sagen Sie bei einem Aperitif im Stehen, wann Sie zu Tisch gehen werden (z. B. damit noch die letzten Telefonate erledigt werden). So muss niemand auf andere warten.

10. Heben Sie Ihr Glas und wünschen Sie Ihren Gästen eine schöne Veranstaltung.

Wenn Gäste Reden halten

- Einen Toast auf die Gastgeber mit Dank für die Einladung bringen Gäste am besten beim Aperitif aus. Für eine Rede im Lauf des Essens sollten Sie bei einem größeren Gästekreis den Gastgeber nach dem besten Zeitpunkt fragen. Bei einer kleinen Runde verabreden Sie mit den Servicekräften den Zeitpunkt. Es wäre allzu dumm, wenn mitten in Ihrer Rede die Servicebrigade mit heißen Tellern an den Tisch träte. Kommt Ihre Rede am Ende, nach dem Kaffee, ist eine Absprache nur in einem sehr förmlichen Umfeld nötig.
- Jede Tischrede soll die Wertschätzung der Gastgeber ausdrücken und die Tischgesellschaft unterhalten. Legen Sie auch bei einem Geschäftsessen den Schwerpunkt auf die (gute!) Beziehung und nicht aufs Geschäft. Vorsicht, wenn im Restaurant fremde Gäste mithören!
- Die Damenrede wurde in einer von Männern dominierten Welt genutzt, um die nur im gesellschaftlichen Ausnahmefall am öffentlichen Leben teilnehmenden Damen zu ehren. Sie lehnte sich in blumig-respektvollem Ton an den Minnesang an. In unserer heutigen Zeit der Gleichstellung der Geschlechter ist sie politisch unkorrekt. Sonst müsste man umgekehrt einführen, dass Damen bei Tisch Lobgesänge auf die Herren der Schöpfung anstimmen.
- Eine gute Dankesrede umfasst alle Aspekte der Begegnung: den Anlass, das äußere Umfeld, die Speisen und Getränke, die Atmosphäre und vor allem das Lob auf die Gastgeber.

Allzeit bereit: Ideen für Reden

Sammeln Sie Kalendersprüche, Zeitungsnotizen, Anekdoten und Zitate, die Ihnen gefallen, aus Ihrer Lebenswelt und aus den Lebenswelten Ihrer potenziellen oder realen Adressaten. Lassen Sie sich im Ernstfall von dieser Kollektion inspirieren. Und merken Sie sich, wie gute Redner reden. Kopieren Sie sie nicht, übernehmen Sie nur zu Ihnen passende Elemente in Ihre Auftritte.

Gute Unterhaltung!

Gäbe es eine Weltmeisterschaft in geselliger Kommunikation, hätten die Deutschen kaum eine Chance auf einen Platz auf dem Siegertreppchen. International attestiert man uns ein hohes Maß an Sachlichkeit, Präzision und Offenheit. Man sagt aber auch, wir wollten gern vom Geschäftskonto abheben, ohne auf das Beziehungskonto eingezahlt zu haben. Auch wenn es bei Ihren Einladungen nicht unbedingt um Geben und Nehmen geht, investieren Sie in eine gute Unterhaltung. Damit Ihr Beziehungskonto stets gut gefüllt ist.

Kontakt aufnehmen: bitte recht freundlich

Treten Sie bei einem Empfang oder einem Aperitif als Gastgeber oder als Gast an Personen heran? Ob Sie Mann sind oder Frau, macht dabei keinen Unterschied, das Vorgehen entsprechend Ihrer Rolle aber schon.

Die Pflicht des Gastgebers: alle Gäste begrüßen

Von einem Gastgeber erwartet man, dass er – auch bei einem großen Fest – alle Gäste selbst begrüßt. Befürchten Sie, die Tischgespräche Ihrer Gäste zu stören, sagen Sie, was Sie bewegt, während Sie Ihrer Pflicht nachkommen. Sprechen Sie aber nicht von einer Pflicht! Sagen Sie eher: »Ich unterbreche Sie sehr ungern. Und doch ist es mir ein Anliegen, Sie persönlich willkommen zu heißen.« Ihre Gäste werden das nicht als unhöflich empfinden, sondern als ausgesprochen wertschätzend: »Auch unseren Tisch hat der Gastgeber beehrt!«

Recht und Pflicht des Gastes: um Kontakt bitten

Als Gast unter vielen haben Sie den Gastgeber-Bonus natürlich nicht. Zwar sind die Zeiten vorbei, zu denen gesellschaftliche Kontakte generell zunächst durch Dritte angebahnt werden mussten. Verlassen Sie sich dafür also nicht auf den Gastgeber. Treten Sie dennoch auf vorsichtige Weise an andere heran.

Doch Achtung: Vorsichtig heißt nicht unterwürfig! Gehen Sie selbstbewusst und strategisch vor.

1. Sondieren Sie: Steht oder sitzt eine Person allein? Sie wird eher dankbar für Ihre Gesellschaft sein als eine Gruppe im Gespräch. Gibt es jedoch nur Gruppen, analysieren Sie: Welche lässt Ihnen genügend Raum, um sich dazuzustellen? Dann heißt es: nichts wie hin!

2. Nähern Sie sich so an, dass Ihre Zielperson(en) Sie sehen kann/können.

3. Bitten Sie diese direkt: »Darf ich mich zu Ihnen gesellen?« Oder: »Darf ich mich Ihnen ein wenig anschließen?«

4. Warten Sie ab. Bei einer Einzelperson bzw. falls die Gruppe das Gespräch Ihretwegen unterbricht, geben Sie sich zu erkennen: »Dann stelle ich mich gleich vor.« Nennen Sie Ihren Namen und einen Bezugspunkt für das Gespräch, z. B.: »Ich bin heute zum ersten Mal hier. Wir wohnen gleich gegenüber.« Stellen Sie gegebenenfalls auch Ihre Begleitung vor. Merken Sie sich die Namen, die Ihnen genannt werden. Haken Sie nach, wenn Sie sie nicht genau verstanden haben. Danach halten Sie sich zurück. Die anderen haben hier das Sagen, nicht Sie!

5. Falls Ihre Zielgruppe ihr Gespräch für Sie nicht unterbricht, verzagen Sie nicht. Bleiben Sie am Ball, bringen Sie sich zuerst einmal nonverbal durch Augenkontakt, Lachen oder Nicken, dann mit kurzen Bemerkungen wie »Ach so, nein sowas!« und später mit ganzen Sätzen ein. Wichtig: Sie sind darauf angewiesen, dass man Sie akzeptiert und integriert. Verkaufen Sie sich gut, aber mit Augenmaß!

Halb so schwer: das Tischgespräch

Es hilft, bereits im Vorfeld etwas über die Tischgesellschaft zu wissen. Fragen Sie ruhig den Gastgeber, auf wen Sie treffen werden. Über Personen des öffentlichen Lebens und Geschäftsleute finden Sie meist Informationen im Internet, so dass Sie Fettnapf-Themen weiträumig umgehen und Themenschwerpunkte gezielt ansteuern können.

Ob Sie einladen oder eingeladen sind, Sie sollten sich auf das Tischgespräch vorbereiten, um nicht vor Ort krampfhaft nach Themen zu suchen. Achten Sie an den Tagen davor beim Fernsehen und beim Lesen verstärkt auf Themen mit Unterhaltungswert: Aktuelles aus dem Ort des Geschehens, Kurzweiliges aus aller Welt, Notizen aus der Wissenschaft, Neues aus Kunst, Literatur, Film und Fernsehen. Dass Sie recherchiert haben, brauchen Sie ja nicht preiszugeben.

Als Gastgeber bringen Sie das Gespräch in Gang: mit einer Vorstellungsrunde (▸ Seite 118) oder einem Thema, das alle betrifft, etwa einem Rückblick auf die Urlaubszeit, einem Ausblick auf kommende Festtage und natürlich dem Grund der Zusammenkunft. Daraus ergeben sich dann ganz natürlich Gespräche in der Runde oder in Grüppchen.

Hier stehen die Smalltalk-Fettnäpfchen

Meinungsäußerungen zu Moralvorstellungen, Religion und Politik sind im gesellschaftlichen Rahmen zu meiden; das ist bekannt. Laut einer Umfrage des Magazins *Chrismon* werden andere Themen auf Partys jedoch noch mehr abgelehnt: das Gehalt (59 % der Befragten), Krankheiten (54 %) sowie Ehe- und Beziehungsthemen (auch 54 %). Sollte Berufliches also zum Thema werden, bleiben Sie bei den Inhalten. Sprechen Sie nicht über Geld. Und missbrauchen Sie die Tischrunde nicht zum Einholen kostenloser Ratschläge in medizinischen, juristischen oder anderen Fachfragen. Achten Sie ferner darauf, dass Sie mit Fachsimpeleien niemanden belästigen, langweilen oder ausschließen.

Treten Sie mit indiskreten Themen niemandem zu nahe. Auch wenn Sie vor Neugier fast platzen, gilt: Unverfängliche Fragen stellen ja, ausfragen nein. Lassen Sie das Gespräch seinen Lauf nehmen und unterbrechen Sie nicht.

Niemand möchte von Ihnen beäugt, belehrt oder gar kritisiert werden. Halten Sie sich also mit Kommentaren zum Äußeren, zum Verhalten oder zur Kleidung zurück. Die meisten Deutschen können sogar mit Komplimenten schlecht umgehen.

Das Gute liegt so nah: Schauen Sie sich einfach um

Smalltalk ist eine lockere und im Idealfall heitere Unterhaltung. Machen Sie es sich also nicht schwer damit. Suchen Sie nicht angestrengt nach geistreichen Themen, sondern sprechen Sie entspannt über das, was Sie gerade miteinander tun und erleben: Sie trinken Weißburgunder vom Kaiserstuhl, essen schottischen Wildlachs, sitzen an einer hübsch gedeckten Tafel, hören im Hintergrund Mozart, sehen vor dem Fenster eine Amsel im Apfelbaum, treffen alte Bekannte, lernen Unbekannte kennen …

Danach ziehen Sie die Kreise weiter: Woher und wie sind Sie an diesen Tisch gekommen? In welcher Beziehung stehen Sie zu den Gastgebern und anderen Gästen? Was haben Sie heute schon getan und für morgen vor? Oder Sie gehen direkt von der Situation aus: Welchen Weißwein trinken Sie sonst? Wer war schon am Kaiserstuhl, was hat er dort, außer Wein zu trinken, unternommen? Welche Vögel zwitschern in Ihrem Garten oder in dem Ihrer Tante?

Smalltalk heißt: sich treiben lassen

Smalltalk ist wie Surfen. Lassen Sie sich vom Wind treiben und reiten Sie standhaft auf den Wellen. Wenn Sie Glück haben, können Sie im Lauf des Gesprächs ein wenig unterhalb der Oberfläche eines Themas schnorcheln. Und nur und erst wenn alle Gesprächsteilnehmer bereit sind, zu einem Thema persönlich zu werden, geht's ans Tauchen. Dann haben Sie aber den Smalltalk schon verlassen und sind bei einem tiefschürfenden Gespräch.

Was ein Gespräch am Laufen hält

Sollte das Gespräch wider Erwarten stocken, holen Sie die aktuellen und personenbezogenen Themen aus Ihrem Fundus, die Sie sicherheitshalber für den Anlass vorbereitet haben (▸ Seite 164/165). Lassen Sie sie möglichst beiläufig einfließen. Als Alternativen haben sich Alltagsthemen bewährt, wie

Sie zur Arbeit kommen, wo Sie einkaufen oder wann Ihre Kinder Tennis spielen sowie alles, was mit Genuss einhergeht:

- **Kulinaria:** Kochen, Restaurants, Wein,
- **Wellness-Aktivitäten:** erlebte oder empfohlene,
- **Reisen:** erlebte und vor allem geplante,
- **Freizeitaktivitäten:** kulturelle Ereignisse, Hobbys, Sammelleidenschaften, Sport.

Geraten Sie aber nicht zu sehr ins Schwärmen, lassen Sie Ihren Tischnachbarn Raum, mit ihren Erlebnissen, Freuden, Plänen und vor allem ihren Tipps zu glänzen.

Der Gastgeber als Moderator

Auch wenn Sie erwarten dürfen, dass Ihre Gäste sich aktiv ins Tischgespräch einbringen, sollten Sie als Gastgeber ein Auge darauf haben, dass alle eingebunden sind, und sei es wenigstens in Zweiergespräche. Haben Sie Menschen zu Gast, die einander nicht vertraut sind, bitten Sie während des Aperitifs im Stehen oder zu Beginn eines Essens um eine Vorstellungsrunde. Sie können sie humorvoll anmoderieren: »Am besten sagt ihr selbst etwas über euch, sonst übernehme ich das, und wer weiß, was dabei alles herauskommt…« So nehmen Sie sogar zurückhaltenden Gästen die Scheu, vor der gesamten Runde zu sprechen.

Eine strategisch kluge Sitzordnung (▶ ab Seite 120) erleichtert Ihnen die Regieführung. Notfalls nehmen Sie zwischendurch die Zügel in die Hand, stoßen Themen an und halten sich dann zurück. Wenn Sie Ihre Beiträge kurz halten, aber mit Kopfnicken und Lächeln präsent bleiben, spornen Sie die Gäste an, sich zu beteiligen. Rückt sich einer der Gäste zu sehr in den Vordergrund? Animieren Sie einen anderen mit einer gezielten Frage zu einem Thema, zu dem er etwas zu sagen hat, sich einzubringen.

Mitunter treten Gesprächspausen ein. Halten Sie diese ruhig eine Weile aus: Einer der Gäste wird das Schweigen schon brechen. Und bestimmt ist keiner Ihrer Gäste gekommen, um sich zu langweilen oder Ihnen auf die Nerven zu gehen.

Gästetypen im Gespräch

Die Kommunikationsstrategien der Gäste in einer Tafelrunde können sich stark unterscheiden. Damit das Gespräch
bei Tisch zu einer runden Sache wird, sollten alle Gäste
eingebunden werden. Die beste Methode dafür: Bringen
Sie erstens sich selbst gemäß Ihren Stärken ein und lassen
Sie zweitens jeden seine Stärken nutzen, einerlei ob Sie
Gastgeber oder eingeladen sind.

Kleine Gästekunde

Der gesellige Gast ist von der Natur mit einem »Plauder-
Gen« ausgestattet. Mit ihm können Sie rechnen: Er erzählt
Anekdoten und bringt die Tischgesellschaft zum Lachen.
Damit auch andere zu Wort kommen, nehmen Sie ihm ab
und zu freundlich das Heft aus der Hand: »Frau Froh, das
ist ja köstlich. Nun wollen wir unbedingt auch noch wissen,
wie Sie, Herr Binder, die Revue erlebt haben.«

Der bedächtige Gast ist am Austausch interessiert, hört
gut zu und unterhält sich gern mit Tiefgang. Er lässt Sie
nicht im Stich, wenn Sie ihn aufgrund seines Wissens um
seine Einschätzung bitten, um eine Gesprächspause zu
überbrücken: »Was sagen Sie als begeisterter Schachspieler
dazu?« Er wartet geradezu auf solche Einsätze. Erwarten
Sie von ihm aber kein Feuerwerk der guten Laune.

Der dynamische Gast macht aus seiner Meinung kein Hehl,
stellt konkrete Fragen, scheut weder Diskussion noch Provokation. Langeweile ist bei ihm nicht zu befürchten. Stellen
Sie seine Regie-Qualitäten nicht in Frage. Wollen Sie ihn im
Zaum halten, fragen Sie ihn: »Ist es für Sie okay, wenn wir
mal Frau Kissel um ihre Erfahrungen/Einschätzung bitten?«

Der stille Gast beobachtet lieber, als er spricht, und trägt
wenig bei. Zerren Sie ihn nicht ins Rampenlicht, nötigen Sie
ihn nicht zu Stellungnahmen. Ideal ist für ihn ein Tischnachbar, der ihn zwischendurch in kurze Zweiergespräche ver-
wickelt. Gefühlsausbrüche schrecken ihn ab. Sein Vorteil für
die Tischrunde: Er stiehlt garantiert niemandem die Schau.

Schwierige Fälle gelassen meistern

Schwierige Menschen gibt es nicht, schwierige Situationen beim Tischgespräch leider doch. Lassen Sie sich von ihnen nicht die Laune verderben. Handeln Sie!

■ Manche Gäste wollen lieber zuhören als mitreden, andere versuchen vergebens, in einer lebhaften Runde zu Wort zu kommen. Finden Sie heraus, mit welcher Art Schweiger Sie es bei einem Anwesenden zu tun haben. Schauen Sie ihn an, nicken und lächeln Sie ihm zu. Erläutern Sie den Grund für Ihre Ansprache: »Ich habe gehört, dass Sie …« Stellen Sie dann eine sanfte, doch direkte Frage: »Habe ich richtig verstanden, dass Sie auch …?« Hat die Person auf ein Stichwort gewartet, ist es jetzt mit dem Schweigen vorbei. Fällt sie jedoch nach einem knappen Ja oder Nein in ihre Zuhörerrolle zurück, denken Sie an das Sprichwort, dass des Menschen Wille sein Himmelreich ist.

■ Gäste, die mit Meinungsäußerungen polarisieren, beleben den regen Austausch. Nörgelei, Rechthaberei und Belehrungen sind dem guten Klima aber abträglich. Wechseln Sie das Thema, wenn eine Debatte zu eskalieren droht: »Sagten Sie, Frau Spitz, vorhin nicht …?« Oder: »Was ich Herrn Weber immer schon fragen wollte …« Wer Ihre Absicht erkennt, wird schmunzeln und Ihnen dankbar sein.

■ Manchmal werden Dinge thematisiert, bei denen Sie selbst nicht mitreden können. Dafür lernen Sie etwas über den jeweiligen Lebensbereich. Falls Sie Wissenslücken als Blöße empfinden, schweigen Sie. Trainieren Sie währenddessen Ihre Beobachtungsgabe: Wie stellen sich die Gesprächspartner aufeinander ein? Wer setzt sich durch, wer gibt klein bei? Welche Wörter wirken wie?

■ Bemerkungen unter der Gürtellinie sollten Sie weder als Opfer noch als Zeuge dulden. Beugen Sie einer Eskalation vor und handeln Sie schnell. Sie können ganz offen sein: »Mir wäre es recht, wenn wir jetzt das Thema wechseln könnten.« Oder Sie drehen den Spieß um: »Welche Reaktion auf Ihren Witz hatten Sie eigentlich von mir erwartet?«

❓ Fragen & Antworten

Gäste tauschen: Darf ich, wenn ich mit meinem Mann eingeladen bin, stattdessen meinen Sohn mitbringen?
Eine private Einladung ist nicht übertragbar, ein Gästetausch wäre unangebracht. Bei einer Veranstaltung z. B. Ihrer Bank oder eines Autohauses hingegen sind Sie als (mögliche) Kundin oder Geschäftspartnerin das Ziel und mit Begleitperson eingeladen. Schreiben Sie in Ihrer Zusage, dass Sie mit Ihrem Sohn kommen. Generell gilt eine private Einladung nur für die ausdrücklich darin erwähnten Personen. Bei unklarer Formulierung halten Sie Rücksprache: »Gilt die Einladung für Martin und mich oder auch für die Kinder?«

Per E-Mail: Absage, Zusage, Dank: Was geht per E-Mail?
Traditionell soll die Reaktion des Eingeladenen in der Form exakt der Einladung entsprechen. Allerdings stammt diese Regel aus einer Zeit, als es E-Mail und SMS nicht gab. Heute gilt: Schicken Sie Ihre Zu- bzw. Absage in der laut Einladung gewünschten Form. Meist ist die Faxnummer oder die E-Mail-Adresse angegeben. Ist eine Einladung per E-Mail gekommen, können Sie per E-Mail nicht nur ab- oder zusagen, sondern später auch danken. Bei förmlicheren Einladungen und Anlässen halten Sie sich immer an die traditionelle Spielregel: Wie eingeladen, so gedankt. Bei Freunden kann zusätzlich ein Anruf passen. Übrigens: Wenn Sie zu einem Geburtstag eingeladen waren, denken Sie im Folgejahr daran, zu gratulieren.

Reaktion erforschen: Darf ich, wenn eingeladene Gäste weder zu- noch absagen, selbst anrufen und nachhaken?
Vielleicht haben diese Personen weder Lust, zu Ihnen zu kommen, noch genügend Anstand, um Ihnen das in einer angemessenen Form mitzuteilen. Sie werden sie mit Ihrem Anruf nicht erziehen, haben aber wenigstens Planungssicherheit. Doch warum negative Motive unterstellen? Vielleicht ist die Einladung oder die Zu- bzw. Absage verloren gegangen; viel-

leicht sind die Gäste noch unentschlossen. Und: Nicht auszudenken, wenn Sie nach dem Prinzip »keine Antwort = negative Antwort« die Gäste von Ihrer Liste streichen und diese bei Ihrer Feier überzählig auftauchen würden.

Das Vorgehen bei dem Anruf können Sie von Event-Spezialisten lernen. Zuerst erzeugen diese eine positive Stimmung: »Haben Sie unsere Einladung zur Vernissage nächste Woche erhalten? Bisher haben wir von Ihnen noch keine Rückmeldung. Wir würden Sie aber sehr gern begrüßen.« Erhalten sie eine Absage, verabschieden sie sich mit positivem Ausblick: »Bis zum nächsten Mal.« Kommt keine unmittelbare Absage, arbeiten sie auf eine verbindliche Zusage hin: »Dürfen wir mit Ihnen rechnen? Dann wäre es am praktischsten, wenn Sie uns heute noch den Anmeldebogen schicken könnten. Danke.«

Sicherheits-Checks sind auch empfehlenswert, wenn Ihre Gäste schon vor langer Zeit zugesagt haben: »Ich möchte nur sicherstellen, dass alles in Ordnung geht.« Nach alter Sitte wird in solchen Fällen formvollendet die Einladungskarte ein zweites Mal verschickt, nun mit dem handschriftlichen Vermerk »p. m.« (*pour mémoire,* zur Erinnerung). Doch Gäste, die diesen Code verstehen, wissen, wie Einladungen zu beantworten und zu befolgen sind.

**Angabe »von–bis«: Wie lange muss ich bleiben,
wenn eine Einladung einen Vermerk »von–bis« hat?**
Es darf erwartet werden, dass Sie in dem vorgegebenen Zeitrahmen circa eine Stunde bleiben. Die meisten Besucher treffen Sie in der Kernzeit an, in der z. B. bei Vernissagen die Reden gehalten werden.

**Nicht eingeladener Gast angemeldet: Ich habe zu einem
Herrenabend eingeladen, und ein Gast meldet seine Frau
mit an. Was kann ich tun?**
Sie haben möglicherweise Sorge, dass Sie den Herrn und/oder die Dame düpieren, wenn Sie das ansprechen. Die Anwesenheit dieser Dame würde aber den Charakter des Abends stark

beeinflussen: Die Herren würden sich anders verhalten, als wenn sie wie geplant unter sich wären. Die anderen Damen, die nicht kommen (dürfen), wären im Nachhinein nicht gerade begeistert. Und die einzige Dame im Kreis wäre es vielleicht schon während des Abends nicht. Sie müssen dem Herrn klar machen: Herrenabend heißt Herrenabend. Notfalls nehmen Sie die Schuld auf sich und erklären, Sie hätten Ihren Einladungstext offenbar unklar formuliert.

Zu Wort kommen: Ich bin etwas schüchtern. Wie komme ich bei einem Tischgespräch trotzdem zu Wort?
Es ist wohl ein schwacher Trost, dass sich die übrigen Gäste über jede Minute Redezeit freuen, die Sie ihnen überlassen.
1. Üben Sie generell, einfache Sachverhalte in kurzen Sätzen auszudrücken. Dann stehen Sie, wenn Sie zu Wort kommen, nicht lange im Rampenlicht.
2. Bieten Sie keine Angriffsflächen: Verzichten Sie auf allgemeine Werturteile. Bringen Sie sich als Person mit Ihren Erlebnissen oder Plänen ein: »Gefühl sticht Sache« ist ein wichtiges Kommunikationsprinzip.
3. Bringen Sie sich frühzeitig ein, auch nonverbal. Bestätigen Sie Meinungen anderer, untermauern Sie sie mit Beispielen, stellen Sie Fragen: Dabeisein ist alles.
4. Bleiben Sie am Ball. Halten Sie Augenkontakt.
5. Behalten Sie das Heft in der Hand. Wenn man versucht, Sie zu unterbrechen, bleiben Sie freundlich, aber sprechen Sie weiter. Jedoch nicht die Stimme heben!

Gäste streiten: Wie verhalte ich mich, wenn sich andere Gäste bei einem Essen in die Haare geraten?
Warten Sie kurz ab, ob sich der Sturm nicht noch legt oder ob jemand eingreift, der mehr Einfluss in der Runde hat oder die Streithähne besser kennt als Sie. Springt kein Retter ein, greift ein Mehrstufen-Plan.
Stufe 1: Der indirekte Wechsel. Sie schneiden ein neues Thema an und stellen einem der Kontrahenten eine Frage dazu.

Geht er nicht darauf ein, haben Sie vielleicht die Möglichkeit, die Streithähne zu trennen. Setzen Sie sich, z. B. während sich einer der beiden am Büfett bedient, auf seinen Platz und bieten ihm bei seiner Rückkehr Ihren vorherigen Platz an.

Stufe 2: Entwaffnende Offenheit. Sie fühlen sich nicht wohl? Dann sagen Sie das. Sie möchten wie geplant einen netten Abend verbringen? Dann sagen Sie das. Sie wissen nicht, was Sie jetzt tun sollen? Dann sagen Sie eben das. Fragen Sie die Streithähne, wie der Abend weitergehen soll: »Wollt ihr weiter streiten? Bitte sehr, aber bitte nicht hier.« Verzichten Sie auf Vorwürfe. Vielleicht ist die Situation ja noch nicht ganz verfahren, und die beiden sind (wenigstens jetzt) bereit, Disziplin zu üben. Ob sie bei einer späteren Gelegenheit über den ursprünglichen Anlass streiten oder darüber, dass sie sich in Anwesenheit einer Tischgemeinschaft gestritten haben, darf Ihnen gleichgültig sein.

Ende eines Flirts: Ein Flirt an der Bar, bei näherer Betrachtung erweist »er« sich als Enttäuschung. Wie werde ich ihn elegant los?

Schieben Sie die Schuld für Ihre Enttäuschung nicht auf den Herrn. Er kann nichts dafür, dass Sie sich geirrt haben. Seien Sie fair zu ihm, freundlich und konsequent. Ausreden à la »Meine Freundin wartet auf einen Anruf« sind billig, weil leicht durchschaubar. Noch platter: »Ich muss mal wohin.« Nähren Sie nicht das Vorurteil, dass Frauen sich ständig »die Hände waschen« müssen. Eine gestandene Frau steht zu ihren Entscheidungen und hat Ausflüchte nicht nötig. Bleiben Sie höflich und sachlich: »Es war nett, mit dir/Ihnen zu plaudern. Ich gehe jetzt mal weiter. Schönen Abend noch.« Wenn sich der Herr jedoch anfangs manierlich gezeigt hat und nun plötzlich Dinge sagt, die Ihnen seltsam oder gar abstoßend vorkommen, fragen Sie ihn, was er Ihnen damit sagen will. Und: Hinter einem solchen Strategiewechsel könnte auch stecken, dass er Sie loswerden will und sich nicht traut, Ihnen das konsequent mitzuteilen.

Andere Länder, andere Tische

Sitzen Menschen aus unterschiedlichen Kulturen gemeinsam an einem Tisch, wird offensichtlich, dass das konkrete Verhalten einer Person mit den Grundsätzen ihrer Kultur eng verbunden ist. Speisen, Essgewohnheiten und Rituale sind äußere Zeichen der geistigen Tiefenstruktur einer Gruppe von Menschen und damit immer wesentliche Bestandteile ihrer Identität. Über Sitten und Gebräuche in aller Welt, die sich aus diesen Gründen von denen unseres Kulturkreises unterscheiden, lesen Sie hier.

Globale Standards, interkulturelle Unterschiede

»Wir sehen die Dinge nicht, wie sie sind. Wir sehen sie, wie wir sind.« Die französische Schriftstellerin Anaïs Nin (1903–1977) bringt es auf den Punkt: Jeder kann Verhaltensweisen, die von den seinigen abweichen, nur durch seine eigene Brille sehen, also nie neutral. Das gilt für Nationen und Kulturen ebenso wie für einzelne Personen.

Subjektiv – objektiv: Beobachtungen und Spielregeln

Jeder macht im Ausland seine individuellen Erfahrungen, so natürlich auch bei Tisch. Objektivität bei der Einschätzung eines Landes ist eine Illusion, eine Wertung verbietet sich ohnehin. Doch kristallisieren sich bei der Betrachtung der Tischsitten in einem fremden Land gewisse Grundzüge heraus. Genau um diese, nicht etwa um in Stein gemeißelte allgemeinverbindliche Wahrheiten geht es hier. Es kann durchaus sein, dass Sie im Einzelfall andere Manieren erleben, weil die Menschen, mit denen Sie zusammen sind, aus anderen Milieus als dem hier beschriebenen bürgerlichen kommen oder andere Prägungen mitbringen, z. B. als Einwanderer aus wiederum einem anderen Kulturkreis.

Es gibt allerdings auch Prinzipien im Verhalten bei Tisch, die auf der ganzen Welt und in allen denkbaren Zusammenhängen gelten: Niemand möchte mit angebotenen Speisen gegen seine Überzeugungen verstoßen müssen. Keiner möchte für seine Manieren kritisiert oder gar verurteilt werden, jedem gebührt Respekt, und jeder möchte sogar bei Fehlverhalten sein Gesicht wahren können.

Durch die deutsche Brille betrachtet

Deutsche gelten in der Welt als sachorientiert, strukturiert, direkt und unabhängig im Denken. Versuchen Sie, diesen Vorurteilen auf positive Weise gerecht zu werden. Und machen Sie sich auf typisch deutsche Weise, also präzise, ein

Bild von einer Gastkultur. Bringen Sie sich als Person ein; man wird es Ihnen danken. Unterscheiden Sie aber, wenn Sie sich akzeptiert fühlen, zwischen respektvoller Freundlichkeit und Kumpelhaftigkeit. Wenn Sie die Sitten Ihres Gastlands kennen und beherrschen und bereit sind, sich von Vor-Urteilen zu lösen und an sich zu arbeiten, wird Ihnen zu Recht interkulturelle Kompetenz zuerkannt werden, und man wird Ihnen Respekt zollen.

Weltgewandte Reisende lassen sich von ihren Gesprächspartnern die wichtigsten Wörter in der jeweiligen Landes- und Regionalsprache aufschreiben und vorsprechen. Schon mit ein paar wenigen »Brocken« zeigt man Respekt und öffnet Herzen.

Meist im Vorteil: Geschäftsfrauen im Ausland

Deutsche Geschäftsfrauen erleben im Ausland oft positive Überraschungen. Da sie in erster Linie als Ausländerinnen angesehen werden, also ohnehin als »anders«, wird oft zwischen männlichen und weiblichen Geschäftspartnern kaum differenziert. Man geht von dieser Annahme aus: Wenn Sie von Ihrem Unternehmen ins Ausland entsandt sind, müssen Sie besonders fähig sein. Entsprechend wird Ihnen, die Sie ohnehin einen Gast-Bonus haben, ein hoher Status zugebilligt. Riskieren Sie diesen sozialen Vorsprung der ausländischen Führungskraft, der ein echter Erfolgsfaktor ist, nicht durch unsicheres Auftreten oder unprofessionelle Kleidung. Nutzen Sie die als wei(bli)ch bezeichneten Qualitäten wie Intuition, Zurückhaltung und Interesse am Gegenüber.

Im alltäglichen Geschäftsleben brauchen Sie also einfach nur Souveränität auszustrahlen. Schwerer haben es Single-Frauen nicht nur als Touristinnen, sondern vor allem bei geselligen Anlässen mit Geschäftspartnern. Da in vielen nicht-westlichen Ländern das soziale Leben im Familienverbund stattfindet, gibt es keinen Verhaltenskodex für den Umgang mit Singles und daher kaum Kontakte in der Freizeit. Knüpfen Sie rechtzeitig Ihr soziales Netz und laden Sie, wenn möglich, gemeinsam mit Ihren Kollegen Gäste ein.

Europa: Variationen einer gemeinsamen Kultur

Wie stark und einheitlich unsere Sitten in Europa vom Christentum geprägt sind, ist uns im Alltag selten bewusst. So groß uns die Unterschiede erscheinen mögen, im Vergleich zu von anderen Religionen und Wertvorstellungen geprägten Regionen sind sie nur Nuancen. Um den großen Unterschieden zu anderen Kulturkreisen genug Raum zu geben, beschränkt sich dieses Kapitel zum europäischen Ausland auf die Länder, die unsere wichtigsten Handelspartner sind, sowie auf jene Sitten, die von denen in Deutschland abweichen. Sie finden hier die wesentlichen Verhaltensregeln, deren Kenntnis einem Reisenden im Umgang Sicherheit gibt und deren Beachtung ihm Respekt einbringt.

Balkanländer? Südosteuropa!

Der Sammelbegriff *Balkanländer* umfasst etliche Territorien, die jahrhundertelang im Spannungsfeld zwischen Österreich, Russland und der Türkei lagen. Die dadurch bedingten ständigen Gebietsveränderungen und Umsiedlungen bzw. Vertreibungen brachten der Vielvölkerregion den Beinamen »Pulverfass Europas« ein. Kein Wunder, dass sich in vielen dieser Länder heute der wertneutrale Begriff *Südosteuropa* einbürgert. Meist sind damit Albanien, Bosnien und Herzegowina, Bulgarien, Kosovo, Kroatien, Mazedonien, Montenegro und Serbien gemeint.

Trinken und essen

Kaffee gehört zum Tagesablauf im Balkan wie der Sand zur Wüste. Wer dafür in seinem Alltag keine Zeit findet, verpasst geradezu das Leben selbst. Zum Aperitif wird oft selbst gebrannter Schnaps serviert. Ihn abzulehnen hieße den Menschen abzulehnen, der ihn anbietet. Notfalls nippen und viel Wasser dazu trinken!

Die Speisen könnten je nach Volksgruppe unterschiedlicher nicht sein. Allein in Bosnien essen z. B. die Serben mit Vorliebe Spanferkel, die Muslime natürlich nicht, und die Kroaten eher mediterrane Kost. Fleisch dominiert generell, Vegetarier haben schlechte Karten.

Großzügigkeit ist eine Tugend: Zwischen den einzelnen Gängen den Tisch abzuräumen, würde man als genauso unhöflich empfinden wie den Vorschlag, die Restaurant-Rechnung zu teilen. Als Frau sollten Sie gar nicht erst den Versuch machen, die Rechnung zu übernehmen. Diesen Vorstoß zu akzeptieren wäre eine schwere Schlappe für einen Mann. Handyklingeln und Rauchen während des Essens wiederum, bei uns verpönt, gelten nicht als unhöflich, sondern als normal.

Hauptmerkmale: herzlich und gastfreundlich

Die Umgangsformen sind herzlich, und die Unterhaltung bei Tisch kann auch einmal laut werden. Ein Südosteuropäer wird alles daransetzen, etwaige Sprachbarrieren zu überbrücken: zuerst durch Lautstärke, dann durch körperliche Nähe. Wenn Ihnen dabei jemand näherrückt, ist das also keineswegs eine Drohung oder ein Übergriff, sondern als Versuch der Verständigung gemeint. Achtung: Bulgaren schütteln den Kopf, wenn sie »ja« meinen!

Gastfreundschaft ist auch und gerade bei weniger betuchten Menschen eine Ehrenpflicht. Beantworten Sie die Großzügigkeit mit Mitbringseln wie z. B. Wein, Hochprozentigem, Blumen und Obst. Wichtig: Überreichen Sie Ihren Gästen zum Abschied ein Geschenk!

Ihre Wertschätzung sollte sich in gepflegter Kleidung zeigen, in der Bereitschaft, von allem zu kosten, sowie in einer wertschätzenden Konversation. Halten Sie sich aus jeglicher politischer Diskussion heraus, ein weiteres Tabu ist das Thema Homosexualität.

Damen sollten auf ausgeprägte Galanterie seitens der Herren gefasst sein. Damenhafte Kleidung ist vorzuziehen: Wählen Sie lieber ein Kleid als einen Hosenanzug!

Benelux: ein Begriff, drei Staaten, zwei Kulturen

Der Begriff *Beneluxstaaten* basiert auf der Zollunion von Belgien, den Niederlanden und Luxemburg, die es schon lange vor der Gründung der Europäischen Union gab. Er wird wegen der engen politischen Zusammenarbeit zwischen den drei Staaten weiterhin verwendet.

Gutes Essen ist in Belgien und Luxemburg nicht nur ein großes Thema, sondern eine kulturelle Errungenschaft. Die Gastronomie ähnelt der französischen *cuisine.* Ein Abendessen vor 19.30 Uhr ist selten. In den Niederlanden hingegen gibt es morgens ein reichhaltiges Frühstück und mittags einen Snack. Beim frühen Abendessen, oft schon um 17 Uhr, werden sowohl landestypische Gerichte als auch Speisen nach Art der ehemaligen Kolonien gereicht. Deren Sitten sind allerdings nicht in die Kultur der Niederländer eingegangen. Zum Essen können Sie sich in den Niederlanden etwas legerer als in Deutschland kleiden, in Belgien und Luxemburg ist mehr Eleganz gefragt.

Vermeiden Sie es bitte in Belgien, Flamen auf Französisch und Wallonen auf Niederländisch anzusprechen; umgekehrt ist es richtig. Notfalls weichen Sie auf Englisch aus. Und bezeichnen Sie Belgien nicht als kleines Land!

Holland ist nur eine Provinz der Niederlande. Obwohl viele Niederländer das Wort für das ganze Land benutzen, tun Sie das bitte nicht. Deutsch und Niederländisch sind oft ähnlich, doch nicht immer gleich. Unterhalten Sie sich lieber über die Unterschiede der Sprachen als über solche der Mentalitäten. Königin Beatrix ist äußerst beliebt, und obwohl die Niederländer Humor mögen: Sollten Sie Hape Kerkelings Imitation der Dame toll finden, sagen Sie das einem Niederländer nicht!

Frankreich: *Vive la France et bon appétit!*

Das Klischee, dass Franzosen gern gut und in Gemeinschaft essen, gilt in unserer von der *mondialisation,* der Globalisierung, geprägten Zeit immer noch. Rechnen Sie bei einer ersten Einladung eher mit einem Besuch im Restaurant als im Haus des Gastgebers. Immer gibt es mindestens drei, meist noch mehr Gänge, und meist essen alle das gleiche Menü. Eine Delikatesse wie Austern oder *foie gras* (Stopfleber) abzulehnen stößt auf Unverständnis. Und zu einem guten Essen gehört ein ordentliches Stück Fisch oder Fleisch. Daher können Vegetarier (▶ Seite 137) nicht gerade mit Beifall rechnen. Von der Käseplatte oder dem Käsewagen bedienen Sie sich ruhig mit mehreren Stücken, doch nicht mehrmals, sonst meint man, Sie wären nicht satt geworden. Nach dem Essen wird Kaffee oder eine *infusion* (Kräutertee) angeboten. Wer berufsmäßig oft reichhaltig essen muss, weiß die Wohltat einer *verveine* (Eisenkrauttee) sehr zu schätzen.

Die Kleidung zum Essen ist meist elegant, doch oft auch sportlich-gepflegt. Achtung: Der Kleidervermerk *tenue de soirée* bedeutet nicht irgendeine Abendkleidung, sondern Smoking und Cocktail- oder Abendkleid.

Da das Essen sowohl Genussfaktor als auch Statussymbol ist, werden sowohl Speisen als auch Weine in großzügiger Qualität und Menge angeboten. Zeigen Sie sich als Gast generös mit Ihren Präsenten: Als Gast bei einer Einladung opulente Blumenarrangements, Pralinen und Champagner zu überreichen ist selbstverständlich.

Griechenland: Gastfreundschaft großgeschrieben

Aufgrund seiner enormen zivilisatorischen Leistungen in der Philosophie, Kunst, Literatur, Geschichtsschreibung und den Naturwissenschaften wird das antike Griechenland, dessen Kultur weit über das heutige Staatsgebiet nach Kleinasien reichte, traditionell als Wiege Europas bezeichnet. Wenn die heutige Kulturregion Europa daneben auch viele andere Wurzeln hat, sind doch die Bedeutung des Landes für die Wissenschaft und ihr kultureller Reichtum ideale Gesprächsthemen. Haben Sie Griechenland schon als Tourist bereist, können Sie von seinen malerischen Inseln und weltberühmten Sehenswürdigkeiten schwärmen. Auf dem Sportsektor sind Fuß- und Basketball gute Themen. Auch über Politik spricht und diskutiert man begeistert, über die ernste Finanzkrise wohl weniger. Englisch wird fast überall verstanden.

Die griechische Gastfreundschaft ist stets überwältigend. Eine Speisekarte ist im Restaurant oft überflüssig. Nicht nur auf dem Land ist es üblich, in der Küche zu wählen, worauf man Lust hat. Oder aber Ihr Gastgeber bestellt mehrere Speisen, die zugleich serviert und im Lauf eines längeren Zusammenseins lauwarm gegessen werden. Sie sollen von allem probieren! Die Abendessenszeit beginnt um 21 Uhr. Förmliche Kleidung wird erwartet. Bringen Sie Süßes, Blumen oder einen feinen Wein mit.

Entspanntes Wohlbefinden hat Vorrang

Sie sollen sich wohlfühlen, sogar in einem förmlichen Umfeld. Daher ist es in gehobener Gesellschaft Tradition, dass die Gastgeberin zu Beginn des Essens etwas Wasser aus ihrem Glas aufs Tischtuch schwappen lässt. »Perfektion ist keine Tugend!«, will sie damit sagen, »entspannen Sie sich; das Tischtuch ist mir nicht so wichtig wie Sie!«

Also nein, oder ja, oder was?

Vorsicht: In Griechenland bedeutet ein Kopfschütteln ein Ja! Noch dazu klingt das Wort »Ja« in etwa wie »näh«. Mit einem Nicken wird hingegen ein Nein signalisiert.

Großbritannien und Irland: die Britischen Inseln

Wie die Sprechweise sind in Großbritannien auch die Tischmanieren ein wichtiges Distinktionsmerkmal: »Zeig mir, wie du isst, und ich weiß, aus welcher sozialen Schicht du kommst.« In förmlichen Kreisen wird Wert darauf gelegt, dass Sie …

- sich im Restaurant an Ihren Platz führen lassen,
- die Gabel nicht wie eine Schaufel benutzen, sondern mit den Zinken nach unten zum Mund führen, wobei die Speise auf dem Gabelrücken balanciert wird,
- einen Löffel seitlich an den Mund führen und nie ablecken,

- sich niemals die Finger ablecken,
- Crackers separat essen und nicht in die Suppe bröckeln,
- Essen niemals anpusten,
- sich niemals bei Tisch die Nase putzen,
- als Herr aufstehen, wenn eine Dame sich erhebt.

Allerdings dürfen Sie Ihr Weinglas erheben, ohne auf ein »Zum Wohl!« des Gastgebers zu warten.

Ein Geschäfts-Lunch ist – Zeit ist Geld – in 90 Minuten vorbei. Ein Dinner kann lang werden und ein hochoffizieller Anlass sein, Einladungen dazu erfolgen langfristig. Packen Sie für Ihre Geschäftsreise eventuell Smoking und Cocktailkleid ein. Ihre Präsente (Pralinen, Wein) sollten großzügig sein. Blumen werden erst anderntags geschickt. Und bedanken Sie sich immer am Tag danach: Das traditionelle Dankschreiben ist nicht aus der Mode gekommen.

Im Gespräch lassen Sie sich von Ihren Partnern lenken. Der trockene britische Humor ist bekannt. Je nach Glück und Konstellation können Sie mit Briten über alles reden oder über nichts. Als Gast unterlassen Sie Kommentare über das Königshaus und die Regierung.

Mehr als eine Kneipe: der Pub

Im Pub geht es wenig förmlich zu. Holen Sie sich Ihre Getränke am Tresen, jedoch nie für sich allein. Schließen Sie sich dem Ritual an, dass jeder aus der Gruppe eine Runde ausgibt. Tischservice gibt es außer in den neuen *Gastro Pubs* meist nur für das Essen, aber ebenfalls nach Bestellung am Tresen.

Die Iren haben ihren Ruf, trinkfest zu sein, nicht von ungefähr. Oft gehen Vorgesetzte und Kollegen nach der Arbeit in den Pub und lassen es nicht mit einem einzigen Guinness bewenden. Zahlen auch Sie Ihre Runde und verhalten Sie sich frei nach dem Motto *A stranger is just a friend I haven't met before:* Ein Fremder ist ein Freund, den ich nur noch nicht kennengelernt habe. Wollen Sie die »Freundschaft« nicht riskieren, lassen Sie im Gespräch die EU, Nordirland und die Finanzkrise aus dem Spiel. Und nehmen Sie die Einladung, mal vorbeizukommen, nicht wörtlich. Sie bedeutet meist nur: »Bis zum nächsten Mal, irgendwo, irgendwann.«

Italien: ein souveräner Eindruck auch bei Tisch

Finden Sie es übertrieben, dass Sie Ihre Pasta ohne Löffel essen sollen? Und haben Sie nun in einem Landgasthaus Italiener gesehen, die ihre Spaghetti auf dem Löffel drehen und sich dazu eine Serviette in den Kragen stecken, um sich vor der Sauce zu schützen? Lassen Sie sich nicht vom Fehlverhalten anderer leiten, wenn Sie als Geschäftsmann auf einen souveränen Eindruck, die *bella figura,* Wert legen. Bestellen Sie statt Spaghetti eine Pasta, die Sie leicht essen können. Gehen Sie notfalls mit dem Kopf etwas (etwas!) nach vorn und halten Sie sich, während Sie die Gabel zum Mund führen, die Serviette vor die Brust. Die Sitten in Italien variieren leicht je nach Region und Milieu. Aber einen Italiener, der Latte macchiato, Cappuccino oder einen anderen Milchkaffee nach dem Essen trinkt, haben Sie bestimmt noch nie gesehen (▸ Seite 54)!

Von Kopf bis Fuß auf Eleganz eingestellt

Kleiden Sie sich zu einem Essen ausgesucht elegant und exquisit. Als Herr dürfen Sie ruhig Farbe tragen; denken Sie einfach an *bella figura.* Ungepflegte Kleidung wird missbilligt. Wussten Sie schon, dass statistisch gesehen die Italiener in Europa den größten Wert auf Körperpflege legen? Und Schuheputzen ist bei den Bewohnern des »Stiefels« genauso selbstverständlich wie Zähneputzen.

Stilabweichungen ja, Geschmacklosigkeiten nein

Großzügigkeit schätzt man grundsätzlich immer und überall. Man verzeiht großzügig kleine Stilunsicherheiten, doch keine Kleinkariertheit oder Geschmacklosigkeit. Missverstehen Sie nicht die italienische Lockerheit. Lassen Sie sich nicht gehen, z. B. was Alkohol und lautes Reden und Lachen in Gesellschaft angeht. Und zeigen auch Sie sich großzügig, z. B. bei Ihrer

Gegeneinladung und Ihren Mitbringseln. Bieten Sie als Gast an, das Dessert *(dolce)* mitzubringen. Blumen packen Sie vor dem Überreichen nicht aus.

Coperto – nicht nur eine Rechtsfrage

Haben Sie von dem Verbot gelesen, das *coperto* in Rechnung zu stellen? Dann sind Sie bestimmt irritiert, wenn man Ihnen für das Bereitstellen Ihres Gedecks *(coperto)* immer noch ein paar Euro berechnet. Doch sollten Sie am Ende eines gelungenen Essens nicht über ein paar Euro streiten, zumal damit stets das Brot und häufig auch Oliven schon abgegolten sind.

Österreich: deutsche Sprache, andere Höflichkeit

Die Tischsitten in Österreich entsprechen den deutschen. Seien Sie dort »nur« zehnmal höflicher als in Deutschland. Jüngere Leute fänden das vielleicht übertrieben, doch auch sie haben mit Sicherheit beim Elmayer, der Wiener Tanzschule und Etikette-Institution schlechthin, ihre Manieren gelernt.

Eine Besonderheit sind die Kaffeehäuser. Der Kellner dort wird »Herr Ober« gerufen. Grundsätzlich bringt er Ihnen gratis ein Glas Leitungswasser zu Ihrem Kaffee, bei guter Laune mehrmals. Das oft umfangreiche Zeitungsangebot können Sie beliebig nutzen, auch stundenlang. Erhöhen Sie dann bitte das Trinkgeld auf 20 Prozent. Sonst rechtfertigen Sie noch die Abneigung gegen die »Piefkes«, so lautet das Schimpfwort für die nicht immer vorbehaltlos geliebten Deutschen.

Ehemals k. u. k. – immer galant

In den Ländern der ehemaligen Doppelmonarchie Österreich-Ungarn ist zumindest bei der älteren Generation die Galanterie aus den Zeiten der k. u. k. Monarchie noch immer gefragt. In Ungarn beispielsweise ist das auch bei jüngeren Menschen der Fall, in Tschechien hingegen verhalten sich junge Leute eher nach westlichem Vorbild karriereorientiert als betont höflich.

Polen: das andere Frankreich

In Polen nimmt man die Hauptmahlzeit mittags ein, allerdings für unsere Begriffe spät, gegen 15 Uhr. Weisen Sie nichts zurück und essen Sie wenig, aber von allem etwas. Vegetarisches Essen ist nicht geläufig. Vegetarier sollten im Voraus bekanntgeben, was sie essen und was nicht.

Junge Leute schätzen zum Essen einen guten Wein und davor und danach Cocktails. Je konservativer das Umfeld ist, desto wahrscheinlicher wird Ihnen aber Wodka angeboten. Polen akzeptieren es durchaus, wenn Sie ihren Trinkgewohnheiten nicht folgen. Notfalls nur nippen!

Ausländische Gäste werden in polnischen Lokalen oft besser behandelt als einheimische, auch weil sie als zahlungskräftiger gelten. Versuchen Sie aber auf keinen Fall, mit ostentativer Großzügigkeit bei Ihren polnischen Geschäftspartnern Eindruck zu schinden. Das hätte den gegenteiligen Effekt.

Ein höfliches Land, ein stolzes Land

Zur Höflichkeit *à la polonaise* zählen bei einem Essen …

- pünktliches Erscheinen,
- Handkuss und Verbeugung bei Begrüßung und Abschied,
- Respektieren der Hierarchien – der Ehrengast wird am Kopfende der Tafel platziert – und der hierarchischen Anreden: »Herr Direktor« statt des Namens,
- elegante und korrekte Kleidung,
- hochwertige Geschenke, z. B. üppige Blumenbuketts, französische Weine, Literatur, u. a. Übersetzungen polnischer Klassiker in Fremdsprachen.

Polen sind zu Recht stolz auf ihr Land, seine landschaftliche Vielfalt, sein starkes Wirtschaftswachstum in den letzten Jahren, seine Komponisten, seine Musikinterpreten und seine Literatur. Polenwitze verbieten sich von selbst, Papstwitze ebenso: Karol Wojtyla (Papst Johannes Paul II., 1920–2005) war Pole, und die zu 90 % römisch-katholischen Polen sind ein sehr religiöses Volk! Das Verhältnis zwischen Polen und Deutschland war lange schwierig; seien Sie sensibel.

Portugal: Nur ja nicht mit Spanien verwechseln

Die zweitgrößte Gemeinsamkeit zwischen Portugiesen und Spaniern ist, dass beide Völker auf der Iberischen Halbinsel leben, die größte, dass sie niemals miteinander in einen Topf geworfen werden wollen. Sogar die Arten des Stierkampfs unterscheiden sich! Lassen Sie ruhig ins Gespräch einfließen, dass Sie wissen, dass Portugal anders ist als das Nachbarland. Langes Verweilen bei Tisch ist in Portugal im Unterschied zu den meisten anderen romanischen Ländern nicht üblich. Es wird eher früh als spät zu Abend gegessen. Vergessen Sie nicht, den hervorragenden Portwein zu kosten.

Ein bisschen Form darf sein: Kleiden Sie sich dezent-elegant, behalten Sie Ihr Jackett an, sprechen Sie ranghohe Personen und Akademiker mit ihren Titeln an und gehen Sie nicht ohne Weiteres zum »Du« über. Eine Umarmung unter Männern, der *abrazo,* ist üblich.

Bei Tisch wird nicht über Geschäftliches, sondern lieber über Privates gesprochen. Höfliche Wendungen werden gern gehört, darunter *com licença* (mit Verlaub), z. B. wenn Sie das Wort ergreifen. Da der Stierkampf auch in Portugal unter ethischen Gesichtspunkten umstritten ist, thematisieren Sie ihn besser nicht. Sprechen Sie lieber über historische Städte und malerische Landschaften, den melancholischen Musikstil des Landes, den Fado, und über Fußball. Am Meer ist auch Beachvolleyball ein Thema.

Russland: Status und Herzlichkeit verbinden

Dass die Russen überaus herzlich und gastfreundlich sind, haben Sie wohl schon gehört. Großzügige Gastgeber erwarten, dass ihre Gäste sich von ihnen verwöhnen lassen. Auch die Trinkfestigkeit russischer Männer ist bekannt. Schaumwein ist sehr beliebt, doch für unsere Begriffe nicht gerade trocken. Wodka (russ. Wasser!) wird flaschenweise oder mit Gewichtsangabe in Gramm statt nach Volumen bestellt und gern aus kleinen Tassen getrunken. Verschaffen Sie sich mit deftigen Gerichten oder Kaviar eine solide Grundlage. Machen Sie beim

Wodkatrinken nicht zwischendrin schlapp. Trinken Sie vorausschauend jeweils nur wenig oder nur bei den Trinksprüchen, doch nicht zwischendurch. Oder bleiben Sie bei Wasser.

Trinkrituale: eine Kunst für sich

Der Tischvorsitzende erhebt als Erster das Glas und bringt mit einem Trinkspruch einen Toast aufs Wohl der Gäste aus. Dann erhebt sich der ranghöchste Gast zum Toast auf den Gastgeber und preist dabei dessen Gastfreundschaft. Danach darf jeder Trinksprüche ausbringen. Sie sollten herzlich sein und niemals das Geschäft betreffen. Mögliche Themen sind: die Freundschaft, die schönen Dinge des Lebens, die Weisheit des Alters, die Schönheit der Frauen. Trinksprüche auf Deutsch oder Englisch werden übersetzt. Beim Trinken auf das Wohl der anwesenden Damen erheben sich alle Herren.

Die herzliche Art bedeutet nicht, dass Nachlässigkeit bei der Kleidung oder beim Zeitpunkt des Erscheinens gängig wären: Kleiden Sie sich korrekt – gerade die Schuhe gelten als Statussymbol – und erscheinen Sie pünktlich. Ziehen Sie sich nicht zu dünn an. Am Restauranteingang die Straßenstiefel gegen elegante Schuhe zu tauschen ist normal. In konservativem Umfeld wird von Frauen erwartet, dass sie bezaubernd aussehen und sich verbal zurückhalten.

Ihr Status und der der Gastgeber geht auch mit entsprechenden Gastgeschenken einher: CDs mit klassischer Musik, klassische Literatur, hochwertiges Schreibgerät und Blumen für die Damen gelten als angemessen.

Gespräche bei Tisch

Körpersprachlich werden die in Deutschland üblichen Distanzzonen nicht immer gewahrt. Schrecken Sie also bei einer leichten Berührung Ihres Unterarms nicht gleich zurück. Thematisch dürfen Sie sich durchaus zurückhalten: Lassen

Sie das Geschäft genauso aus dem Spiel wie Kommentare über Demokratie-Defizite, Tschetschenien, den Terrorismus, die Menschenrechte. Russen lassen auf ihren Weltmachtstatus nichts kommen. An Themen mangelt es nicht, zumal viele Russen belesen sind: Technik, Naturwissenschaften, Kunst und Literatur... Russische Autoren wie Dostojewski und Tolstoi sowie berühmte Komponisten wie Tschaikowski und Schostakowitsch sollten Sie kennen. Aber vor allem: Erzählen Sie Geschichten, am besten mit viel Gefühl!

Die Schweiz: 26 Kantone und vier Amtssprachen

Die Tischsitten der Eidgenossen sind nicht im ganzen Land einheitlich. Sie entsprechen, den Sprachgrenzen folgend, jeweils denen der Nachbarstaaten, an die die Schweiz grenzt, also vor allem denen in Deutschland, Frankreich und Italien. Die Sitten im rätoromanischen Graubünden, das an Österreich und Italien grenzt, sind hauptsächlich von denen der deutschsprachigen Nachbarn geprägt.

Skandinavische Länder: unkompliziert

Die Dänen, Finnen, Norweger und Schweden sind nicht nur durch ihre »coolen« Möbel- und Modeladenketten für ihre eher legere Art bekannt. So verschieden die Bewohner der vier Länder ihre Identität definieren mögen: Unkompliziert ist der Umgang in Skandinavien generell, und so ist man schnell oder sogar von vornherein bei der Anrede mit Vornamen und beim »Du«. In Sachen Kleidung herrscht eine praktische, legere Form der Eleganz vor. Von Gästen in einem Privathaushalt wird erwartet, dass sie sich die Schuhe ausziehen.
Auch bei Tisch wird nicht viel Aufhebens gemacht. Oft wird das Mittagessen in Selbstbedienung eingenommen. Besonders in Schweden sind die Essenszeiten recht früh: Ein Mittagessen ab 11 und ein Abendessen ab 17 Uhr sind üblich. Kleine Präsente dazu sind willkommen: Blumen und auch Alkoholika.
In Dänemark, Norwegen und Schweden können Sie leicht Gutes über die Königsfamilien sagen. Die Monarchen der

drei Länder sind u. a. wegen ihrer Bescheidenheit äußerst beliebt. Design ist ein großes Thema in Finnland und Schweden, Wintersport sowohl in diesen beiden Ländern als auch in Norwegen. Dort, im Land der Fjorde und der 1000 Seen sind Wasser- und Angelsport sehr beliebt. Schweden ist stolz auf seine Errungenschaften als Wohlfahrtsstaat, Dänemark auf seine sozialen Einrichtungen.

Gehen wir noch in die Sauna?

Lädt man Sie in Finnland nach dem Essen zum Besuch der – stets gemischten und hüllenlos zu besuchenden – Sauna ein, ist das keineswegs anzüglich gemeint, sondern eine Selbstverständlichkeit, weil hier gute Sitte.

Gute Gesprächsthemen aus der Kultur sind in Dänemark die Filmkunst, in Norwegen Autoren wie Henrik Ibsen und Komponisten wie Edvard Grieg. In Schweden sind die weltberühmten Filmschaffenden Greta Garbo sowie Ingrid Bergman und Ingmar Bergman immer der Rede wert. Wichtig in Finnland war schon immer die Holz- und Papierindustrie. Ab Mitte der 1990er-Jahre schaffte das Land einen enormen Aufschwung und wurde eine führende Industrienation in den Bereichen Hochtechnologie und Mikroelektronik.

Spanien: Das ist mehr als *olé!*

Da im stolzen Spanien die einzelnen Regionen ein starkes Selbstbewusstsein haben, ist es klug, bei Tisch vor allem auf die Besonderheiten der Region einzugehen, in der Sie sich aufhalten. So unpassend es wäre, Spanien und Portugal zu vergleichen, so ungeschickt wäre es auch, Basken oder Katalanen allgemein als Spanier zu bezeichnen.

Nehmen Sie sich in Acht mit typischen Vorurteilen. Unklug wären kritische Bemerkungen über Bau- und Umweltsünden an den Küsten, die Finanzkrise, Korruption oder eine ethische Bewertung des Stierkampfs unter Aspekten des Tierschutzes.

Sie möchten schließlich auch nicht pauschal mit jenen Botschaftern der deutschen Nation verwechselt werden, die sich auf Mallorca als »Ballermänner« hervortun.

Die Schönheit der Landschaft und die faszinierenden Denkmäler der Architektur und Archäologie, die reiche Geschichte, die berühmten Komponisten, Maler und Bildhauer sowie der Flamenco bieten ein buntes Themenspektrum. Reduzieren Sie Spanien nicht auf den Tourismus! Und lassen Sie sich ruhig auch auf private Themen ein. Im Übrigen geht man in Spanien schnell und unkompliziert vom »Sie« zum »Du« über.

Zeiten und Speisen

Eine Abendeinladung beginnt nicht vor 21 Uhr. Kommen Sie lieber 30 Minuten später als zu früh; pünktlich wäre noch zu früh. Angebracht sind elegante Kleidung für Damen und Herren sowie großzügige Geschenke: Blumen, Wein oder edle Schokolade. Richten Sie sich auf eine lange Sitzung ein. Weniger formell und ausgiebig ist eine Einladung in eine Bodega, wo Sie nach Lust und Laune Tapas essen, dabei die Reste ruhig auf den Boden werfen können und dazu einen – nein: einige! – der vielen hervorragenden Weine aus Jerez (daher engl. *Sherry*) trinken. *Salud!*

Türkei: recht europäisch und doch nicht ganz

Die Türkei ist ein säkularer, weltoffener Staat. Die Tischsitten in den Städten entsprechen den unsrigen. Auf dem Land werden Sie möglicherweise aufgefordert, auf dem Boden zu sitzen. Fast 96 % der Bevölkerung sind Muslime, Ihre Ansprechpartner respektieren gegebenenfalls die Speisegesetze des Islam (▶ ab Seite 194) einschließlich des Fastengebots im Ramadan. Allerdings ist hier im Unterschied zu den übrigen vom Islam geprägten Ländern der Sonntag der Feiertag in der Woche, nicht der Freitag.

Kleiden Sie sich zum Essen elegant, doch diskret. Kurze Röcke bei Damen sind riskant, kurze Hosen bei Herren wären sogar bei einem Freizeitanlass ungehörig.

Nehmen Sie Einladungen an, ruhig auch nach Hause und während des Ramadan in der Nacht. Passende Geschenke sind Süßigkeiten und, wie überall, für Kinder darüber hinaus Spielsachen. Blumen sind unüblich, Alkohol ungeeignet.

Wundern Sie sich nicht, wenn Sie von Mann zu Mann mit einer Umarmung, als Frau von einem Mann höchstens mit einem kurzen Handschlag begrüßt werden. Und verzichten Sie auf Gesten. Sie könnten, wie z. B. der aufgerichtete Daumen für »okay«, hier das Gegenteil dessen aussagen, was Sie meinen, und beleidigend wirken.

Eine positive Haltung wird erwartet

Vorsicht mit Kritik und Tadel: »Das schmeckt mir nicht« wäre eine schlimme Zurückweisung! Es wird erwartet, dass Sie Ihren Teller leer essen. Loben Sie die Speisen und die Einladung. Der Gastgeber wird das mit einem wiederholten *Afiyet olsun* (Es möge gut bekommen!) beantworten. Weichen Sie aus, wenn Sie etwas auf keinen Fall essen wollen, und sagen Sie, dass Sie es lieber ein andermal probieren wollen oder nicht vertragen.

Vorsicht: unterschiedliche Bevölkerungsgruppen

Vermeiden Sie Fragen zum Verhältnis mit Griechenland und in Sachen Kopftuch. Verzichten Sie vor allem darauf, Brisantes wie die Haltung zu Minderheiten (Kurden und Armenier) zu erwähnen. Erwähnen Sie nur ja nicht die Namen von türkischen Bekannten in Deutschland. Wäre an deren Namen zu erkennen, dass Sie mit einer »falschen« Bevölkerungsgruppe Kontakt haben, könnte dies das Aus für die gute Atmosphäre und sogar für Ihre Geschäftsbeziehung sein! Sollten Sie gegen den EU-Beitritt der Türkei sein, halten Sie Ihre Meinung zurück. Bleiben Sie grundsätzlich wertschätzend! Halten Sie sich in der Konversation an Unverfängliches: Die Geschichte, die reichen Hinterlassenschaften der Kulturen aller Epochen sowie die vielgestaltige Landschaft bieten eine Fülle an Themen.

»Stimmt so« stimmt nicht überall auf der Welt

Trinkgeld sei, so heißt es, eine Frage des Charakters des Gebenden. Das mag aus der Sicht eines deutschen Taxifahrers zutreffen. Solche Beliebigkeit gilt aber nicht weltweit und allgemein. Beim Zusammentreffen der Kulturen geht es vor allem um eine angemessene Höhe und eine wertschätzende Art der Übergabe.

In den meisten Ländern weltweit sollten Sie als zahlender Gast 10–15 % des Rechnungsbetrags als Trinkgeld geben und es auf dem Tisch bzw. in der Mappe liegen lassen, in der Ihnen die Rechnung überreicht wurde. Dies gilt für alle hier nicht aufgeführten Länder. Von dieser Regel abweichende Gebräuche finden Sie in dieser Tabelle.

Trinkgeld weltweit im Überblick

Land	adäquate Höhe	Besonderheiten
Ägypten	10 %	
Australien	1–2 AUD (australische Dollar)	aufrunden
Balkanländer	10 %	eher auf- als abrunden
Benelux	5–10 %	in den Niederlanden eher mehr
China	wenn, dann 100 Yuan	sehr diskret übergeben
Griechenland	5–10 %	
Indien	10–50 Rupien	
Indonesien	1000 Rupien	
Iran	circa 10 %	Iraner geben manchmal wesentlich mehr

Land	adäquate Höhe	Besonderheiten
Israel	mindestens 15 %	
Italien	circa 10 %	das *coperto* ist kein Trinkgeld
Japan	unüblich	
Kanada	meist 15 % und mehr	in manchen Staaten aber weniger
Korea	1–2 US-Dollar	
Kroatien	aufrunden	
Lateinamerika außer Brasilien	freiwillig; wenn ja, dann knapp 10 %	steht in Brasilien als »Servicesteuer« auf der Rechnung; dort nicht aufrunden
Mexiko	15–20 %	
Österreich	5–10 %	bei kleineren Rechnungen mehr
Polen	bis zu 10 %	
Portugal	15–20 %	
Schweiz	10 %	bei guter Leistung
Skandinavien	bei Selbstbedienung kein Trinkgeld; in Schweden und Norwegen in Top-Lokalen 5–10 %	wenn in Finnland Trinkgeld erwartet wird, steht ein Hinweis auf der Speisekarte
Spanien	15–20 %	
Südafrika	10 %	
Taiwan	1–2 US-Dollar	
Thailand	50–100 Baht	
USA	15–20 %	

Hinduismus, Islam, Judentum: Die Religion prägt die Sitten

Drei große Weltreligionen unterscheiden in ihren Speise-
gesetzen und Tischsitten zwischen »rein« und »unrein«:
Hinduismus, Islam und Judentum. Sie alle haben ihren
Ursprung in dem geografischen Raum zwischen dem
Mittelmeer und dem Indischen Ozean. Die Bezeichnungen
für dieses Gebiet sind schon im Deutschen unscharf
und in verschiedenen Sprachen unterschiedlich definiert.
Mit »Orient« ist mitunter die gesamte Landmasse von
Kleinasien bis Japan gemeint, dann wieder nur das
ehemalige Osmanische Reich. Und der »Nahe Osten«
heißt z. B. auf Englisch Middle East. *Im Folgenden ist*
vom Vorderen und Mittleren Orient die Rede. Die dort
verbreiteten Religionen mit ihren Sitten und Gebräuchen
reichen jedoch weit darüber hinaus.

Arabische Welt: islamische Esskultur

Die arabische Welt ist keineswegs deckungsgleich mit der islamischen, die Essgewohnheiten ihrer Bewohner sind jedoch
vor allem vom Islam bestimmt. Die islamisch geprägten Länder erstrecken sich von Marokko und dem Senegal im Westen
Afrikas bis Malaysia und Indonesien im Fernen Osten, auf
der Nord-Süd-Achse von den Zentralasiatischen Republiken
bis nach Sansibar südlich des Äquators. Muslime leben in fast
allen Staaten der Welt und wenden ihre Speisevorschriften
mehr oder weniger konsequent an.
Von einer einheitlichen Tischkultur kann schon in der arabischen Welt keine Rede sein, da die Auslegung der religiösen
Vorschriften im Alltagsleben sogar von Land zu Land stark
abweicht. Sie werden in Saudi-Arabien sehr strikt, in den eher
westlich orientierten Vereinigten Arabischen Emiraten in vielen Milieus eher locker gehandhabt. Überall ist der Freitag
Feiertag. Verzichten Sie auf geschäftliche Termine besser
schon ab Donnerstagnachmittag.

Speisevorschriften in arabischen Ländern

Gemäß den Gesetzen des Islam werden erlaubte Speisen, im Übrigen z. B. auch Handlungsweisen, mit *halal* bezeichnet. Mit einem Halal-Zertifikat gekennzeichnete Produkte sind garantiert unter Einhaltung der islamischen Reinheitsregeln hergestellt. Speisen müssen, so können Sie es im Koran nachlesen, nach islamischer Vorstellung

1. erlaubt und
2. köstlich sein.

Ein gutes Essen für Gäste ist unabdingbarer Bestandteil der Gastfreundschaft, Fleisch gehört unbedingt dazu. Erlaubt ist Fleisch allerdings nur, wenn das Tier auf rituell korrekte Weise geschlachtet, also geschächtet wurde.

Dass gläubige Muslime niemals Schweinefleisch essen, wissen Sie. Das Schwein gilt als unrein und wird selbst von Muslimen abgelehnt, die ihre Religion gar nicht praktizieren. Darüber hinaus ist alles verpönt, was aus seinen Teilen hergestellt ist. Dazu zählen nicht nur Fertigprodukte, die etwa Gelatine aus Schweineknochen enthalten, sondern z. B. auch Schweinsleder. Bei strenger Auslegung müssen in einem Restaurant Geschirr, Besteck, Töpfe usw., die mit Schweinefleisch in Kontakt gekommen sind, vor ihrer Verwendung zur Zubereitung von Speisen für einen Muslim gründlichst gereinigt werden.

Ein strenggläubiger Muslim trinkt keinen Alkohol

Ebenfalls ist in der westlichen Welt das Wissen verbreitet, dass Muslime keinen Alkohol trinken. Dabei ist im Koran zunächst positiv vom Konsum alkoholischer Getränke die Rede. Nur der Rausch wird, wie das Glücksspiel, abgelehnt. Die islamischen Gelehrten stritten jahrhundertelang über Erlaubnis und Verbot von Alkohol. Erst seit dem 14. Jahrhundert hat sich die strikte Auslegung durchgesetzt, dass das, was in großen Mengen einen Rausch verursachen könne, bereits in kleinen Mengen verboten sei. Darum ist Alkohol nicht *halal* (erlaubt), sondern *haram* (verboten). Je westlicher ein Muslim lebt, desto eher trinkt er Alkohol. Wenn Sie muslimische Gäste einladen, bieten Sie jedenfalls keine Speisen und Getränke an, die Teile vom Schwein und/oder Alkohol enthalten.

Wegen des absoluten Alkoholverbots in Saudi-Arabien trinkt man dort zum Aperitif »Saudi-Champagner«. Das schäumende und garantiert alkoholfreie Fruchtgetränk wird in Sektflaschen abgefüllt und in Kristallgläsern serviert. Sie bekommen es in jedem besseren Hotel und Restaurant.

Vorsicht mit der linken Hand

Wenn in arabischen Ländern mit Besteck gegessen wird, kommen nur Gabel und Löffel zum Einsatz, häufiger isst man mit der Hand. Die Linke gilt, da sie zur Körperreinigung benutzt wird, als unrein. Sie dürfen eine Gabel in der Linken halten, aber keine Speisen direkt mit ihr berühren. Das ist, wenn Sie ohne Besteck essen müssen, nicht einfach. Lassen Sie sich von Ihren Tischnachbarn zeigen, wie man z. B. Gemüse mit vier Fingern der rechten Hand zu mundgerechten Portionen dreht. Falls Sie beim Aufnehmen von Speisen Brot zu Hilfe nehmen, pflücken Sie jeweils ein kleines Stück ab und essen Sie das eingetunkte Stück immer ganz mit. Es wird weder abgebissen noch ein zweites Mal in die Speise getunkt.

Was Sie bei Tisch sonst tun und vor allem lassen sollten

In westlich orientierten Hotels und Restaurants sitzen Sie natürlich beim Essen an Tischen, in traditioneller Umgebung üblicherweise auf dem Fußboden. Achten Sie peinlichst genau darauf, dass Sie einem Betrachter niemals eine Schuh- oder Fußsohle präsentieren. Was die Straße berührt hat, ist unsauber und somit auch im übertragenen Sinn unrein. Eine Fußsohle zu zeigen, wäre eine ernste Brüskierung, die einem Reichen der linken Hand gleichkäme.

Traditionell essen Männer und Frauen an getrennten Tischen oder sogar in getrennten Räumen. Die Kinder essen bei den Frauen mit. Für westliche Geschäftsfrauen wird jedoch häufig eine Ausnahme gemacht. Grämen Sie sich als Frau nicht, wenn Sie eingeladen, aber nicht ins Gespräch einbezogen werden: Man möchte vermeiden, Ihnen durch eine direkte Ansprache zu nahe zu treten. Wahren Sie Ihrerseits diese Distanz körperlich und sprachlich.

Im Idealfall kosten Sie ein wenig von jeder Speise, die man Ihnen anbietet, vor allem, wenn man sie Ihnen mit der Hand reicht. Eine Ablehnung wird jedoch akzeptiert, wenn Sie schlüssig erklären, dass etwas für Sie sehr ungewöhnlich oder, besser noch, unverträglich ist.

Als Gastgeber bieten Sie Speisen und Getränke immer mehrmals an. Eine Ablehnung zu Beginn bedeutet meist nur Bescheidenheit und ist mithin ein Zeichen von Höflichkeit. Ihre Gäste wollen nicht gierig wirken.

Wundern Sie sich nicht, wenn die Gäste unmittelbar nach dem Essen den Tisch verlassen: Nach dem Kaffee ist, wie in vielen anderen Ländern, Schluss.

Gastfreundschaft wird sehr groß geschrieben

Araber machen gern Geschäfte mit Mitgliedern ihrer Familie, Bekannte sind zweite Wahl, Fremde dritte. Freuen Sie sich also über jeden Kontakt, der Ihnen über das Geschäft hinaus geboten wird. Eine Einladung in einen Privathaushalt dürfen Sie als besondere Ehre werten. Lehnen Sie vor Ihrer Zusage zweimal bescheiden ab. Dabei ist Gastfreundschaft auf Gegenseitigkeit angelegt. Ein wertvolles Gastgeschenk wird erwartet. Alkoholische Getränke verbieten sich in Saudi-Arabien auf jeden Fall, in anderen Ländern sicherheitshalber auch – es sei denn, Sie hätten im Gespräch einen Wunsch danach herausgehört. Seien Sie auch vorsichtig mit Geschenken, die Symbole anderer Religionen wie das Kreuz oder den Davidstern tragen. Bringen Sie für die Kinder Spielsachen und Süßigkeiten mit. Tragen Sie Sorge dafür, dass diese halal sind.

Laden Sie arabische Geschäftspartner in ein lokales Restaurant oder ein nobles Hotel ein, entsprechend dem Niveau, das Ihnen geboten wurde. Weder geizen noch protzen!

Es kommt vor, dass ein von Ihnen geladener Gast einen Verwandten oder Freund mitbringt. Heißen Sie diesen höflich und freudig willkommen. Kalkulieren Sie mehr Plätze als geladene Gäste ein und wählen Sie ein Büfett. So haben Sie mehr Spielraum als bei einem Menü und fester Sitzordnung.

Zu Gast in einem arabischen Haus

Vielleicht träufelt man Ihnen zur Begrüßung parfümiertes Rosenwasser in die Handflächen. Das verreiben Sie dann in den Händen, wie man es früher tat, um sich vor dem Eintritt in ein Haus vom Schmutz der Straße und Wüste zu reinigen. Oder man reicht Ihnen zur Erfrischung ein Glas Wasser. Nippen Sie aus Sicherheitsgründen nur daran; es könnte verkeimt sein. Ablehnen können Sie es jedoch nicht. Bieten Sie an, Ihre Schuhe auszuziehen. Gehen Sie nie mit Schuhen über einen Teppich. Vermeiden Sie es, Gegenstände im Haushalt allzu genau zu betrachten und ausdrücklich zu loben. Auch bei einem wertvollen Stück fühlt sich der Gastgeber eventuell dazu gedrängt, es Ihnen zu schenken.

Besser Christ als Atheist, und was Sie im Smalltalk sonst noch beachten sollten

Einem Christen erklärt man in arabischen Ländern gern z. B. die Fünf Säulen des Islam. Wenn Sie vorher schon wissen, dass es sich dabei um das Fasten, das Glaubensbekenntnis, das Gebet, das Almosengeben und den Hadsch, die Pilgerfahrt nach Mekka, handelt, punkten Sie bestimmt. Meiden Sie aber von sich aus jegliche Konfessionsfragen: Ob Ihr Gesprächspartner Sunnit, Schiit oder Alevit ist, ist für Sie kein Thema. Wenn Sie Christ sind, ist das kein Problem, und man wird Sie nicht zu missionieren versuchen. Vermeiden Sie aber das Thema Dreifaltigkeit: Drei Götter zu verehren ist für Muslime die größte Beleidigung Gottes. Sind Sie Atheist, sollten Sie das verschweigen, denn Sie würden Unverständnis ernten.

Höflichkeit und Fremdsprache

Araber sind höflich. Wird Englisch gesprochen, bleiben rudimentäre Höflichkeitsformeln wie *May I, please* oder *Thank you* jedoch oft aus. Fassen Sie das bitte nicht als mangelnden Respekt auf. Nicht alle Araber haben ihr Englisch von gebildeten Briten gelernt.

Arabische Geschäftsleute sind oft sehr kultiviert und auch in klassischer europäischer Musik und Literatur bewandert. Es ist gut, wenn Sie als Europäer da zumindest Grundkenntnisse mitbringen. Stellen Sie aber selbst keine Fragen, von denen Sie annehmen müssen, dass Ihr Gesprächspartner sie nicht beantworten kann: Unwissenheit zugeben zu müssen wäre für ihn ein Gesichtsverlust.

Streichen Sie in arabischen Ländern nicht nur den Staat Israel komplett aus dem Themenkatalog, sondern auch die »-ismen« Fundamentalismus, Islamismus, Terrorismus. Auch über das jeweils andere Geschlecht reden Sie besser nicht. Rechnen Sie aber damit, dass Sie nach der Anzahl Ihrer Kinder gefragt werden. Single-Dasein und gewollte Kinderlosigkeit sind für Muslime, die sich als Glieder einer genealogischen Kette verstehen, unverständlich. Weichen Sie in diesem Fall thematisch auf Ihre Herkunftsfamilie aus.

Gute Gesprächsthemen sind, wie überall auf der Welt, der Sport, im Nahen Osten vor allem Fußball und spezifische Sportarten wie Pferde- und Kamelrennen sowie speziell die Falknerei. Lassen Sie sich informieren und schlagen Sie eine Einladung zu einem Sportereignis nicht aus. Weitere gute Themen bei Geschäftsessen sind gemeinsame Bekannte und die Wirtschaft. Behalten Sie im Blick, dass Gegenseitigkeit und Gemeinsamkeiten eine große Rolle spielen. Unser gewohntes dialektisches »Ja, aber …« kommt deshalb hier nicht gut an. Beachten Sie, dass Schweigen als normaler Teil der Unterhaltung betrachtet wird. Lassen Sie sich von Redepausen also nicht aus der Fassung bringen.

Kleidung: Zeichen von Respekt und Status

Freizügige und ungepflegte Kleidung ist in arabischen Ländern verpönt. Kurze Hosen für Männer sind undenkbar. Vorsicht auch mit weißen Hosen: Die erinnern an die hier üblichen Männerunterhosen, die knielang und weiß sind. Besonders Frauen wird es verübelt, wenn sie die Kleidervorschriften verletzen. Tragen Sie nach Aufforderung, aber nicht vorauseilend Kopftuch oder Schleier. In Saudi-Arabien tragen auch Nicht-Muslimas die *Abaya,* das schwarze Gewand.

Wählen Sie generell, also auch in den freizügigeren Vereinigten Arabischen Emiraten, dezente Kleidung in gedeckten Farben, die weibliche Rundungen kaschiert: Ein die Knie bedeckender weiter Rock ist besser als Hosen, zumal eng anliegende. Bedecken Sie darüber hinaus Ihre Arme und Ihre Schultern. Eine Kette mit Kruzifix ist genauso wenig angebracht wie ein Strandspaziergang im Bikini.

Zu Hause müssen sich Muslimas solchen Einschränkungen nicht unterwerfen. Manche geben sich dort in Anwesenheit westlicher Frauen freizügig wie unter Freundinnen, andere wiederum behandeln Besucherinnen wie Männer und halten sich auch in den eigenen vier Wänden bedeckt.

Auffälliges Make-up, grell lackierte Fingernägel und stark gefärbtes Haar sind bei strenggläubigen Muslimas verpönt, schweres Parfüm nicht. Sollten Sie ausprobieren wollen, wie Ihre Hände mit einer Henna-Bemalung aussehen, bedenken Sie, dass diese wochenlang haftet. Sie könnten damit die Wertschätzung Ihrer Geschäftspartner riskieren.

Tagsüber nie: Essen im Ramadan

Das Fasten im Fastenmonat Ramadan, dem neunten Monat des islamischen Kalenders, ist eine der Säulen des Islam. Dass Muslime in der Fastenzeit Getränke und Speisen ausschließlich zwischen Sonnenuntergang und Morgengrauen zu sich nehmen dürfen, prägt den Rhythmus des öffentlichen Lebens in den arabischen und vielen anderen muslimischen Staaten. Müssen Sie wirklich während des Ramadan vor Ort sein, verzichten Sie im Beisein eines fastenden Moslems darauf, auch nur einen Bissen zu essen, einen Schluck zu trinken oder eine Zigarette zu rauchen.

Ramadan: ein bewegliches Fest

Der Kalender des Islam orientiert sich nur am Mond. Seine Daten wandern also durch den Jahreslauf, und der Ramadan kann in jede Jahreszeit fallen. Die Bestimmung seines Beginns wird jedes Jahr erneut diskutiert.

Am Ende des Ramadan wird das Fastenbrechen gefeiert, das nach dem Opferfest bei der Pilgerfahrt nach Mekka der zweithöchste islamische Feiertag ist. Hierzu lädt man gern Nichtmuslime ein. Die Höflichkeit gebietet, dass Sie zu diesem hohen Anlass keine Absage erteilen, dass Sie kräftig mitfeiern und Ihre guten Wünsche aussprechen.

Indien: Kühe heilig, Schweine unrein

28 Bundesstaaten, 18 offizielle Sprachen, darunter Englisch, mehrere Weltreligionen, vor allem Hinduismus und Islam, mit 1,2 Milliarden Einwohnern das zweitbevölkerungsreichste Land und die bevölkerungsreichste Demokratie der Erde – das ist Indien heute. Die Internationalisierung in den Städten schreitet voran, und doch sind die Tischsitten bei den über 80 % Hindus im Land, mehr oder weniger stark, immer eindeutig von deren Glauben geprägt.

In Indien isst man anders

Ein Inder isst nicht, was er will, sondern was er soll. Das wird von Religion, Kastenzugehörigkeit und den Traditionen der Familie bestimmt. Wie im Judentum und im Islam wird im Hinduismus, insgesamt gehören ihm weltweit 850 Millionen Menschen an, zwischen »rein« *(pavitra, shuddha)* und »unrein« *(apavitra, ashuddha)* unterschieden. Manche Dinge sind immer »rein«, wie z. B. die Kuh oder der Fluss Ganges, andere immer »unrein«, wie z. B. das Schwein oder alle Körperflüssigkeiten. Manches, wie ein Haar, ist nur an einem bestimmten Ort, z. B. in einem Teller, unrein, manches, wie eine Frau während ihrer Menstruation, nur zu einer bestimmten Zeit.

Rein oder unrein, erlaubt oder verboten: die Tradition

Die altindischen Gesetzgeber machten detaillierte Angaben über erlaubte (reine) und verbotene (unreine) Nahrungsmittel sowie deren Zubereitung und Verzehr. Verboten wurden Fleisch, Fisch, Blut und Eier, ebenso Zwiebeln und Knoblauch. Letzteres, weil mit dem Ernten eines Zwiebelgewächses das Leben der gesamten Pflanze ausgelöscht wird, erlaubt ist aber nur, was durch die Ernte nicht getötet wird. Pilze sind, als »Auswurf« der Erde, verboten. Für das Verbot des Verzehrs von Schweinefleisch gibt es gleich zwei Gründe:

1. Wer das Fleisch eines Tiers isst, isst auch dessen Nahrung, und das Schwein frisst Abfall, der Mensch nicht.
2. Das Schwein ist Nahrungskonkurrent des Menschen und gibt ihm nichts, weder Dung als Brennstoff noch Wolle.

Auch das Kochgeschirr muss rein, also sehr gut gereinigt sein. In ländlichen Regionen wird auf Essgeschirr verzichtet und von Bananenblättern statt Tellern gegessen. Ein strenggläubiger Hindu kann heute in keinem Haushalt essen, in dem Fleisch zubereitet wird.

Die heiligen Kühe werden niemals geschlachtet

Laut einer deutschen Redewendung heißt es mitunter, man solle »eine heilige Kuh schlachten«, man solle also etwas scheinbar Unantastbarem den Garaus machen. Das setzt voraus, dass Kühe unberührbar sind. Das ist in Indien so, und deshalb dürfen sie auch nicht geschlachtet werden. Die Kuh spielt für einen Hindu eine herausragende Rolle. Geheiligtes ist wie Unreines unantastbar, daher ist sie vom Verzehr ausgenommen. Wenn Sie also in einem indischen Lokal in Deutschland Rindfleisch auf der Speisekarte finden, wissen Sie gleich: So indisch geht es hier nun auch wieder nicht zu.

Nur Gutes von der heiligen Kuh

Die Kuh steht für das Ur-Gute, da alles von ihr dem Menschen dienlich ist. Sie nährt den Säugling, lässt Kinder wachsen. Sie macht den Ackerbau möglich. Ihr Dung ist Brennmaterial, ihr Urin dient der Desinfektion.

Die Kastenordnung: Du isst, was du bist

Laut Verfassung ist die Diskriminierung aufgrund des Kastenwesens heute verboten. Dennoch hat die Kastenzugehörigkeit für einen indischen Hindu weiterhin soziale Relevanz. Die Grundidee der Kastenordnung ist, dass die Lebewesen von Geburt an nach Aufgaben, Rechten, Pflichten und Fähigkeiten voneinander getrennt sind. So gilt eine Kaste auch als Gemeinschaft von Menschen, die den gleichen Speisegeboten folgen. Je höher eine Kaste sozial gestellt ist, desto strenger sind ihre Gesetze. Es gilt also: Du isst, was du bist.

Traditionell eingestellte Hindus essen nur in ihrer Familie. Kein Fremder darf eine Hindu-Küche betreten. In patriarchalischen Familien speisen noch heute Männer und Jungen zuerst, dann Frauen und Mädchen. Unter Umständen essen zuerst die Gäste allein, dann die Gastgeber. Das Essen wird im Sitzen auf dem Boden eingenommen und mit der rechten Hand zum Mund geführt. Die rituelle Seite des Essens wird so ernst genommen, dass nichts auf dem Teller bleiben darf und die gesamte Konzentration dem Essen gilt. Daher wird bei den Mahlzeiten wenig gesprochen.

Das Essen prägt den Charakter: Du bist, was du isst

Generell glaubt der Hinduismus an einen direkten Einfluss der Nahrung, die ein Mensch zu sich nimmt, auf dessen Stimmung und Handlungen. Dabei werden Nahrungsmittel in drei Gruppen unterteilt:
1. *Tamas:* schwarz, klebrig, düster, schwer,
2. *Rajas:* rot, scharf, getrübt, bewegt,
3. *Sattva:* weiß, rein, hell, klar, leicht.

Es liegt auf der Hand: Der Mensch sollte vor allem Sattva-Nahrung zu sich nehmen, da nur diese Geist und Körper fördert: Reis, Linsen und andere Hülsenfrüchte, Gemüse, Sauermilch, Kokosnuss, Früchte und Süßigkeiten. Verboten sind Eier, da aus ihnen ein Lebewesen werden soll, ebenso alle Tierprodukte, die nicht von der lebenden Kuh stammen, also auch Joghurt, da er mit Bakterienkulturen hergestellt wird, des weiteren Alkohol, Gebratenes und Abgestandenes. Selbst Honig ist verboten, da zu seiner Gewinnung Bienen ausgeräuchert und einige von ihnen getötet werden.

Sind Sie bei einem Hindu, in Indien, Großbritannien oder sonstwo auf der Welt, zum Essen eingeladen, konfrontiert man Sie sicherlich nicht mit den strengsten Vorschriften. Doch beobachten Sie genau, wie Ihre Gastgeber sich verhalten, und tun Sie es ihnen gleich.

Bei Indern zu Gast: Bitte beachten

Generell ist Indien ein gastfreundliches Land. Lehnen Sie Einladungen nicht ab. Ein Dinner beginnt meist spät und dauert lang. Büfetts sind üblich, damit jeder Gast nach Gusto wählen kann und immer wieder kleine Portionen nachgeholt werden können. So wird nichts verschwendet. Alkohol, wie z. B. Wein zum Essen, ist selten – auch dort, wo die Speisegesetze nicht streng eingehalten werden. Eher werden nach britischem Vorbild vor und nach dem Essen Drinks gereicht. Verzichten Sie aus Gründen der Hygiene auf Wasser aus Karaffen und auf Eiswürfel. Wählen Sie lieber Kokosmilch sowie Fruchtsäfte und Mineralwasser aus versiegelten Flaschen. Tee und Kaffee sind am Ende des Essens üblich, im Süden wird eher Kaffee als Tee getrunken. Übrigens: Wussten Sie, dass erst die Briten den Teeanbau im großen Stil nach Indien gebracht haben? Die linke Hand bleibt grundsätzlich unter dem Tisch. Nach dem Essen wird häufig *pan* gereicht, ein Betelblatt mit Gewürzen, die die Verdauung fördern. Verweilen Sie danach nicht, sondern machen Sie sich auf den Heimweg. Sprechen Sie vor Ort keine Gegeneinladung aus, tun Sie das später.

Kleidung: dezent, Geschenk: klein, Gespräch: heiter

Zum Essen kleiden sich die Inder selbst nicht unbedingt formell. Von Geschäftspartnern wird aber westlich-förmliche Kleidung erwartet. Ziehen Sie keine landestypischen Kleidungsstücke an! Als Frau lassen Sie sich nicht von der Bauchfreiheit der Sari-Trägerinnen fehlleiten: Frauen sollten weder Knie noch Dekolletee zeigen.

Vorsicht bei Präsenten: Große Gastgeschenke könnten vom Beschenkten als Beleidigung interpretiert werden. Als Mitbringsel sind vor allem Süßigkeiten gern gesehen. Schokolade – leider unpraktisch, weil wenig hitzebeständig – wird gern gegessen. In einem nicht strenggläubigen Haushalt ist beim Hausherrn eine Flasche ausländischer Whisky, Gin oder Brandy willkommen. Die Dame des Hauses freut sich über eine exklusive ausländische Hautlotion, jedoch nur von einer Frau, nicht von einem Mann überreicht!

Im Gespräch wird deutlicher Respekt vor Hierarchie und Alter erwartet. Widersprechen Sie nicht unbedacht dem Gastgeber oder einer älteren Person. Nehmen Sie lieber innerlich und äußerlich eine bejahende Haltung ein und hören Sie gut auf indirekte Hinweise. Ein Inder sagt eher »Möchtest du?« als »Darf ich?«. Erzählen Sie zuerst von Ihrer Familie, dann von Ihren Hobbys und lassen Sie Ihre Gesprächspartner über Kinder, Freizeit, Reisen und die Hochkultur Indiens sprechen. Vor allem aber: Tragen Sie zu einer heiteren Stimmung bei! Und wundern Sie sich nicht, wenn Ihre Gastgeber das Handy parat haben: Die zunehmende Verwestlichung im Business hinterlässt auch in dieser Hinsicht ihre Spuren.

Sprechen Sie »indisch«?

Da in Indien weit über 100 verschiedene einheimische Sprachen gesprochen werden, ist das seit der britischen Kolonialzeit verbreitete Englisch die gemeinsame Sprache, die Lingua franca, auch unter Indern. Unter den einheimischen Sprachen ist Hindi die wichtigste.

Iran: das Land der Arier

Die Amtssprache in Iran ist Farsi (Persisch), eine indogermanische Sprache wie Deutsch. Kein Wunder bei dieser Sprachverwandtschaft, dass *Iran* wörtlich übersetzt »Land der Arier« bedeutet. Es wäre daher ein grober Fauxpas, Iran zur arabischen Welt zu zählen. Sprechen Sie dort auch nie vom »Arabischen Golf«, sondern immer vom »Persischen Golf«.

Tabus um den Tisch herum: sicherheitshalber bedenken

Die Sitten und Tischmanieren sind jedoch in der Islamischen Republik, wie in der arabischen Welt, vom Islam geprägt, und zwar hier, in der Öffentlichkeit, in dessen strengster Auslegung (▶ ab Seite 194). Lassen Sie sich im eigenen Interesse keine Grenzübertretung wie das Trinken von Alkohol auf der Straße zuschulden kommen.

Politische Themen wie die Konflikte im Inneren, das Atomprogramm und das Verhältnis zu Israel sind nicht nur tabu, sondern gefährlich. Sprechen Sie über die Schönheiten des Landes und seine reiche Kulturgeschichte. Rechnen Sie mit Fragen zu Ihrer Familie und zur deutschen Kultur. Kritik ist im gesamten Orient nicht angebracht.

Zurückhaltung und Wertschätzung weisen den Weg

Diskretion ist auch bei der Kleidung gefragt: Männer tragen Anzug, Frauen bedecken in der Öffentlichkeit ihr Haar und den gesamten Körper. Eine Zuwiderhandlung könnte als Provokation aufgefasst werden. Falls Sie als Frau in einem Privathaushalt eingeladen sind, werden Sie jedoch über den Pfiff und Chic der Damenkleider nur so staunen. Halten Sie sich auch mit Ihrer Gestik und lautem Lachen zurück!

Bringen Sie der Dame des Hauses Blumen und Pralinen mit und Kindern Schokolade oder einen schokoladehaltigen Brotaufstrich. Nehmen Sie sich Zeit, sowohl als Gast als auch für Ihre Gäste. Eine Stippvisite bedeutet mangelnde Wertschätzung. Melden Sie Ihren Besuch an. Beharren Sie nicht auf Ihren Plänen, sondern lassen Sie sich lenken.

Israel: koscher & Co.

Die Redewendung, etwas sei »nicht ganz koscher«, also verdächtig, nicht sauber und in Ordnung, ist im Deutschen gängig. Ursprünglich bezeichnet das jiddische und hebräische Wort *koscher* jene Lebensmittel, deren Verzehr einem gläubigen Juden nach den religiösen Speisegesetzen erlaubt ist.

Juden und Israelis: nur ja nicht verwechseln

Nicht jeder Jude hält sich an die Speisevorschriften, wobei nicht jeder Israeli Jude ist und umgekehrt. Verwechseln Sie bitte nicht die Nationalität (Israeli) mit der Religionszugehörigkeit (Jude). Etwa 13,5 Millionen Menschen weltweit gehören dem Judentum mit seinen verschiedenen Hauptströmungen an, sind also jüdischen Glaubens. Ob oder wie genau sie die Speisegesetze befolgen, ist damit noch nicht gesagt. Im Staat Israel leben circa 7,5 Millionen Menschen. Knapp 80 % davon sind Juden. Als Besucher treffen Sie dort also bei jedem fünften Menschen auf andere Essgewohnheiten als die jüdischen. Umgekehrt begegnen Sie weltweit Menschen, die die jüdischen Speisegesetze befolgen.

Die Ursprünge des koscheren Essens

Die Grundregeln der jüdischen Speisegesetze gehen u. a. aufs Alte Testament zurück. Am bekanntesten ist sicherlich die Stelle 2. Mose 23,19, nach der ein Böckchen nicht in der Milch seiner Mutter gegart werden darf. Die ursprünglichen Vorschriften sind in der Tora, dem Hauptteil der Jüdischen Bibel, weiter ausgeführt und im Lauf der Jahrhunderte immer mehr verfeinert worden. Auf Hebräisch heißt dieser Verhaltenscodex Kaschrut. Ziel ihrer differenzierten Vorschriften war es zuerst, im Exil und unter Anfeindungen die Identität des Volkes Israel zu erhalten. Später dienten unterschiedliche Auslegungen der Essvorschriften den Glaubensrichtungen innerhalb des Judentums dazu, sich voneinander abzugrenzen.

Die Hintergründe der Speisevorschriften

Im Judentum gilt Leben prinzipiell als heilig, auch wenn man es nehmen darf, indem man etwa ein Tier tötet. Jede Tötung stellt aber ein Opfer dar, ist also nichts Banales: Das Leben und die Seele sind heilig und unantastbar.

Daher schränken die Speisegesetze der Tora Art und Zahl der Tiere stark ein, die zum Verzehr getötet werden dürfen. Außerdem bestimmten sie, dass ein Tier geschächtet wird, also ausbluten muss: Da im Blut der Sitz des Lebens und der Seele vermutet wird, muss das Tier ausbluten, weil man nicht über ein anderes Leben oder eine andere Seele verfügen darf. Diese darf man sich schon gar nicht einverleiben, also essen.

Koscher konkret

Was genau für den Verzehr tauglich *(koscher)* ist und was nicht *(trefe)*, definieren die Schriftgelehrten. Die Einhaltung der Vorschriften im Alltag wird von Rabbinern überwacht. Bei regelmäßigen Kontrollen werden Herstellungsbetriebe, Geschäfte und Lokale daraufhin geprüft, ob sie und die dort verwendeten Geräte, Einrichtungen und Verfahren koscher sind. Verpackte Lebensmittel dürfen nach positivem Prüfungsergebnis ein Prüfsiegel (▶ Seite 210) tragen. Das Wort *Pareve* daneben bedeutet, dass weder Bestandteile von Milch noch von Fleisch enthalten sind.

Koschere Lebensmittel fallen gemäß der Kaschrut in drei Gattungen: milchig, fleischig oder neutral. Die Basisregeln klingen einfach. Verboten sind der Verzehr von

- Milch(produkten) und Fleisch bei derselben Mahlzeit,
- durch Insekten verunreinigtem Obst und Gemüse,
- Fleisch, das nicht von Wiederkäuern mit gespaltenen Hufen (Paarhufern) stammt,
- im Wasser lebenden Tieren, die keine Flossen oder Schuppen haben, also z. B. allen Krustentieren, ebenso Kaviar, da er vom Stör stammt, der keine Schuppen hat,
- Lebensmitteln, die von Nichtjuden hergestellt worden sind, auch Fertiggerichten und Getränken, etwa Wein.

Die Konsequenzen muten oft kompliziert an. Drei Beispiele: 1. Neutrale Nahrungsmittel (ohne Fleisch und Milch, also Eier, Fisch, Gemüse, Obst) können sowohl mit Fleisch- als auch mit Milchprodukten kombiniert werden. 2. Sahnesauce zu Fleisch geht aber nicht. 3. Das Fleisch vom Rind, Wiederkäuer und Paarhufer, ist erlaubt, das vom Schwein, auch Paarhufer, aber kein Wiederkäuer, ist verboten.

Praktische Konsequenzen für Nichtjuden

1. Falls Sie Juden zum Essen einladen wollen, lassen Sie ihnen am besten die Wahl zwischen Ihrem Zuhause und einem Lokal. Nur wer auf koscheres Essen keinen Wert legt, lässt sich auf einen Besuch bei Ihnen ein.
2. Wählen Ihre Gäste die Variante außer Haus, lassen Sie sie auch das Lokal wählen, denn Sie selbst können nicht abschätzen, welches koschere Restaurant das richtige ist. Manche verwenden für Fleisch- und Milchgerichte getrenntes Besteck und Ess- und Kochgeschirr, andere sogar getrennte Herde, Kühlschränke, Spülen und Spülmaschinen. Wieder andere legen die Regeln so streng aus, dass es zwei getrennte Küchen für Milch- und Fleischgerichte gibt.

Im Zweifel nur auf einen Drink

Wenn Sie Juden entgegen deren möglichen Bedenken zu sich nach Hause einladen wollen, bitten Sie nur zu einem Umtrunk. Fragen Sie, mit welchen Getränken Sie Ihre Gäste bewirten dürfen. Man wird Ihnen sagen, wo Sie z. B. koscheren Wein kaufen können. Und seien Sie nicht gekränkt, wenn man Ihnen als Alternative trotzdem den Besuch eines (koscheren) Cafés vorschlägt.

Wie Sie sich bei Tisch verhalten sollten

Wo immer auf der Welt Sie mit Juden zu Tisch gehen und was Sie auch essen, befolgen Sie grundsätzlich die im jeweiligen Land üblichen Tischsitten.

In Israel entsprechen diese in den weder jüdisch noch muslimisch geprägten Restaurants den europäischen Sitten – je nach Milieu in einer mehr oder weniger förmlichen Variante. Gleiches gilt für die Kleidung. Mit Anzug bzw. Kostüm oder Hosenanzug sind Sie zu jeder Essenseinladung richtig gekleidet. Die Landessprache ist Hebräisch, doch viele israelische Geschäftsleute sind kosmopolitisch, haben in den USA oder Europa studiert und sprechen gut Englisch. Jedes Schulkind lernt zumindest eine Fremdsprache, und zwar Englisch.

Gespräche und Geschenke

Bringen Sie ein kleines Geschenk mit: Blumen, Süßigkeiten oder Wein. Kaufen Sie im kosheren Handel oder achten Sie auf die Prüfsiegel. Es gibt mehrere davon. Die *Orthodox Union* nimmt die strengsten Prüfungen vor. Den Nachweis erkennen Sie an einem »U« (Union) in einem »O« (Orthodox). Lassen Sie sich vom Verkaufspersonal beraten.

Sparen Sie im Gespräch brisante Themen aus: die israelische Außen-, Siedlungs- und Verteidigungspolitik, den Grad der Frömmigkeit, den Holocaust. Beschränken Sie die Konversation darauf, was Sie gemeinsam tun: essen, trinken, Freizeit verbringen und darüber hinaus Kultur, Hobbys und Reisen.

Und jetzt ist Sabbat

Viele jiddische Begriffe sind im Deutschen gang und gäbe. Sicherlich kennen Sie die Wendung »Jetzt ist Sabbat« für »Jetzt ist Schluss«. In Israel ist am Sabbat wirklich Schluss, und zwar mit der Arbeit. Jetzt darf gefeiert werden.

Strenggläubige Juden interpretieren das Arbeitsverbot so, dass nicht einmal gekocht werden darf, da am Sabbat kein Feuer angezündet werden soll. Sind Sie also am Sabbat eingeladen, gibt es eventuell einen Eintopf vom Vortag zu essen. Übrigens verstößt sogar ein elektrischer Funke oder Zündfunke gegen das Sabbat-Gesetz, weshalb möglichst kein Auto gefahren, kein Fahrstuhlknopf gedrückt und keine Kasse in Betrieb gesetzt werden soll.

Der Ferne Osten

Unter dem Fernen Osten werden in der Regel die großen Handelspartner China mit Hongkong, Korea, Japan und Singapur verstanden. Doch zählen auch klassische Urlaubsländer wie Thailand, Indonesien, Malaysia und die Philippinen sowie Ozeanien dazu. So ähnlich manche dortigen Verhaltensweisen, wie z. B. die ausgesuchte Höflichkeit oder das Essen mit Stäbchen, aus der europäischen Perspektive erscheinen mögen, so verschieden sind die Kulturen bei näherem Hinsehen.

China: Mao lässt nicht mehr gar so laut grüßen

Stellen Sie Bekannten oder Kollegen die Frage, welche Tischsitten in China zu beachten seien, hören Sie mit Sicherheit: »Dort müssen Sie bei Tisch schlürfen, schmatzen und rülpsen, damit die Gastgeber wissen, dass es Ihnen schmeckt.« Richtig ist: Viele Chinesen machen Geräusche beim Essen.

Schmatzen gehört nicht zum Handwerk

Richtig ist aber vor allem, dass es sich dabei nicht um eine alte Tradition handelt. Ganz im Gegenteil. Konfuzius (um 551–479 v. Chr.) fordert: »Man macht keinen Lärm, während man schläft und während man isst.« In der von Mao Tse Tung angeführten Kulturrevolution (1966–1976) sollte alles ausgemerzt werden, was an bürgerliche (Un-)Tugenden erinnerte, und dazu gehörte auch die als typisch bürgerlich verschmähte Selbstdisziplin beim Essen. Wer sich der Zwangsproletarisierung entzog, war der Zugehörigkeit zur Bourgeoisie verdächtig. Laut zu essen war also ein politisches Bekenntnis, im Ernstfall eine Überlebensstrategie.

Seit das Reich der Mitte wieder am globalen Geschehen teilhat und Chinesen sich auf dem internationalen Parkett tummeln, gilt jedoch: Je urbaner ein Chinese auftritt und je mehr er im Ausland unterwegs ist, desto weniger Geräusche werden Sie beim Essen von ihm hören. Sie brauchen also keineswegs zu rülpsen. Sogar für zivilisiertes Spucken gibt es (inzwischen wieder!) eine Regel: Spucken Sie in ein Papiertuch oder eine Tüte und entsorgen Sie das Ganze im Abfalleimer. Naseputzen bei Tisch ist absolut verpönt.

Das A und O der Beziehungspflege: gemeinsam essen
Chinesen begrüßen sich mit der Frage: »Heute schon gegessen?«. Genug zu essen zu haben ist in dem ursprünglich armen Land keine Selbstverständlichkeit, gutes Essen daher ein Statussymbol. Ein Essen in großer Runde ist außerdem ein wichtiges Element der Beziehungspflege. Lehnen Sie darum eine Einladung möglichst nicht ab. Laden Sie selbst nur in gehobene Restaurants ein. Ein einfaches Lokal würde Ihr Gast Ihnen als Mangel an Respekt auslegen.

Gemeinsam trinken

Zur Vertrauensbildung trinkt man gemeinsam starken Schnaps. Die Menge wird meist schon bei der Bestellung des Essens festgelegt. Trinken Sie vorsichtig, leeren Sie Ihr Glas also nicht gleich. Halten Sie sich vor allem an Wasser. Schnaps dient nicht nur als Digestif, sondern begleitet das ganze Essen. Das wiederholte Zuprosten – *Gan bei* – mit Toasts verführt zum Sturztrinken und endet mitunter tödlich.

Wahren Sie bei einer Einladung die Form
Ein formelles Essen dauert in der Regel eineinhalb bis zwei Stunden und beginnt oft schon um 18 Uhr. Erscheinen Sie pünktlich, auch bei langer Fahrzeit in großen Städten.
Kleiden Sie sich konservativ und korrekt. Tragen Sie als Herr einen Anzug und als Dame einen Hosenanzug oder ein Kostüm, dessen Rock züchtig Ihre Knie bedeckt.
Der Gastgeber und seine Delegation verlassen den Tisch nach den Gästen. Sie begleiten die Gäste zum Wagen und bleiben so lange stehen, bis sie außer Sichtweite sind.

Made in Germany kommt gut an

Bringen Sie Geschenke mit, am besten europäische Marken-ware und Typisches aus Deutschland, z. B. feine Pralinen. Vermeiden Sie dabei die Zahl Vier. Im Chinesischen klingt das Zahlwort wie das für »Tod«. Vorsicht auch bei Geschenken, die an die Vergänglichkeit erinnern. Messer und Scheren sind riskant, da sie an Verletzung, Trennung usw. erinnern. Billigprodukte *made in Taiwan* wären ein Fauxpas, den man Ihnen kaum verzeihen würde. Produkte *made in Germany* hingegen sind sehr willkommen. Wenn es dann unbedingt ein Messer sein soll, werden die Adressaten Ihnen eine Münze dafür geben: Das »Kaufen« heilt die negative Symbolik. Geschenke packt man nicht vor dem Geber aus, um ihm die Scham einer eventuell falschen Geschenkwahl zu ersparen.

Menschenrechte sind keinesfalls Thema

Fröhlichkeit gilt viel, tragen Sie zu einer heiteren Unterhaltung bei. Es ist nett, wenn Sie wissen, dass chinesische Brauer ihr Handwerk im bayerischen Freising lernen. Wichtiger ist, dass Sie die seit Jahrtausenden andauernden Beiträge Chinas zur Weltkultur bis hin zu aktuellen Musikerlegenden würdigen. Neugier ist üblich, erschrecken Sie nicht über Fragen zum Privatleben. Wer sich kritisch über sein eigenes Land äußert, gilt als nicht vertrauenswürdig. Tabuthemen sind die chinesische Politik, Taiwan, Tibet, die Umweltverschmutzung, die Produktpiraterie und die Menschenrechtsproblematik.

Taiwan – das »andere China«

Warum hat Taiwan keinen Sitz in der UNO? Die Antwort ist so schlicht wie konfliktträchtig: Taiwan sieht sich als souveränen Staat, die Volksrepublik betrachtet es als abtrünnige Provinz. Fragen Sie einen Chinesen also nicht, ob er aus der Volksrepublik oder aus Taiwan stammt. Meiden Sie das Thema Wiedervereinigung. Unterlassen Sie harte Meinungsäußerungen. Kleiden Sie sich dezent-förmlich. Wenden Sie die in der Volksrepublik China und Japan üblichen Tischsitten an.

Keine Hexerei: gekonnt mit Stäbchen essen

In den von China kulturell beeinflussten Ländern Japan, Korea und Vietnam sind Essstäbchen das übliche Besteck. Man nimmt damit Speisen aus Schalen und von Platten und führt damit jegliche feste Nahrung zum Mund, selbst wenn es Nudeln aus einer Suppenschale sind. Sie können natürlich in Fernost um eine Gabel bitten, ein Steakhouse aufsuchen oder sich mit Café au lait und Croissants aus der Kaufhaus-Pâtisserie über die Runden bringen. Doch wollen Sie sich so unsportlich und distanziert zeigen und diesen Gesichtsverlust riskieren?

Ein Blick über den Schälchenrand

Die Chinesen speisen seit drei Jahrtausenden mit Stäbchen, die Japaner seit dem 6. Jahrhundert nach Christus. Essstäbchen wurden früher aus Bambus hergestellt. Fürsten und reiche Kaufleute verwendeten kunstvoll geschnitzte Stäbchen aus Jade oder Elfenbein.

Die Essstäbchen in guten Restaurants sind heute meist aus Plastik oder Knochen. In Korea sind sie fast immer aus Metall und flach im Design. Chinesische Essstäbchen sind mit etwa 25 cm vergleichsweise lang. Japanische Stäbchen sind kürzer als die chinesischen, aber aus Holz und dadurch griffiger als die chinesischen aus Plastik.

Gibt es im Lokal Wegwerfstäbchen, nehmen Sie diese aus ihrer Papierhülle und legen Sie sie so rechts neben Ihren Teller, dass das noch verbundene Ende zu Ihnen weist. Falten Sie die Tüte längs zu einem schmalen Streifen. Knoten Sie diesen und legen Sie ihn rechts als Ablage für den Kopf der Stäbchen hin. Trennen Sie die Stäbchen, ohne dass Holzsplitter ins Essen fallen, und streifen Sie etwaige Splitter ab. Legen Sie die Stäbchen auf dem Papierknoten ab, das Griffende zu Ihnen gerichtet. In vielen Restaurants wird eine spezielle bankähnliche Ablage für Stäbchen eingedeckt und das Papier vom Service entsorgt.

Kleine Gebrauchsanweisung

Mit Stäbchen zu essen ist auch für Menschen, die sonst mit Messer und Gabel speisen, leichter, als es aussieht. Legen Sie dennoch sicherheitshalber Ihre Krawatte erst im Büro an, wenn Sie vor Dienstantritt zum Frühstück Nudelsuppe schlürfen.

1. Nehmen Sie beide Stäbchen zusammen wie einen Bleistift in die rechte Hand. Die dickeren Griffenden weisen über den Winkel zwischen Daumen und Zeigefinger circa ein Drittel hinaus, die schmaleren Enden zeigen zur Speise.

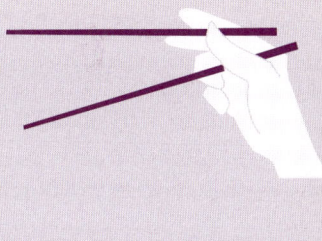

2. Stützen Sie das untere Stäbchen auf dem angewinkelten Ringfinger ab. Die beiden schmalen Stäbchenspitzen liegen übereinander.

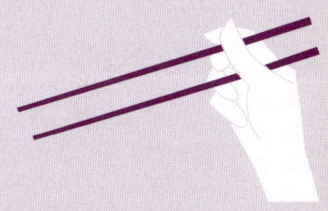

3. Bewegen Sie mit Daumen, Zeige- und Mittelfinger die Spitze des oberen Stäbchens gegen die des unteren. Nun können Sie mit den Stäbchenspitzen einen Bissen fassen und wie mit einer Zange festhalten. So wird selbst das Greifen von Erdnüssen zu Peanuts.

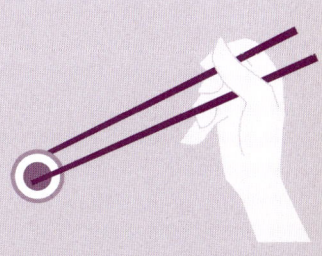

Indonesien: Land der 17000 Inseln

Wegen seiner geografischen Lage zwischen Indischem Ozean und Pazifischem Ozean haben die unterschiedlichsten kulturellen und religiösen, natürlich auch politischen und wirtschaftlichen Einflüsse Ozeanien und damit auch das heutige Indonesien geprägt. Der größte Teil der Bevölkerung lebt auf den Hauptinseln Sumatra, Sulawesi, Java, Bali, Kalimantan und Irian Jaya sowie 30 kleineren Archipelen.

Typisch indonesisch: Gerichte mit holländischem Namen

Die europäischen Kolonisten, allen voran die Niederländer in ihrer 350-jährigen Kolonialzeit, sowie arabische, chinesische und indische Händler haben das Land mitgeprägt und umgekehrt: Die *Rijstafel* können Sie in den Niederlanden genauso bestellen wie im gesamten Indonesischen Archipel. Sie besteht aus einer Vielzahl von Gerichten, die um eine Schüssel Reis herum angeordnet sind. Sie können neben- oder nacheinander serviert werden.

Fast 90 % der Indonesier sind Muslime. Mit diesen circa 200 Millionen Anhängern des Islam ist Indonesien weltweit der Staat mit der größten muslimischen Bevölkerung. Der Islam ist zwar nicht Staatsreligion, seine Speisegesetze werden jedoch mehr oder weniger strikt befolgt. Mehr dazu ab Seite 195.

Über das Essen hinaus: Kleidung, Geschenke, Gespräche

Zum Essen trinkt man vorwiegend Tee und alkoholfreie Getränke, aber auch Bier. Im Restaurant muss man oft nur bezahlen, was tatsächlich zum Verzehr von den Platten genommen wurde. Die Kleidung für den Restaurantbesuch ist gepflegt, doch nicht förmlich. Als Frau bedecken Sie (mindestens) Ihre Schultern, Ihr Dekolletee und Ihre Knie. Bringen Sie kleine Geschenke mit und überreichen Sie diese ausschließlich mit der rechten Hand. Rauchen in der Öffentlichkeit gilt als unschicklich.

Für das Tischgespräch lassen Sie sich davon anregen, dass Kulturtouristen das Land vor allem wegen seiner buddhistischen und hinduistischen Tempel besuchen. Blättern Sie ein wenig im Reiseführer. Berücksichtigen Sie wie bei den Tischsitten auch im Gespräch, dass Indonesien stark vom Islam geprägt ist (▸ ab Seite 194).

Japan: Respekt erweisen, Respekt bekommen

Japan ist ein vergleichsweise kleines Land mit schwierigen geografischen, tektonischen (Erdbeben!) und klimatischen Bedingungen. Wo wenig Lebensraum ist, bleibt wenig Freiraum für Alleingänge. Kein Wunder, dass Rituale genutzt werden, um das prekäre Spiel von Nähe und Distanz auf geringem Raum zu regeln. Kein Wunder auch, dass die Lehre des Konfuzius, die das Individuum auf die Gruppe und das Gemeinwohl verpflichtet, hier so viele Anhänger hat. Daneben ist Japan vom Taoismus geprägt, der Lehre vom Unterschiedlichen, das sich in Harmonie vereint, vom Buddhismus und vom Naturglauben des Shintoismus, der belebte wie unbelebte Objekte als beseelt ansieht. Selbst nicht-religiösen Menschen ist die Natur heilig, und beim Essen nehmen sie das Leben der Natur in sich auf. Deshalb erweisen sie beim Essen der Natur ihre Dankbarkeit.

Rituale geben auch Ihnen Sicherheit

Die Sitzordnung bei Tisch bildet das hierarchische Gefüge der Tafelrunde ab. Sämtliche eingeladenen Gäste sitzen mit dem Rücken zur Wand, also mit Blick in den Raum. So erweist man ihnen Respekt und gibt ihnen das gute Gefühl, alles im Blick zu haben. An der Mitte der Längsseite sitzt der ranghöchste Gast, rechts vom ihm der Gast mit dem zweiten Rang, links der mit dem dritten Rang usw., wie bei internationalen Staatsbanketten (▸ ab Seite 120). Da es bei Geschäftsessen zahlenmäßig selten ein ausgewogenes Damen-Herren-Verhältnis gibt, legt man auf eine bunte Verteilung der Geschlechter keinen Wert. Dolmetscher sitzen bei förmlichen Anlässen hinter den Personen, denen sie assistieren. Der ranghöchste Gastgeber sitzt dem ranghöchsten Gast genau gegenüber, mit dem

Rücken zum Raum bzw. zum Ausgang. Die Mitglieder der Gastgeber-Delegation sind rangmäßig genauso platziert wie die Gäste. Sie kennen dieses Bedürfnis, sich hierarchisch auf die übrigen Anwesenden zu beziehen, vielleicht von den ausgeklügelten Verbeugungsritualen der Japaner. Die Tiefe der Verbeugungen hängt vom jeweiligen Status der Beteiligten ab. Für Europäer genügt ein Händedruck.

Visitenkarten und Anrede

Dass Sie eine Visitenkarte mit beiden Händen überreichen und annehmen müssen und eine angenommene sogleich genau zu betrachten haben, ist bekannt. Steht nur der Name ohne Rang oder Funktion auf der Karte, gilt die Person als so bekannt, dass Sie sie kennen sollten.

Das Äußere zählt – nicht nur bei Geschenken

Da Ihr Status in Japan auch an Äußerlichkeiten abgelesen wird, wählen Sie am besten sowohl das Hotel, in dem Sie wohnen, als auch das Restaurant, in das Sie einladen, sowie Ihre Kleidung mit gutem Bedacht. Tragen Sie gut geschnittene, hochwertige Kleidungsstücke in dezenten Farben sowie gepflegte Schuhe.

Als Herr sind Sie mit einem dunklen Anzug in Grau oder Blau und einem hellen, einfarbigen Hemd plus dezenter Krawatte angemessen gekleidet. Damen tragen eher Kleid oder Kostüm mit Rock als Hose. Grelle Farben, auffällige Muster und extravaganter Schmuck stehen nicht hoch im Kurs. Folgen Sie keineswegs dem Beispiel mancher jungen Japanerinnen, sich auffällig herausputzen. Und vor allem: Ziehen Sie niemals ohne Aufforderung einen Kimono an. Wenn Sie in traditionellem Rahmen auf Tatami-Matten, also auf dem Fußboden sitzend, speisen werden, müssen Sie vor dem Betreten des Raums, genauso wie beim Betreten eines privaten Haushalts oder eines Heiligtums, Ihre Schuhe ausziehen. Also nur intakte Strümpfe wählen!

Auch wenn Sie Probleme damit haben, wie die Japaner im Fersen- oder Schneidersitz auf dem Boden zu sitzen, sollten Sie keinesfalls die Beine lang ausstrecken. Frauen dürfen die Beine seitlich legen.

Geschenke: bitte Markenware mit Stil

Das Label-Denken ist nicht nur in Bezug auf die Kleidung ausgeprägt. Berücksichtigen Sie es auch bei der Wahl Ihrer Geschenke. Eine hochwertige und stilvoll gestaltete Verpackung ist genauso wichtig wie der Inhalt. Papiertüten von Designer-Shops stehen hoch im Kurs. Verschenken Sie kein Messer, das symbolisch die Beziehung zerschneiden könnte. Hochwertiges Schreibgerät ist hingegen willkommen. In Japan werden Geschenke nicht im Beisein des Schenkenden ausgepackt. Überreichen Sie Ihr wertvolles Geschenk mit dem Gestus der Bescheidenheit. Eine üblicher Begleitformel lautet: »Das Geschenk ist zwar wertlos, bitte nehmen Sie es trotzdem an.«

Harmonie ist oberste Pflicht

Der Schlüsselwert in der japanischen Gesellschaft ist *wa,* die Harmonie. Japaner »lesen« die Atmosphäre und halten sich selbst zurück. Verzichten Sie deshalb auf direkte Äußerungen und ausladende Gesten. Auch lautes Lachen und kameradschaftliches Schulterklopfen sind verpönt.

Vermeiden Sie alles, was nur annähernd zu einem Dissens führen könnte. Bitte keine Kritik an Japan, und ebenso keine Kritik an Deutschland. Bitte nichts Despektierliches zum japanischen Kaiserhaus oder zur wirtschaftlichen Lage. Bitte kein Wort zum Angriff der japanischen Luftflotte auf den amerikanischen Stützpunkt Pearl Harbor, der die Wende im Zweiten Weltkrieg einleitete.

Schildern Sie positive Eindrücke und stellen Sie Fragen über das Land, seine Sehenswürdigkeiten und Gebräuche. Fujiyama mit und ohne Wolken, Ikebana, Origami, Kirschblüte, Teezeremonie, Tempel – das sollten Ihre Themen sein. Humor ist gut, Witze sind es nicht.

Fugu: Nervenkitzel auf dem Teller

In exklusiven Restaurants ist der Kugelfisch Fugu eine der teuersten Delikatessen: Wer Fugu isst, demonstriert seinen Reichtum. Gleichzeitig beweist er seinen Mut, denn Teile des Fugu sind extrem giftig – so giftig, dass er in Afrika bei Voodoo-Beschwörungen zum Einsatz kommt. Da früher Todesfälle bei Tisch häufig waren, muss heute jeder, der vom Fang bis zur Zubereitung etwas mit dem Fugu zu tun hat, eine Lizenz besitzen. Das Muskelfleisch (dieses selbst ist ungiftig) wird roh (als Sashimi) oder in einer Suppe gereicht. Sie können ruhig zugreifen.

Nach dem Essen ist vor der nächsten Begegnung

Am Ende des Essens wird gern grüner Tee getrunken. Vor allem nach einem Geschäftsessen geht man zum geselligen Teil über, dem Besuch von Karaoke-Bar und Nachtclub. Hier wird die persönliche Beziehung als Fundament des Geschäfts gepflegt. Auch wenn seit der japanischen Wirtschaftskrise die nächtlichen Ausflüge weniger aufwendig und ausschweifend sind, sollten Sie auf einen Karaoke-Auftritt vorbereitet sein. Im Ernst: Üben Sie ein paar deutsche Volkslieder. Überhaupt nicht zu singen würde auf Unverständnis stoßen. Frauen können (und sollten) sich vor dem Besuch einer Nachtbar verabschieden. Eine Einladung zum Baden hingegen können Sie annehmen, sie ist keineswegs anzüglich gemeint.

Korea: nur fast wie China

Das Leben in Korea ist von konfuzianischen und buddhistischen Sitten und Gebräuchen geprägt. Die nach internationalem Standard modern angelegten Großstädte Südkoreas erwecken vielleicht beim Besucher die Vermutung, dass die Kultur sich nicht sehr von der westlicher Länder unterscheiden dürfte. Doch Vorsicht: Trotz des Wirtschaftsaufschwungs der Tigerstaaten in den letzten Jahrzehnten sind traditionelle Denkweisen und Gebräuche tief verwurzelt.

Zurückhaltung bei Tisch!

In sehr traditionellen Kreisen wird am Esstisch nicht gesprochen, bevor der Ranghöchste am Tisch das Wort erhoben hat. Konzentrieren Sie sich in so einem Fall respektvoll auf das Essen. Viele Tischsitten gleichen den in China üblichen. Jedoch wird Reis mit dem Löffel gegessen, alles andere mit Stäbchen. Früher aß der Adel an Tischen, die Bauern hielten ihre Essschalen in der Hand. Daher gilt es hier als unfein, Suppen- und Reisschüsseln mit den Händen zum Mund zu führen.

»Im Verborgenen« trinken

Stützen Sie während des Trinkens mit der rechten Handfläche das Glas am Boden ab und verbergen Sie es mit der Linken. Es gilt traditionell darüber hinaus als unschicklich, beim Trinken einer Respektsperson ins Gesicht zu sehen.

Thailand

Wenn Sie in einem Thai-Lokal für Ihren Besuch im Fernen Osten das Essen mit Stäbchen üben wollen, verwehrt man Ihnen das wohl nicht. Üblich sind Stäbchen als Essbesteck in Thailand jedoch nicht, außer bei Nudelsuppe.

Früher aß man in Thailand stets mit den Fingern, und da und dort treffen Sie das noch heute an. Besteck kam im 19. Jahrhundert zuerst bei Hofe auf. In der Folge verbreitete sich im ganzen Land die Sitte, mit Löffel und Gabel zu essen.

Da Thai-Gerichte mundgerecht zerkleinert serviert werden, sind Messer hier überflüssig. Schieben Sie mit der Gabel die Stücke auf den Löffel und führen Sie nur diesen mit der rechten Hand zum Mund. Die Gabel in den Mund zu schieben gilt hier als unfein. Kleine Obstgabeln sind von diesem Verbot ausgenommen. Beim Verzehr von Nudelsuppe nehmen Sie den Löffel in die linke Hand, um die Flüssigkeit zu löffeln. Mit Stäbchen in der rechten Hand führen Sie Nudeln, Fleisch und Gemüse zum Mund.

Auf Nummer sicher

Zwölf Gebote des Speisens in Fernost

1. Reis ist das »tägliche Brot«. Verschwenden Sie ihn nicht.

2. Man isst die Speisen vom Teller und den Reis dazu separat aus dem Schälchen. Vermischt wird nichts.

3. Begleitet eine Suppe die Mahlzeit, essen Sie die Einlage mit den Stäbchen, dann heben Sie die Schale mit beiden Händen zum Mund und trinken die Flüssigkeit. In Korea jedoch löffeln Sie sie bitte aus.

4. Fragen Sie nicht skeptisch: »Was ist denn das?«. Lehnen Sie keine Speise ab und probieren Sie von allem.

5. Bedienen Sie nicht sich selbst zuerst. Überlassen Sie dem Gastgeber die Regie. Als Gastgeber bedienen Sie den Ehrengast, als Rangniederer den Ranghöheren.

6. Ist ein Glas halbleer, wird nachgeschenkt. Schenken Sie Ihrem Nachbarn nach. Er erwidert die Geste.

7. Tischreden und Toasts zieren jedes offizielle Essen. Loben Sie mindestens einmal in einer kleinen Rede die Gastgeber, Ihre Beziehung sowie Speis und Trank. Auf Japanisch heißt Prost *Kampai,* auf Mandarin-Chinesisch *Gan bei.* In China steht man zum Zuprosten auf.

8. Ob und wann geraucht wird, entscheidet der Ehrengast.

9. Die Verwendung eines Zahnstochers hinter vorgehaltener Hand ist hier nicht verpönt.

10. Bitten Sie Servicepersonal nur durch Augenkontakt herbei, nicht durch Rufen.

11. Die Tradition, dem Tischnachbarn Speisen mit den eigenen Stäbchen vorzulegen, verschwindet – zum Glück.

12. Ein Rest Speise auf der Platte nebst einem bis auf wenige Körner leeren Reisschälchen und der Deckel auf der Suppenschale signalisieren: Sie sind fertig. Nehmen Sie niemals nach dem Hauptgang noch Reis an. Das hieße, Sie wären nicht satt geworden. Werden Sie nicht früher fertig als Gastgeber und Ehrengast.

Zeigen Sie sich kooperativ

Natürlich gesteht man Ausländern eine gewisse Fehlertoleranz zu. Vielleicht bieten Ihre Gastgeber Ihnen auch Löffel und Gabel an. Aber Sie punkten, wenn Sie Ihren Gastgebern die Ehre erweisen, sich an deren Tischsitten zu halten.

Dies gilt als wenig schicklich ...

Wischen Sie mit dem zu Beginn und Ende eines Essens überreichten feuchten Tuch nur Ihre Hände, nicht das Gesicht ab.

Essen Sie nicht mit den Fingern. Nur bei Sushi ist das im Ausnahmefall akzeptiert. Sie können es mit der Fischseite nach unten kurz in Ihr Schälchen Sojasauce tunken.

Spucken Sie nichts auf den Teller oder gar auf den Tisch. Schieben Sie die jeweiligen Reste mit der Zunge auf die Stäbchen und legen Sie sie auf Ihren Teller.

Bedienen Sie sich vor allem in Japan nicht mit dem Mund-Ende Ihrer Stäbchen von gemeinsamen Platten. Hierfür ist der Vorlegelöffel gedacht. Notfalls drehen Sie Ihre Stäbchen um und fassen die Speisen mit den Griffenden.

... und das ist absolut tabu

Sie dürfen Ihre Stäbchen niemals ...

- kreuzen,
- getrennt ablegen,
- als Spielzeug oder Zeigestöcke verwenden,
- in der Luft herumschwenken,
- aufrecht in die Reisschale stellen (dies macht man nur bei Trauerzeremonien, um Verstorbener zu gedenken),
- zum Aufspießen von Essen verwenden,
- zum Weiterreichen von Essen an andere benutzen.

Es gilt als unhöflich, mit Stäbchen Platten zu sich zu ziehen. In Japan haben Sie meist Ihre eigenen Portionen vor sich. In China sorgt der Gastgeber mithilfe der Drehscheibe auf dem Tisch dafür, dass der Gast immer neue Speisen vor sich hat. Lassen Sie die Stäbchen weder in der Schüssel noch auf Ihrem Teller liegen, sie gehören direkt aufs Platztablett.

Ein thailändisches Menü besteht meist aus einer Suppe, einem Curry-Gericht oder einem scharf gewürzten Salat und einer Sauce mit Fisch und Gemüse. Alle Speisen werden gleichzeitig serviert. Sie können und dürfen scharfe und milde Gerichte in beliebiger Reihenfolge kombinieren. Jeder bedient sich selbst. Zum Essen trinken Sie Wasser, Orangensaft oder Bier und den aus Reis hergestellten Mekong-Whisky, sofern keine strenggläubigen Buddhisten am Tisch sind. Hochwertiger, importierter Wein wird nur in gehobenen Restaurants und zu gehobenen Preisen ausgeschenkt.

Freundlichkeit und Wertschätzung sind wichtig

Gäste erweisen dem Gastgeber mit sauberer, gepflegter, wenn auch nicht unbedingt teurer Kleidung ihren Respekt. Bedenken Sie bei der Wahl von Rock oder Hose, dass Sie beim Essen auf dem Boden sitzen werden. Das muss allerdings im Unterschied zu Japan nicht im Schneidersitz sein. Gegebenenfalls finden Sie für Ihre Füße in einer Vertiefung im Boden unter dem Tisch einen bequemen Platz. Hier gilt: Schuhe aus!

Der Nationalstolz der Thais ist ausgeprägt. Nicht umsonst bedeutet das Wort *Thailand* Land der Freien. Trotz zahlreicher Angriffe auf seine Souveränität ist es dem Volk gelungen, selbst die starken europäischen Kolonialmächte fernzuhalten. Vermeiden Sie daher im Gespräch alles, was auch nur einen Anflug von Herablassung oder Arroganz bedeuten könnte, z. B. die ungute Verbindung von Armut und Prostitution. Sprechen Sie lieber über die prunkvollen Tempelanlagen, die farbenfrohen Märkte und die großartigen Thai-Feste als über Verkehrschaos und Umweltsünden. Im Land werden 74 Sprachen und Dialekte gesprochen, die Amtssprache ist Thai. In Kreisen mit guter Schulbildung sowie in größeren Städten kommen Sie auf jeden Fall mit Englisch durch.

Thais sind freundlich und großzügig. Nutzen Sie das aber nicht aus. Bringen Sie als Gast kleine Geschenke mit. Diese werden zum Zeichen der Wertschätzung mit beiden Händen überreicht und angenommen.

Australien: *down under* – ganz weit unten

Als eigener »Fünfter Kontinent« zählt dieses riesige Land zwischen dem Indischen und dem Pazifischen Ozean. Dazu gehören die vorgelagerten Inseln Tasmanien und Neuguinea. Starke kulturelle und politische Gemeinsamkeiten bestehen mit Neuseeland.

Wer's leger mag, liegt hier richtig

Australien wird, hauptsächlich von seinen Bewohnern selbst, auch salopp als *Oz* (Abkürzung von *Australia* in englischer Aussprache) bezeichnet. Sie selbst bezeichnen sich als *Aussies*, was bereits auf einen typischen Charakterzug der Australier hinweist: Förmlichkeit gilt bei ihnen nicht als Zier. Der geringste Hauch von Arroganz ist absolut verpönt. Spitzfindige Stilfragen überlässt man gern anderen.

Essen: nicht nur wie die Briten

Die Essgewohnheiten und Tischsitten sind stark vom ehemaligen kolonialen Mutterland Großbritannien (ab 1770) geprägt. Nach dem Ende des Strafkolonie-Status und mit dem Zuwachs nicht-britischer Immigranten und der, wenn auch langsam, wachsenden Akzeptanz der Urbevölkerung, der Aborigines, sind je nach Volksgruppe zahlreiche andere Spielarten von Küche, Essgewohnheiten und Tischmanieren vertreten. Kosten Sie Gerichte auf der Basis des Fleisches einheimischer Tiere, z. B. Kängurusuppe. Sie sind einen Versuch wert. Vor allem aber die südostasiatischen Nachbarn haben kulinarisch ihre Spuren hinterlassen.

Zu den Freizeitaktivitäten gehört als ein Muss das aus der Karibik stammende Barbecue (hier *Barbie* genannt). Auch bei Tisch gilt Förmlichkeit eher als Zeichen von Arroganz, und so wird auch hier ein eher lockerer Umgang gepflegt. Der Australier schätzt Mahlzeiten in ungezwungener Atmosphäre. Die Kleidung zum Essen ist in der Großstadt und vor allem bei Business-Essen auf europäische Weise korrekt, in ländlichen Gebieten leger.

Einladungen in Pubs und Clubs sind häufig, vor allem auf dem Land: Der Pub stellt oft weit und breit die einzige Möglichkeit dar, seine Meilen entfernt wohnenden Nachbarn zu treffen. Im rückwärtigen Bereich eines rustikalen Pubs finden Sie durchaus schon einmal eine elegante Lounge für besondere Anlässe. Restaurants sind am Wochenende, vor allem auch Freitagabend, in der Regel gut besucht; vergessen Sie also nicht, rechtzeitig zu reservieren.

Großzügigkeit und Toleranz auf Gegenseitigkeit

Gastfreundschaft wird, gerade abseits der Städte, groß geschrieben in diesem Land, in dem man oft stundenlang unterwegs ist, ohne einer Menschenseele zu begegnen. Zeigen Sie sich auch als Gast großzügig: Ein guter Wein und Mitbringsel aus Europa werden als Gastgeschenke gern gesehen.

Sollten Sie nach Ihrem eigenen Verständnis von Manieren einmal einen Fauxpas begangen haben, stellt das kein großes Problem dar. Eine grobe Unfreundlichkeit hingegen verzeiht man Ihnen so leicht nicht.

Einerseits exotisch, andererseits vertraut

So fremdartig für Europäer die Landschaft, die Flora und Fauna sowie die Kultur der Aborigines sein mögen, so leicht fällt die Verständigung auf Englisch. In diesem großen Land, das mit seinem Klima und seiner Weite Aktivitäten im Freien begünstigt, ist Sport ein bedeutender Teil der Kultur und ein gutes Thema für die Unterhaltung. Fast jeder Vierte der über 15-jährigen Australier ist im organisierten Sport aktiv. Daneben fliegt eine im Outback wohnende Familie am Wochenende durchaus zum Opernbesuch nach Sydney. Ein Blick auf den Spielplan hilft Ihnen, Sympathiepunkte zu sammeln. Meiden Sie hingegen das konfliktträchtige Thema der Aborigines. Die Probleme um deren Status als benachteiligte gesellschaftliche Randgruppe sind noch längst nicht gelöst.

Afrika: weit mehr als der »Schwarze Kontinent«

Die ältesten bekannten Spuren menschlichen Lebens fanden sich in Afrika. Zahlreiche Funde unterstützen die als Out-of-Africa-Theorie bekannte Einschätzung, dass die Ausbreitung des Menschen vom afrikanischen Kontinent aus erfolgte. Heute wohnen in Afrika gute eine Milliarde Menschen verschiedenster Prägung. Es werden 2000 eigenständige afrikanische Sprachen gezählt, von denen rund 50 als größere Sprachen gelten.

Afrika und Europa: eine lange Geschichte

Nordafrika war in der Antike mit Europa und Vorderasien dank des Mittelmeers mehr verbunden als von beidem getrennt. Entsprechend beeinflussten die Kulturen und Sitten einander. Nach der Entdeckung Amerikas war Afrika für die Europäer hauptsächlich als Quelle für Sklaven interessant. Nach der Industriellen Revolution und dem Verbot der Sklaverei flaute bei den europäischen Staaten das Interesse an dem Kontinent ab, dessen Landesinneres man ohnehin kaum beachtet hatte. Erst der Imperialismus ließ das Interesse wieder aufkeimen. Bis 1912 verloren die meisten afrikanischen Völker ihre Freiheit. Seit den 1950er-Jahren entließen die Kolonialmächte die von ihnen besetzten Gebiete in die Unabhängigkeit. Einzelne Inseln gehören aber bis heute zu europäischen Staaten. Die geschichtliche Entwicklung und die willkürlichen Grenzziehungen der Kolonialzeit erklären, warum Sitten und Gebräuche regional geprägt und von den Gewohnheiten der jeweiligen Kolonisatoren überlagert sind.

Ägypten: Land am Nil mit arabischen Traditionen

In Ägypten, im fruchtbaren Tal des Nils, entstand eine der ersten Hochkulturen der Welt. Die unvergleichlichen Hinterlassenschaften aus der Antike machen das Land zu einem Magneten für kulturell interessierte Reisende aus aller Welt.

Die Landessprache ist heute Arabisch. Englisch, als Relikt des britischen Protektorats und als heutige Weltsprache, ist weit verbreitet, und viele Ägypter, vor allem in den Touristenzentren, sprechen ein wenig Deutsch.

Bei Tisch – etwas europäisch, aber nicht ganz
Die ägyptischen Tischmanieren sind je nach Restaurant europäisch (häufig britisch) oder arabisch geprägt. Mehr dazu finden Sie in diesem Kapitel ab Seite 181 und ab 194. Bedenken Sie: Der Islam ist Staatsreligion, 90 % der Bewohner sind Sunniten. Die islamische Kultur zeigt sich nicht nur im Verzicht auf Schweinefleisch und Alkohol, sondern auch in der Kleidung. Die Komplettverschleierung von Frauen ist zwar offiziell verboten, aber immer noch zu beobachten. Für eine Einladung sollten Sie sich keineswegs touristisch-locker, sondern immer korrekt, dezent und bedeckt kleiden. Verzichten Sie auf kurze Hosen – auch als Herr. Damen bedecken Dekolletee, Schultern und Knie. Erscheinen Sie zu einem Essen mit ägyptischen Bekannten pünktlich. Wundern Sie sich aber nicht, wenn diese unterwegs bei einem Schwätzchen aufgehalten worden sind. Zeit ist im Orient ein dehnbarer Begriff. Außerdem wäre es beleidigend für einen Freund oder Bekannten, keine Zeit für ihn zu haben.

Smalltalk und Haltung: lässig, aber keinesfalls nachlässig
Eine heitere Unterhaltung ist der guten Stimmung und – bei Geschäftsessen – natürlich dem Geschäft förderlich. Meiden Sie Themen mit politischer und/oder religiöser Bedeutung. »Warum immer noch verschleierte Frauen? Wie steht es aktuell mit Israel? Gibt es eigentlich Christen hier?« Solche Fragen verkneifen Sie sich besser; auch wenn sie Ihnen auf den Nägeln brennen, z. B. weil Sie wissen, dass die christlichen Kopten als Minderheit hin und wieder Ziel von Gewalttaten sind. Die jahrtausendealte Kultur und ihre Kunstschätze, die moderne Architektur sowie das Tauchen im Roten Meer sind thematisch unverfänglich.

So heiter es bei einer Plauderei auch zugehen mag, so dis-
zipliniert sollte dennoch Ihre Körperhaltung dabei sein.
Vorsicht ist vor allem geboten, wenn Sie die Beine überein-
anderschlagen. Wie in anderen Ländern des Orients darf eine
Schuhsohle nicht in die Richtung eines Gesprächspartners
zeigen, denn sie gilt als unrein, weil sie die Straße berührt hat
(▶ Seite 196). Bequem breitbeinig sitzen, entspannt die Beine
ausstrecken, den Rock auf die Oberschenkel hochrutschen
lassen – auch all das ist nicht gern gesehen. Im Familienkreis
weist man sich gegenseitig auf eine Fehlhaltung hin. Ihnen
als Besucher erspart man solche Ermahnungen, für rüpelhaft
würde man Sie dennoch halten.

Gleich nach dem Tee oder Kaffee ist ein Essen beendet. Wundern Sie sich nicht über das recht zügige Verlassen des Lokals.
Wichtig: Während beim Einkaufen das Feilschen zum guten
Ton gehört, hört dieser Spaß bei einer Restaurantrechnung
auf. Lassen Sie sich nicht lumpen!

Die Maghrebstaaten: etwas arabisch, etwas französisch, etwas anders

Unter *Maghreb* (arab. Westen) im engeren Sinn werden Algerien, Marokko und Tunesien verstanden, im weiteren Sinn zusätzlich Libyen und Mauretanien. Die Kulturen entlang der
südwestlichen Mittelmeerküste standen durch die Jahrtausende unter arabischen, berberischen, diversen europäischen
und osmanischen Einflüssen. Daher treffen Sie hier eine europäische, aufgrund der langen Kolonialzeit vor allem französische Esskultur an, die mit lokalen Gewohnheiten und vor
allem muslimischen Speisegesetzen kombiniert ist. Beispielsweise werden Besucher am einen Ort mit stark gesüßtem Pfef-
ferminztee verwöhnt und am nächsten mit hervorragenden
landeseigenen Weinen. Mehr zu französischen und muslimischen Tischsitten lesen Sie ab Seite 179 bzw. ab 194.

Erscheinen Sie pünktlich, ohne jedoch von anderen Pünkt-
lichkeit zu erwarten. Kleiden Sie sich mit Rücksicht auf konservative Muslime diskret.

Gute Unterhaltung: zwischen Europa und dem Orient

Französisch ist zwar die Handels-, Bildungs- und Kultursprache in Algerien, Marokko und Tunesien, die Amtssprache ist jedoch Arabisch. In der Konversation verzichten Sie besser auf Kommentare zum Grad der Islamisierung sowie auf das Thema der französischen Kolonialzeit. Lenken Sie das Gespräch eher auf unmittelbar vor Ihnen liegende Dinge wie das Essen, das lokale Kunsthandwerk und die Landschaft. Ihr Privatleben ist interessant, vor allem Kinder. Bereiten Sie sich ein wenig vor: Viele Schriftsteller und Musiker sowie große kulturelle und architektonische Errungenschaften schon aus der Zeit der Phönizier und Römer sind der Stolz der Nationen. Und gerade die zu Unrecht so verschrienen Vandalen haben hier exquisite Bau- und Kunstwerke geschaffen.

Subsahara-Afrika: ganz schön bunt

Bei förmlichen Anlässen in offiziellem Ambiente gelten die Tischsitten der Europäer. So auch in Namibia (1884–1915 »Deutsch-Südwestafrika«), wo sich bis heute deutsche Gepflogenheiten halten. So wird gern zu einem privaten Grillabend nach Hause eingeladen. Bei einer Einladung nach einheimischer Tradition aber wird mit den Fingern gegessen. Freuen Sie sich auf Zutaten, die Sie nie gesehen, geschweige denn gegessen haben. Gewöhnungsbedürftig sind jedoch die eiweißreichen, circa 3 cm langen getrockneten Mopani-Raupen. Sie waren früher eine wichtige Nahrungsquelle für die Bewohner der Namib-Wüste und werden heute Touristen bei Safaris angeboten – mehr Mutprobe als Notwendigkeit.

Nicht vom hohen Ross herab!

Die Kleidung zum Essen ist, außer bei offiziellen Anlässen, locker und bequem, doch nicht nachlässig. Erscheinen Sie also nicht overdressed, denn das könnte als arrogant aufgefasst werden. Achten Sie im Tischgespräch darauf, dass Sie jede Art von (Ab-)Wertung oder Herablassung vermeiden. Niemand braucht Belehrungen aus reicheren Weltgegenden.

Dass die Uhren auf anderen Kontinenten anders gehen, sollten Sie wissen, bevor Sie nach Afrika fahren. Absolut unklug sind kritische Kommentare auf Deutsch! Diese werden besser verstanden, als ein herablassender Sprecher denken mag, und ohnehin durch die Körpersprache entlarvt. AIDS ist kein Thema, ebenso Armut, Frauenbeschneidung und Stammeskriege. Bei den vielen neuen Erlebnissen und Eindrücken, die der Kontinent bietet, brauchen Sie sich über mangelnde Gesprächsthemen keine Sorgen zu machen. Und: Emotionale Aussagen eines Afrikaners sind keine Floskeln, sondern Bezeigungen echter Herzlichkeit.

Mit Englisch kommen Sie gut durch. Lassen Sie sich, zum Zeichen Ihrer Wertschätzung, von Ihren Gesprächspartnern die wichtigsten Redewendungen in der jeweiligen Regional- oder Stammessprache aufschreiben und vorsprechen.

»Schwarz« sagt man nicht

Der Begriff »Schwarzafrika« für den Teil des Kontinents südlich der Sahara ist noch gängig, gilt aber, da er auf die Hautfarbe der Bewohner abhebt, als politisch unkorrekt. Man sagt »Subsahara-Afrika«. Es besteht aus 42 Ländern auf dem Festland sowie sechs Inselstaaten, darunter die von Touristen stark frequentierten Seychellen.

Südafrika: Regenbogennation

Obwohl man Südafrika logischerweise zu Subsahara-Afrika (»unterhalb« der Sahara) zählen müsste, wird es, wegen seines Klimas, seiner frühen Besiedelung durch Europäer und seiner touristischen Bekanntheit sowie auch als bedeutende Wirtschaftsmacht, meist separat geführt. Kultur, Küche und Tischsitten waren zuerst von afrikanischen Stämmen wie z. B. den Xhosas und Zulus bestimmt. Spätere Einflüsse kamen mit den ursprünglich von den Niederländern abstammenden und Afrikaans sprechenden Siedlern, den Buren (niederl. Bauern), ferner den seefahrenden Engländern und mit ihnen den

Indern und Kap-Malayen. Später brachten noch Portugiesen und Griechen das Ihre ein. Sitten und Gebräuche unterscheiden sich von Landstrich zu Landstrich und gemäß der ethnischen Herkunft der Bevölkerungsgruppen so stark, dass das Land gern als Regenbogennation bezeichnet wird.

Bitte nicht zu förmlich

Seit dem Ende der Apartheid gibt es elf amtliche Landessprachen, darunter Afrikaans und Englisch. Verhalten Sie sich in diesem vielfältigen Gemisch so, wie Sie sich in Deutschland verhalten sollten. Dann sind Sie bestens angesehen. Nur allzu förmlich sollten Sie nicht auftreten, auch in der Kleidung nicht. Allerdings betreten Herren vor allem die Restaurants der internationalen Hotels nicht ohne Jackett.

Aber man trifft sich eher in einem Privathaushalt als auswärts. Bei einer Einladung zum Tee oder zu einem Spieleabend bringen einheimische Gäste Obst aus dem eigenen Garten oder selbst gebackenen Kuchen mit. Diesem Beispiel können Sie nicht folgen. Doch Sie können in einer Konditorei den Lieblingskuchen der Buren, eine *Melktert,* kaufen. Zum Abendessen sind für die Dame des Hauses Blumen und Schokolade und für den Hausherrn ein guter Wein angemessen.

Themen des bunten Landes: Natur, Sport, Kultur

Gute Themen bei Tisch sind weder die nach wie vor extremen sozialen Unterschiede noch die Arbeitsbedingungen in den Diamantminen noch Kriminalität noch Apartheid. Bestätigen Sie nicht die Befürchtung, dass deutsche Besucher die Verhältnisse aus der Ferne bewerten, ohne die Einzelheiten zu kennen. Gute Themen sind hingegen Nelson Mandela, Fußball und auf jeden Fall Flora und Fauna auf der Garden Route und im berühmten Krüger-Nationalpark. Man zählt im Lande sage und schreibe 900 Vogelarten! Die einheimische Musik und die Literatur genießen internationale Reputation. Erwähnenswert sind auf jeden Fall die teilweise extremen Freizeitaktivitäten wie Bungee-Jumping, Tauchen und Surfen.

Nord- und Südamerika: auf Kolumbus' Seeweg nach Indien

Amerika wurde von Kolumbus »entdeckt«. Hat es dann nicht einen falschen Namen? Genau genommen hat Christoph Kolumbus auf seiner Suche nach dem Weg nach Indien nur Inseln und kein Festland entdeckt und diese entsprechend »Westindische Inseln« genannt. Alberigo Vespucci hat, wie der deutsche Kartograf Martin Waldseemüller zu Recht betonte, als Erster einen Fuß auf das Festland gesetzt. Der Vorname (deutsch »Alberich«) wurde wohl falsch festgehalten, und deshalb hat Amerika tatsächlich einen »falschen« Namen.

Kanada: von Meer zu Meer

A mari usque ad mare (lat.) bedeutet »Von Meer zu Meer«. Dies ist der Wahlspruch des hinter Russland seiner Fläche nach zweitgrößten Staats der Erde. Dieses Land zwischen Atlantik und Pazifik ist landschaftlich sehr vielfältig, kulturell jedoch eher eine Einheit. Die Kolonialisierung erfolgte zwar zuerst durch französische Siedler, doch bald danach kamen die Briten. Seither ist das Land mit Ausnahme des Staates Québec britisch geprägt. Bis heute ist der/die britische Monarch/in zugleich repräsentatives Staatsoberhaupt von Kanada. Amtssprachen sind Englisch und Französisch, wobei letzteres aber fast nur im frankophonen Québec zu hören ist. Die Sprachen der Ureinwohner Inuit und Métis sowie der heute *First Nations* genannten Indianer spielen im öffentlichen Leben keine Rolle.

Bei Tisch: Europa und Asien lassen grüßen

Neben europäischen Gebräuchen sind gerade bei Tisch US-amerikanische Manieren verbreitet (▶ ab Seite 239) sowie vor allem in dem von asiatischen Einwanderern favorisierten Westen Kanadas, von Vancouver bis Toronto, immer stärker chinesische Sitten (▶ Seite 211).

Dank der Vielfalt der Regionen, Zutaten und Zubereitungsarten ist die kanadische Küche ausgesprochen abwechslungsreich. Beliebt sind Cocktails, Grillpartys und Büfetts. Erwarten Sie bei Einladungen dazu eine ziemlich lockere Atmosphäre. Auch wenn die Kleidung generell leger ist, wird beim Essen ein förmlicherer Stil erwartet. Als Herr erscheinen Sie bitte nicht ohne Jackett.

Alkohol wird nur in Lokalen mit eigener Lizenz ausgeschenkt. Solche Angaben hängen am Eingang aus. Kaufen Sie, wenn erforderlich, Ihren Wein vor dem Essen ein und bringen Sie ihn mit ins Restaurant (Korkgeld ▶ Seite 246). Robbenfleisch essen Sie, wenn es überhaupt angeboten wird, wegen des häufigen Wurmbefalls der Tiere am besten nur gut durchgebraten (Garstufen für Fleisch ▶ Seite 76).

Das *Sit-down-Dinner:* nicht ganz so leger

Bei einem *Sit-down-Dinner* wird zwischen mehr oder weniger förmlichen Varianten unterschieden. Feste Sitzordnung und pünktlicher Beginn sind beiden gemeinsam. Das *Formal Sit-down-Dinner* entspricht dem europäischen Festbankett. Hier sind (mindestens) dunkler Anzug und elegantes Kleid gefragt. Der Gastgeber darf eine Dankesrede erwarten. Gibt es keinen ausgewiesenen Ehrengast, spielt der älteste Gast dessen Rolle.

Themen und Nicht-Themen in Kanada

Seit Vancouver und seine Umgebung im Winter 2010 Austragungsorte der XXI. Olympischen Winterspiele waren und Kanadas Sportler die meisten Goldmedaillen gewonnen haben, weiß wohl jeder ein wenig über die sportlichen Ereignisse und die Schönheit der Landschaft zwischen Pazifikküste und Rocky Mountains zu plaudern. Lassen Sie sich berichten, wie schön es im großen Rest des Landes ist.

Sparen Sie Themen wie die Differenzen mit den USA, die Unabhängigkeitsbestrebungen des Bloc Québecois im fran zösischsprachigen Landesteil und den Umgang mit der Urbevölkerung aus. Und wenn das Thema doch zur Sprache kommt: Die im Norden wohnenden eskimotischen Gruppen heißen korrekt nicht Eskimos, sondern *Inuit,* der Begriff *Red Indian* ist verboten, auch *Native Indians* sagen Sie besser nicht. *First Nations* ist korrekt. Vergessen Sie bitte auch nicht, dass Kanada eine Kulturnation ist. Hervorragende Musiker stammen von hier, exquisite Orchester und Ballettgruppen gibt es hier, und der Cirque du Soleil ist legendär.

Lateinamerika: die Mitte und der Süden des Doppelkontinents

Die große Landmasse des amerikanischen Kontinents zwischen dem 32. nördlichen Breitengrad (Nordgrenze Mexikos) und der Südspitze (Kap Hoorn) wird mit dem politisch-kulturellen Oberbegriff Lateinamerika bezeichnet. Dieser grenzt den vorwiegend vom Einfluss der spanischen und portugiesischen Kolonisatoren geprägten Mittel- und Südteil Amerikas grob vom englischsprachigen Norden ab. Doch es gibt ganz erhebliche Unterschiede zwischen den einzelnen Ländern. Generell wächst das Selbstbewusstsein der Lateinamerikaner, und so hebt man sich zunehmend von Nordamerika ab.

Mate-Tee: »Trank der Götter«

Der koffeinhaltige Aufguss Mate aus den Blättern einer Stechpalme wird besonders in Argentinien und Uruguay als »Zaubermittel« gegen Ermüdung, Hitze und Hunger getrunken. Er wurde ursprünglich in einem Flaschenkürbis gereicht. Heute wird er in einem kürbisförmigen Metallgefäß serviert, das von Gast zu Gast gereicht wird. Darin steckt die Bombilla, ein löffelähnliches Saugrohr mit Siebtülle. Das Mundstück wird, wenn das Gefäß die Runde macht, nicht ausgewechselt. Sie dürfen den Gemeinschaftsritus dennoch auf keinen Fall ablehnen, wenn Sie dazu eingeladen sind.

Distanz ist nicht gefragt, …
Die Distanzzonen zwischen den Menschen sind für unsere Verhältnisse sehr klein. Küsschen für Damen und Umarmungen unter Männern sind selbst im Geschäftsleben durchaus üblich. Gesten können dafür umso ausladender sein. Vor allem in Mexiko herrscht während des Essens viel Bewegung bei Tisch. Es ist nicht unüblich, der Geselligkeit halber am Tisch Plätze zu tauschen. Gern laden Geschäftsleute zum Abendessen auch die Lebenspartner/innen ein, dies ebenfalls der Geselligkeit halber.

… stilvolles Verhalten sehr wohl, …
Die Tischsitten in Lateinamerika entsprechen im Wesentlichen den europäischen, da neben den spanischen und portugiesischen Kolonisatoren im Lauf der Jahrhunderte auch viele Briten, Italiener und Deutsche hier ihre Zelte aufgeschlagen haben.
Vor allem gehobene Kreise achten auf die Einhaltung der Tischregeln. Wenn Sie sich hier so verhalten, wie es konservative Kreise in Europa erwarten, liegen Sie richtig. Erscheinen Sie jedoch nicht auf europäische und nordamerikanische Weise pünktlich, sondern erst eine halbe Stunde nach der genannten Zeit. Um auf Nummer sicher zu gehen, können Sie vorher fragen: »American time?« Wird diese Frage bejaht, wird pünktlich zur angegebenen Zeit mit Ihnen gerechnet.
Behalten Sie beim Essen, wie in Europa, aber im Gegensatz zur US-amerikanischen Sitte, beide Hände auf dem Tisch. Die Finger kommen selten direkt zum Einsatz. Sogar frisches Obst zum Dessert wird mit dem Besteck zerkleinert.
Kosten Sie zumindest von allen Speisen, die man Ihnen vorsetzt. Lehnen Sie ein Angebot zum Nachservice zunächst einmal bescheiden ab. Nehmen Sie es erst an, wenn die Gastgeber es wiederholen und darauf bestehen. Ein Lob auf eine Speise könnte als indirekte Bitte um Nachservice missverstanden werden. Lassen Sie einen Rest auf dem Teller zurück, um zu zeigen, dass Sie genügend bekommen haben.

Erst nachdem der Gastgeber einen Toast ausgesprochen hat, ergreifen Gäste das Wort. Gäste verlassen den Tisch nur, wenn es wirklich nötig ist, verabschieden sich frühestens eine halbe Stunde nach Ende des Essens und bedanken sich in den Tagen nach der Einladung schriftlich oder per Telefon.

… und erst recht Eleganz und Galanterie

In Brasilien sieht man sogar im Stadtbild Männer mit bloßem Oberkörper und Frauen mit nur minimaler Bedeckung von Brust und Po. Lassen Sie sich davon nicht leiten. Zum Essen im Lokal ist förmliche Kleidung – Anzug plus Langarmhemd bzw. schickes Kleid – angebracht, zum geselligen Asado-Grill-Essen zumindest gepflegter Freizeitlook (casual ▶ Seite 132). Damen kleiden sich feminin, doch nicht aufreizend.

Akzeptieren Sie als Frau die Galanterie eines Herrn. Sie ist üblicher Teil der Lebensart und bedeutet keinen drohenden Übergriff. Im Restaurant versucht meistens jeder, die Rechnung zu begleichen, nicht nur wer zu dem Essen gebeten hatte. Besonders als Frau haben Sie es schwer, einen Mann einzuladen. Wenn Sie Gäste in Ihr Hotelrestaurant bitten, können Sie bereits bei der Tischreservierung klarstellen, dass die Rechnung auf Ihr Zimmer zu schreiben ist.

Präsente bei privaten Einladungen

Eine Einladung in einen Privathaushalt ist eine große Ehre. Bringen Sie der Gastgeberin Blumen mit. Folgen Sie den Empfehlungen des Händlers und verzichten Sie auf symbolisch negativ behaftete Blumen wie Lilien, gelbe Rosen oder Chrysanthemen. Darüber hinaus ist es üblich, einen Wein mitzubringen, den man dann gemeinsam trinkt. Süßigkeiten für die Kinder sind gern gesehen. Überreicht man Ihnen in Mexiko einen Totenkopf aus Zuckerguss, ist das kein Fauxpas, sondern ein heiteres Element des Totenkults, der am 2. November, Allerseelen, in einem Fest zu Ehren der Toten gipfelt.

Lieber nicht oder lieber doch: Themen für Plaudereien

Probleme thematisieren Sie lieber nicht, wie z. B.:

- Regierungsformen und Regierungswechsel,
- innenpolitische Unruhen und Konflikte,
- die Kämpfe zwischen Argentinien und Großbritannien um die Falkland-Inseln, die hier *Malvinas* heißen,
- die verlorenen Kriege Boliviens mit den Nachbarländern,
- die illegale mexikanische Auswanderung in die USA,
- die Drogenmafia in Kolumbien und anderswo,
- Kriminalität, Korruption und Sicherheitsprobleme,
- Differenzen zwischen Indios und Großgrundbesitzern
- Konflikte zwischen Wirtschaft und Umweltschutz,
- Hautfarben und Rassenzugehörigkeiten.

Erzählen Sie lieber von sich und vor allem von Ihrer Familie. Positive Themen sind auch die berühmten Naturschönheiten wie die Wasserfälle von Iguaçu und die einzigartige Flora und Fauna in den Regenwäldern des Amazonasgebiets. Ganz zu schweigen von den großartigen archäologischen Stätten wie der Inkastadt Machu Picchu, um nur ein paar Beispiele zu nennen. Die moderne Architektur hat viel zu bieten, etwa die brasilianische Hauptstadt Brasilia oder das Opernhaus in Manaus. Fußball ist unverfänglich und von fast allen Gesprächspartnern akzeptiert. Außer in Brasilien, wo die Landessprache Portugiesisch ist, wird Spanisch gesprochen.

Zwei Wörter sagen alles

In Brasilien reichen für den Smalltalk manchmal schon zwei Wörter: *Tudo bem*. – Alles okay. Damit kann man, je nach Betonung, fast eine komplette Unterhaltung bestreiten. Fast jedes Gespräch wird damit eingeleitet. Die Antwort lautet dann manchmal *Tudo bom,* und das heißt dasselbe. Sie ist zwar grammatikalisch falsch, »Aber«, so kommentiert Dr. Josef Oehrlein, der Korrespondent der *Frankfurter Allgemeinen Zeitung* in Lateinamerika, »ein bisschen Abwechslung muss ja sein.«

Die USA: 50 Bundesstaaten unter einem Dach

Die in Deutschland verbreitete Meinung, die US-Amerikaner seien oberflächlich, ist falsch. Richtig ist, dass Sie in den USA keine Charakterprüfung bestehen müssen, bevor man Ihnen ein Lächeln schenkt. Das ist eine Parallele zu dem in der Verfassung verbürgten Grundrecht auf »Leben, Freiheit und Streben nach Glück«, jedem Menschen eine Chance zu geben, solange er den Anspruch auf Freundlichkeit nicht selbst verwirkt. Tragen Sie durch aufgeschlossenes Verhalten zum guten Klima bei. Und bedenken Sie: Kleine Geschenke erhalten die Freundschaft. In der Tat sind vor allem im Geschäftsleben eher kleine als große Geschenke angebracht, damit sie nicht als Versuch einer Einflussnahme – sprich Bestechung – interpretiert werden.

Mit dem Besteck auf Zickzack-Kurs

Obwohl der spanische Einfluss zunimmt und viele Asiaten das gesellschaftliche Bild mitprägen, sind Sie im Großen und Ganzen mit deutschen Tischsitten gut beraten. Die kleinen, aber deutlichen Unterschiede nicht zu kennen gibt zwar selten einen Punkteabzug, sie zu praktizieren wird jedoch als Weltläufigkeit und Wertschätzung gedeutet.

Der Umgang mit dem Besteck ist für uns ungewohnt, doch im Grunde sehr praktisch. Die US-Amerikaner benutzen das Messer nur in seiner grundlegenden Funktion, nämlich um Fleisch zu zerkleinern (▶ ab Seite 12). Sie schneiden nacheinander mehrere Stücke ab und legen das Messer dann am rechten oberen Tellerrand mit der Schneide zum Tellerspiegel hin ab. Nun wechselt die Gabel in die frei gewordene rechte Hand, und die Stücke werden mit der Gabel zum Mund geführt. Wird weiteres Fleisch zerkleinert, kommt das Messer erneut zum Einsatz, und die Gabel wandert dazu in die linke Hand zurück. Dieses zickzackartige Hin und Her der Besteckteile hat zu dem Begriff *zigzag eating* geführt. Die europäische Art, das Messer stets in der rechten Hand zu halten, wird in den USA als unpraktisch betrachtet, aber akzeptiert.

Weitere Besonderheiten an US-amerikanischen Tischen

- Die linke Hand liegt, solange sie keine Gabel hält, auf dem linken Oberschenkel. Alles andere gälte als Zeichen von Gier. Der Ellenbogen gehört dabei aber nicht auf den Tisch.

- Wenn Sie während des Essens den Tisch verlassen, legen Sie Ihre Serviette nicht auf den Tisch, sondern auf den Stuhlsitz. Anderen Essern den Anblick Ihres Mundtuchs zuzumuten gälte als respektlos.

- Schnäuzen Sie sich nicht bei Tisch. Verlassen Sie zum Naseputzen sogar den Raum.

- Als Aperitif wird Hochprozentiges, wie Whiskey, gereicht, zum Essen selbst sind Softdrinks, Tee und Kaffee nicht so unüblich wie an europäischen Tischen. Beim Lunch wird meist auf Alkohol verzichtet. In gehobenen Restaurants wird jedoch zum Dinner Wein getrunken. Wundern Sie sich nicht, wenn dazu Eiswürfel gereicht werden.

- Wahren Sie bei aller Lockerheit die Distanz. So gern Amerikaner Visitenkarten tauschen und bei Cocktails zwecks Netzwerkbildung das Prinzip *work the crowd* (sich durch die Menge arbeiten) praktizieren, beim Essen halten Sie sich mit der Übergabe besser zurück. Fragen Sie lieber nach der Karte des anderen. Hat er (wirklich?) keine dabei, insistieren Sie nicht!

- Dass Herren aufstehen, wenn eine Dame den Tisch verlässt oder an ihn zurückkehrt, ist in gehobenen Lokalen an der Ostküste verbreiteter als im Westen und in Europa.

- Die Portionen in den USA sind häufig üppig. Oft kann man einen Teller gar nicht leer essen. Um den Gästen den Anblick von Resten zu ersparen, wird der Teller jeweils abgeräumt, sobald der einzelne Gast den Gang beendet hat. Es ist unüblich, damit zu warten, bis die anderen Gäste fertig sind. Wenn Sie sich dem Tempo Ihrer Tischnachbarn anpassen, müssen Sie nicht vor Ihrem leeren Platz sitzen, während andere noch speisen.

- »Gemütlichkeit« gilt als deutsche Besonderheit und heißt in Amerika auch genau so. Gemütliches Zusammensitzen mit ungewissem Zweck und Ausgang ist vor allem unter Geschäftspartnern unüblich. Einem ex- und intensiven Gesprächsaustausch bei Tisch werden gemeinsame sportliche Aktivitäten und Konzertbesuche vorgezogen, zumal wenn sich die Gesprächspartner noch nicht gut kennen.

- Das Glas Sekt »für den Kreislauf«, das Sie z. B. in deutschen Ferienhotels schon zum Frühstück angeboten bekommen, ist in den USA unüblich. Bei einem Brunch wird Alkohol meist erst ab 12 Uhr gereicht.

Please wait to be seated: Verhalten im Restaurant

Wählen Sie vor allem für den Besuch in einem noblen Lokal edle Kleidung. Ein Jackett ist für den Herrn das Minimum, in den Neuenglandstaaten wird Herren mit Jackett, doch in Jeans und ohne Krawatte mitunter sogar im eigenen Hotel der Zutritt zum Frühstücksraum verwehrt. Damen kleiden sich weiblich-elegant. Zwar sind wir es gewohnt, Hillary Clinton in Hosen zu sehen, diese gelten jedoch für förmliche Anlässe als nicht elegant genug. In klimatisierten Räumen ist eine Stola über dem Kleid angemessen und oft sehr notwendig.

Steuern Sie nicht selbst einen freien Tisch an, auch nicht bei gähnender Leere im Restaurant. Solcher Vorwärtsdrang ist Amerikanern fremd, ob im Gourmettempel oder im einfachen *Diner*. Warten Sie stets am Eingang, bis man Sie an einen oder Ihren Tisch führt: *Please wait to be seated.* Warten Sie, bis Sie platziert werden.

Go Dutch wie die Deutschen? Lieber nicht!

Die Sitte, getrennt zu zahlen, heißt auf Amerikanisch *going Dutch,* wird also als Besonderheit des deutschsprachigen Kulturkreises angesehen (früher bedeutete *Dutch* deutsch). Sie wird nicht etwa positiv gewertet. Üblicherweise zahlt ein Gast für alle, oder man legt zusammen. Feilschen Sie dabei bloß nicht um Kleinigkeiten. Großzügigkeit gilt auch in den USA als Tugend.

Ihr Wohlbefinden im Lokal liegt in dessen Interesse sowie vor allem dem der Servicekraft, die kein oder kaum ein Fixum verdient und auf Ihre Zufriedenheit angewiesen ist. Diese sollten Sie denn auch mit einem üppigen *tip* (Trinkgeld) zeigen. Gute Dienstleistung sieht hier so aus:

- Ihre Servicekraft stellt sich mit ihrem Namen vor.
- Sie sollen keinen Durst leiden. Darum wird Ihnen während des Essens kontinuierlich eiskaltes Wasser aus Karaffen nachgeschenkt, oft auch Kaffee aus großen Kannen.
- Sie sollen sich stets frisch fühlen können. Deshalb werden immer wieder Eiswürfel gebracht, und deshalb sind die Klimaanlagen für europäische Begriffe auf »eiskalt« gestellt.
- Damit Sie aufbrechen können, wann immer Sie wollen, kommt die Rechnung ungefragt. Eine weitere Bestellung Ihrerseits wird man danach nicht zurückweisen.
- Ein normales Trinkgeld liegt bei 15–20 %. Die Faustregel lautet: das Doppelte der Steuer, die immer ausgewiesen ist: *double the tax*. Um nicht von geizigen ausländischen Gästen enttäuscht zu werden, führen in Touristenregionen die Servicekräfte immer öfter den *tip* von sich aus auf. Schauen Sie deshalb genau auf die Rechnung, denn für ein Trinkgeld von 40 % Ihres Verzehrs wäre Ihre Zufriedenheit vielleicht doch nicht hoch genug.

Gesprächsthemen, mehr oder weniger sicher

Unterlassen Sie offene Kritik an den USA, vor allem am Präsidenten. Man ist hier im Allgemeinen viel patriotischer, als wir es gewohnt sind. Lassen Sie sich umgekehrt nicht zu Kritik an Deutschland verleiten: Man hat stolz zu sein auf sein Land. Halten Sie keine Vorträge und protzen Sie nicht mit Ihrer Bildung. Dass die US-Amerikaner in alten Kulturnationen für Banausen gehalten werden, sollten Sie ebenso wenig andeuten wie den Vorwurf, dass sie sich als »Weltsheriffs« aufführen. Die Rassenfrage ist zwar interessant und hat seit Barack Obamas Wahl zum Präsidenten eine spannende neue Facette, ist aber kein Thema für ein Tischgespräch.

Von Mann zu Frau: Halten Sie Abstand!

Von Mann zu Frau sind Komplimente extrem riskant. Allzu schnell wird einem Mann der Versuch eines sexuellen Übergriffs *(sexual harassment)* unterstellt. Vor der geringsten Bemerkung und erst recht Berührung sei eindringlich gewarnt. Verzichten Sie auf alles, was als Annäherungsversuch ausgelegt werden könnte. Schon die Andeutung einer anzüglichen Bemerkung oder eines sexistischen Witzes ist vollkommen deplatziert und ernsthaft gefährlich. Sie könnten allzu schnell mit einem Fuß im Gerichtssaal stehen. Generell ist politisch korrektes Verhalten dringend anzuraten.

Komplimente von Frau zu Frau werden hingegen gern gehört: »Wie gut du heute wieder aussiehst!«.

Da bleibt nicht viel zu reden? Von wegen! Sport jeder Art ist ein Thema, vor allem Football. Dies gilt nicht nur für aktive Sportler, von denen es weit mehr als in Deutschland gibt. Viele Amerikaner sind zumindest Fans von Sportclubs, und viele Geschäftsleute haben als Studenten in einer Sportmannschaft ihrer Universität gespielt. Der *Super Bowl,* das Finale der US-amerikanischen American-Football-Profiliga *National Football League (NFL),* ist weltweit eines der größten Einzelsportereignisse und erreicht in den Vereinigten Staaten regelmäßig die höchsten TV-Einschaltquoten des Jahres. *Super Bowl Sunday* mit dem Spiel und einem großen Rahmenprogramm von Shows und Festivitäten hat in den letzten Jahren den Status eines inoffiziellen nationalen Feiertages erreicht.

Amerikaner sind reisefreudig. Lassen Sie sie von Reiseländern und Erlebnissen erzählen. Und sie sind stolz auf ihre berühmten Landsleute. Lassen Sie sie mit den großen Namen aus der Kunst-, Film- und Medienwelt, aus Forschung und Technik glänzen. Beim Erwähnen von Spitzenmanagern lassen Sie seit der Finanzkrise lieber Vorsicht walten. Informieren Sie sich gut, wer im Moment hoch im Kurs steht und wer gerade nicht.

? Fragen & Antworten

Sich anpassen: *When in Rome do as the Romans do,* habe ich in der Schule gelernt. Wie weit muss ich da gehen?

Das Sprichwort ist zutreffend und gilt nicht nur für Rom und die Römer: Es ist generell eine schöne und kluge Geste, sich den Gepflogenheiten des Gastlandes anzupassen. Sie können üben, den Handkuss zu absolvieren oder mit Stäbchen zu essen. Sie sollten sich also auf einen Aufenthalt im Gastland vorbereiten. Sie dürfen aber auch Ihr Gegenüber vorbereiten: Bitten Sie darum, dass man Ihnen erklärt und zeigt, was Sie offensichtlich nicht wissen. Wenn Sie dann mit den Stäbchen oder dem Handkuss gar nicht zurecht kommen, sehen Ihre Gastgeber Ihnen das nach. Ihr Wille zählt, und Ihre Geste.

Kein Kuchen im *Café*: Warum sucht man in den französischen Cafés vergeblich nach einem Stück Kuchen?

Ein französisches *Café* ist eher ein Bistro, in dem man morgens einen Kaffee mit Croissant zu sich nimmt, vor dem Abendessen einen Aperitif und zwischendurch etwas, worauf man Lust hat. Es entspricht also der italienischen *Bar*, die wiederum nichts mit der deutschen Bar zu tun hat. Ein *Café* ist in erster Linie Treffpunkt, z. B. für die Bewohner eines Viertels. Kaffee und Kuchen finden Sie im *Salon de thé* und einem der auch in Frankreich aus dem Boden schießenden Coffeeshops. Allerdings ist ein *goûter,* ein Nachmittagskaffee mit Kuchen, in Frankreich ohnehin nicht gang und gäbe. Pâtisserie, feines Gebäck, gibt es hauptsächlich zum Dessert.

Serviette vom Schoß gezogen: Ein italienischer Kellner zog mir am Ende des Essens die Serviette vom Schoß, was mich sehr irritierte. Hatte ich etwas falsch gemacht?

Dass ein Oberkellner einem Gast die Serviette zu Beginn einer Mahlzeit auf dem Schoß ausbreitet und am Ende wieder entfernt, kommt nicht nur in Italien und in Deutschland auch nicht nur in einer Trattoria vor. Die Servicekraft will Sie weder korrigieren noch drängen oder bedrängen, die Geste gehört zur Vor- und Nachbereitung des Essens und ist als aufmerksame Dienstleistung für den Gast gemeint (▶ Seite 60).

Rauchen in der Schweiz: In einem Schweizer Gasthaus bat ich um einen Platz im Nichtraucherbereich. Kurz darauf setzte sich ein Herr an meinen Tisch und begann zu rauchen. Die Servicekraft brachte ihm sogar einen Aschenbecher. Ist das normal?
In einzelnen Schweizer Kantonen haben viele Lokale gar keine rauchfreie Zone. Man hat Ihnen offensichtlich einen Platz in einem Bereich angeboten, in dem zufällig gerade nicht geraucht wurde. Die Person an Ihrem Tisch und die Servicekraft haben sich völlig richtig verhalten. Es gilt allerdings weltweit und generell sogar im Freien als guter Stil, nicht zu rauchen, während andere Gäste am Tisch essen.

Fastengebot: Ich muss mich im Urlaub in den Vereinigten Arabischen Emiraten als Christ doch nicht etwa im Ramadan an das Fastengebot am Tage halten, oder?
In Touristenhotels brauchen Sie das Fastengebot nicht zu befolgen, schon gar nicht in den liberalen Emiraten (VAE). Als Geschäftsmann verzichten Sie aber fairerweise darauf, vor den Augen Ihrer fastenden Geschäftspartner zu essen, zu trinken und zu rauchen. In Ländern, in denen der Islam in einer strengen Ausprägung gelebt wird, wie z. B. in Iran und in Saudi-Arabien, ist es angeraten, nicht nur im Ramadan, sondern generell auf Nahrungsaufnahme und Rauchen tagsüber in der Öffentlichkeit zu verzichten.

Ekel vor Speisen: Raupen in Afrika, gefährliche Fische in Japan, Hundefleisch in China – ich verspüre Ekel, wenn ich nur daran denke. Wie umgehe ich solche Speisen?
Manchmal werden solche Speisen schlicht als landesübliche Nahrung gereicht, manchmal werden sie aus Gastfreundschaft als Delikatessen angeboten. Und hin und wieder werden

246 Andere Länder, andere Tische

Besucher mit ungewohnten Speisen einem Härtetest unterzogen. Wenn es eben geht, nehmen Sie einen Bissen davon, kommentieren, das schmecke »interessant« und lassen den Rest notfalls liegen. Sie können allerdings auch, wie beim Alkohol, vorher ankündigen, dass Sie aus gesundheitlichen Gründen leider auf manches verzichten müssen.

Hand aufs Glas: Wenn ich keinen Alkohol (mehr) trinken möchte, halte ich die Hand über mein Glas. Warum akzeptiert man in Asien diese Geste nicht?
Sie sollten diese Geste nicht einmal in Europa machen. Vielmehr lehnen Sie freundlich verbal ab: »Nein danke.« Eine Zurückweisung stößt in Ländern, in denen die Gastfreundschaft groß geschrieben wird, auf Unverständnis. Servicekräfte sollen generell laufend nachschenken. Ferner schenkt z. B. in Japan ein männlicher Gast einer Dame nach oder ein Rangniederer einem Ranghöheren. In volle Gläser wird aber nicht eingeschenkt. Beschränken Sie sich also darauf, an Ihrem Glas zu nippen! Sie müssen ein Glas nicht austrinken.

Nase putzen: Warum soll ich mir im Orient bei Tisch nicht die Nase putzen?
1. Die Diskretion gebietet, Störungen zu vermeiden und andere nicht zu Zeugen einer Befindlichkeitsstörung zu machen.
2. Körperflüssigkeiten werden dort als unappetitlich oder gar unrein betrachtet und gehören direkt in den Abfluss. Entfernen Sie sich sicherheitshalber immer vom Tisch, um sich zu schnäuzen, nicht nur im Orient.

Korkgeld: In Kanada brachte ich in ein Lokal meinen Wein mit, *BYO (bring your own)* stand an der Tür. Aber am Ende musste ich doch etwas dafür bezahlen. Wieso?
Der kleine Obolus für das Bereitstellen von Gläsern und eventuell den Service in manchen Ländern entspricht in Deutschland dem Korkgeld, das Sie zahlen, wenn Sie in ein Lokal einen eigenen Wein mitbringen, um ihn dort zu trinken.

Indiskrete Frage: In den USA wurde ich bei Tisch nach meinem Gehalt gefragt. Ich wollte diese Frage eigentlich nicht beantworten, weil ein Kollege mithörte und wir im Unternehmen Stillschweigen über unser Einkommen wahren müssen. Was hätte ich tun können?

In den USA ist es üblich, sich über seine Einkünfte und seine Besitztümer wie Villa, Yacht und Luxusgefährt auszutauschen. Ein hohes Einkommen gilt nicht als suspekt, sondern als angemessene Entlohnung einer guten Leistung. Niemand würde das negativ werten oder gar neidisch kommentieren. Sind Sie mit Amerikanern allein, können Sie unbesorgt antworten, wenn Sie das wollen. Im Beisein Ihrer Kollegen ist eine ausweichende Antwort besser. Sie können z. B. die Bandbreite der Gehälter Ihrer Branche anführen oder erwähnen, dass Grundgehälter z. B. mit Provisionen und Sachleistungen wie Dienstwagen aufgestockt werden. Danach wechseln Sie das Thema. Ein höflicher Gesprächspartner wird nicht auf der Frage bestehen.

You und »Sie« im Wechsel: Im Alltag sieze ich meine Vorgesetzte und spreche sie mit Doktorgrad plus Nachnamen an. Wenn ich mit ihr an Geschäftsessen mit Engländern teilnehme, verwenden diese für sich und uns nur die Vornamen. Wie verhalte ich mich gegenüber der Chefin?

Ihren englischen Geschäftspartnern würde die förmliche Anrede Ihrer Chefin seltsam vorkommen, und sie würden daraus vielleicht sogar einen hohen Grad an Distanziertheit ablesen. Es ist üblich, dass Deutsche, die im Alltag per Sie sind, im Englischen untereinander den Vornamen verwenden. Fragen Sie Ihre Chefin, ob Sie sich nicht künftig, natürlich nur im Englischen, _on a first name basis_ ansprechen sollten.

Sich helfen lassen: Verliere ich mein Gesicht, wenn ich im Ausland frage, wie ich ein Gericht verzehren soll?

Im Gegenteil: Sie würden sich eher blamieren, wenn Sie auf Hilfe verzichteten und sich dann z. B. bekleckerten.

Tischordnung: Wo sitzt der Dolmetscher bei Tisch?
Wenn es wichtig ist, Hierarchien zu respektieren, sitzen Dolmetscher oft hinter den Personen, für die sie übersetzen, und nehmen nicht am Essen teil. Bei weniger förmlichen Tischrunden werden sie jenseits des Protokolls pragmatisch sinnvoll eingestreut, d. h. so platziert, dass sie jeweils einer Gruppe von Personen im Gespräch behilflich sein können.

Trinkgeld – Gefahr der Demütigung: Ein großzügiges Trinkgeld in einem armen Land – wirkt das nicht unter Umständen erniedrigend?
Manche Reisende geben ein großes Trinkgeld, gerade um einen Ausgleich in einem für sie ungewohnten Herr-Diener-Verhältnis herzustellen. Das ist sicherlich ein hoffnungsloses Unterfangen. Andere sagen sich: »Die sehen mich ja sowieso nie wieder«, und geben wenig oder nichts. Diese Haltung ist mies. Am ehesten sichern Sie sich als Gast den Respekt dessen, der Sie bedient, durch Ihr generelles Verhalten. Und wahren Sie Ihre eigene Würde und die der Servicekräfte, indem Sie sich an die landesüblichen Summen halten (▶ Seite 192/193).

Speisen für Ausländer: Ich habe hin und wieder Besucher aus dem Ausland und bekomme mitunter das Gefühl, sie nehmen manche Speisen und Getränke nur aus Höflichkeit an. Was sollte ich generell vermeiden?
Bieten Sie nie Speisen und Getränke an, die nach den Speisegesetzen der jeweiligen Religion verboten sind. Ein hohes Maß an Sicherheit bietet darüber hinaus ein Büfett, bei dem Sie alles vom Schwein weglassen und Fleisch und Fisch einerseits sowie Vegetarisches anderseits getrennt anrichten. Darüber hinaus meiden die meisten Japaner Kohlensäure. Bieten Sie ihnen eher Wein als Sekt an. Genetisch bedingt können die meisten Asiaten und Afrikaner Käse und andere Molkereiprodukte kaum verdauen; mindestens 90 % der Erwachsenen dort haben eine Laktoseintoleranz. Mit einem Käsefondue machen Sie außerhalb Europas selten jemandem eine Freude.

Manieren kommentieren: Wir haben oft geschäftlich Gäste aus dem Ausland mit für unsere Begriffe katastrophalen Tischmanieren. Dürfen wir das ansprechen?

Eine Austauschschülerin und ein Praktikant sind dankbar, wenn Sie ihnen zeigen, wo's hier langgeht. Auch wissbegierige Gäste sollten Sie aufklären. Bei Geschäftspartnern hingegen, die nicht fragen, ist Toleranz angesagt: Gucken Sie weg, hören Sie weg, denken Sie an was Nettes, unterhalten Sie sich gut. Sie brauchen sich nicht einmal vor dritten Gästen »fremdzu- schämen«, denn diese können selbst beobachten und beurtei- len, wer sich wie benimmt. Sie sollten nur bei Gelegenheit Ihre eigenen Tischmanieren prüfen. Nicht dass Ihr Besuch sich bei Ihnen etwas Falsches abguckt!

Einladung zum Tee: Als Tourist wird man in Nordafrika oft freundlich zum Tee eingeladen. Darf ich ablehnen?

Meist werden Sie von Händlern eingeladen. Wenn Sie anneh- men, treten Sie auch in deren Verkaufs-Spiel ein. Sie können durchaus ablehnen, sowohl den Tee als auch die angebotene Ware. Es wäre jedoch ein Verstoß gegen die Spielregeln, sich ohne jedes Kaufinteresse mehrfach bedienen zu lassen.

Danksagung

Niemand ist Experte für die ganze Welt, auch nicht für ein Spezialthema wie das Verhalten bei Tisch. Ich danke allen, die mit ihrem Wissen und ihrer Erfah- rung zu diesem Kapitel beigetragen haben: Christa Benz, Michel Bonneau, Charlotte Gräfin v. Dürckheim, Dr. Marianne Feja, F. Ghalejoughi, Wolfgang Goetz, Alexandra Jung, Martin Knipping, Ali Kükeli, Iris Malitz, Kanae Matsumoto, Elena Mescherjakova, Dr. Josef und Dr. Sieglinde Oehrlein, Izabela Ritter, Phillip Roy, Dr. Steffen Sassie, Patric Schulz, Connie Shih, Hella Tarara, Ingeborg Waldherr, Christoph Wandler, Cornelia Weis und Bridget Williams. E. B.

Die Autorin

www.bonneau.de
Die Autorin ist Trainerin und Coach für Business-Etikette
und gewandtes Auftreten sowie gefragte Ansprechpartnerin
der Medien im In- und Ausland.

Internetadressen, die weiterhelfen

Erste Hilfe bei Atemnot
http://de.wikipedia.org/wiki/
Heimlich-Handgriff oder
www.gesundheit-und-wellness.net

Protokollarisches
www.bmi.bund.de
Suchbegriff »Anrede«

Bewirten und genießen
www.kochatelier.de
www.servietten-falten.info
www.winecat.de
www.zigarren-verband.de

Länderinformationen
www.visumexpress.de

Bücher, die weiterhelfen

Bücher der Autorin

*Erfolgsfaktor Smalltalk.
Mühelos Kontakte knüpfen.*
Weltbild GmbH 2010

*Stilvoll zum Erfolg.
Der moderne Business-Knigge.*
Hoffmann und Campe,
Hamburg

Bücher der Autorin im
GRÄFE UND UNZER VERLAG,
München

Der große GU Knigge.
(Der Gesamtüberblick)

300 Fragen zum guten Benehmen
(Testsieger 2009 bei
managementbuch.de)

*Mini-Knigge mit Fettnapf-
Frühwarnsystem.* (Auch als
iPhone-App *Knigge2go!*)

Weitere Bücher

*Koscher & Co. Über Essen und
Religion.* Katalog zur Ausstellung
im Jüdischen Museum Berlin.
Nicolai Verlag, Berlin

Johnson, Hugh: *Der kleine
Johnson für Weinkenner.*
Hallwag im Gräfe und Unzer
Verlag, München

Meyden, Nandine:
Jedes Kind kann sich benehmen.
Humboldt, Hannover

Pohlmann, Nina: *Gratulieren
mit Stil.* GRÄFE UND UNZER
VERLAG, München

Vorländer, Karin und **Wolfgang:**
*Vom Geheimnis der Gastfreund-
schaft.* Brunnen-Verlag Gießen

Register

Wichtige Hinweise

Die Beiträge in diesem Buch sind sorgfältig recherchiert und entsprechen dem aktuellen Stand. Abweichungen, beispielsweise aufgrund seit Drucklegung geänderter Preise, Gebühren, Internet-Adressen etc., sind nicht auszuschließen. Weder die Autorin noch der Verlag können eine Haftung übernehmen für eventuelle Nachteile oder Schäden, die aus den im Buch gegebenen praktischen Hinweisen resultieren.

Die Maskulinform ist, wenn nicht anders präzisiert, als geschlechtsneutraler Kollektivbegriff für Frauen und Männer gemeinsam gemeint.

Die Autorin

Elisabeth Bonneau leitet seit über 15 Jahren Seminare zum Thema Stil und Auftreten. Zu ihren Kunden zählen große Unternehmen in ganz Deutschland. Sie ist ein gefragter Gast in den Medien und bekannt durch zahlreiche Veröffentlichungen in der Presse. Bei GU sind von ihr bereits die erfolgreichen Ratgeber »Mini-Knigge«, »Smalltalk«, »Erfolgsfaktor Smalltalk« und »Der große GU-Knigge« erschienen.

Die **GU-Homepage** finden Sie im Internet unter **www.gu.de**

Projektleitung: Sarah Schocke

Lektorat und Satz:
Knipping Werbung GmbH, Berg bei Starnberg

Umschlag:
independent Medien-Design, Horst Moser, München

Innenlayout: Martin Knipping

Fotos: Corbis (Cover), Getty (U4)

Illustrationen:
Sonja Heller, www.bufbi.de

Syndication:
www.jalag-syndication.de

Herstellung: Renate Hutt

Repro: Repro Ludwig, Zell am See

Druck und Bindung:
Druckerei L. Auer, Donauwörth

Umwelthinweis
Dieses Buch wurde auf chlorfrei gebleichtem Papier gedruckt. Um Rohstoffe zu sparen, haben wir auf Folienverpackung verzichtet.

ISBN 978-3-8338-2100-4
1. Auflage 2010

GRÄFE
UND
UNZER

Ein Unternehmen der
GANSKE VERLAGSGRUPPE